Klaus Blume // DIE DOPINGREPUBLIK

KLAUS BLUME

DIE DOPINGREPUBLIK

Eine (deutsch-)deutsche
Sportgeschichte

Rotbuch Verlag

Fotos: Valeria Witters

ISBN 978-3-86789-161-5

1. Auflage
© 2012 by BEBUG mbH / Rotbuch Verlag, Berlin
Umschlagillustration und -gestaltung: toepferschumann.de
Druck und Bindung: GGP Media GmbH, Pößneck

Ein Verlagsverzeichnis schicken wir Ihnen gern:
Rotbuch Verlag
Alexanderstraße 1
10178 Berlin
Tel. 01805/30 99 99
(0,14 Euro/Min., Mobil max. 0,42 Euro/Min.)

www.rotbuch.de

INHALTSVERZEICHNIS

VORWORT

Doping – und noch immer kein Ende? Es sieht danach aus. Denn erst im Jahr 2020 können wir mit Sicherheit sagen, wer bei den Olympischen Spielen im Sommer 2012 in London tatsächlich auf ehrliche Weise Olympiasieger geworden ist. Erst dann werden die bis dahin hoffentlich stets aufs Neueste verfeinerten Nachweismethoden endgültig zutage fördern, was die eingefrorenen Dopingproben an verbotenen leistungsfördernden Mitteln enthalten haben – oder ob in London möglicherweise unerwartet wenig oder vielleicht gar nicht manipuliert worden ist.

Sie hoffen jetzt, das alles gehe an der deutschen Olympiamannschaft einfach so vorbei? Ein leider weitverbreiteter Irrglaube, ein leicht zu erschütterndes Vorurteil, denn Doping gehört auch zum hiesigen Sportleralltag dazu. So wie Frühstücken, Trainieren und Duschen. Das untermauert eine Umfrage, die vor fünf Jahren unter 586 anonym gebliebenen deutschen Leistungssportlern in allen olympischen Disziplinen durchgeführt worden ist. Deren Auswertung ergab, dass mindestens ein Viertel dieser Athleten sich während ihrer sportlichen Laufbahn gedopt haben. Die Autoren dieser in Tübingen erarbeiteten Studie kommen allerdings unter Berücksichtigung einer erheblichen Zahl zusätzlicher Informationen zu dem Ergebnis, dass fast die Hälfte der Beteiligten zu leistungssteigerndem Mittel gegriffen haben muss. Ein ebenso reales wie erschreckendes Ergebnis. Ja, kann das denn sein:

Doping in Deutschland? Hat sich dieses Thema in den Jahren 1990 und 1991, also mit der Wiedervereinigung, nicht ganz von allein erledigt? Auch das ist so ein weitverbreiteter Irrtum, mit dem dieses Buch aufräumen möchte. Und auch gleich noch mit dem nächsten unsinnigen Vorurteil, dass nämlich die westdeutschen Sportler die »Guten« gewesen seien, während die ostdeutschen eher in einem anderen Licht gesehen wurden – na ja, nicht ganz so ... Musste in damaligen Zeiten doch einmal ein schwarzes Schaf aus der lammfrommen westdeutschen Herde aussortiert werden, – dann allenfalls, weil die ostdeutschen Erfolge es verblendet haben. Oder?

Hätte es sich wirklich so zugetragen, gäbe es zum Beispiel den aktuellen Dopingskandal um die Universitätsklinik Freiburg nicht. Er wäre gar nicht erst entstanden. Oder er wäre längst als Missverständnis ad acta gelegt worden. Doch Sportärzte dieser badischen Universitätsklinik haben ja schon im Dritten Reich die Fitnessmaximierung deutscher Olympiaathleten auf die Spitze getrieben; Erfahrungen, die sie – warum auch? – der jungen Bundesrepublik auf keinen Fall vorenthalten wollten. Freiburg verstand sich schließlich als westdeutsche Antwort auf das ostdeutsche Forschungsinstitut für Körperkultur und Sport (FKS) in Leipzig. Vor allem in Sachen Forschung und Doping, was hervorragend funktionierte. Trotzdem ist im Dopingfall Freiburg auch fünf Jahre nach Beginn der ersten Untersuchungen – und damit bei Drucklegung dieses Buches – noch immer keine Anklage erhoben worden. Und es ist fraglich, ob diese unendliche Geschichte jemals einen befriedigenden Abschluss finden kann. Angesichts einer solchen Ausgangslage stellte Winfried Hermann, der Grüne Sportpolitiker aus Stuttgart, bereits 2010 fest: »Eigentlich ist das Thema Korruption im Sport mindestens genauso wichtig wie das Thema Doping. Dass wir aber, im Unterschied etwa zur Bekämpfung des Dopings, bei der Korruptionsbekämpfung im Sport ganz am Anfang stehen und es eigentlich kaum Strukturen und kaum Maßnahmen gibt, um Korruption im Sport aufzudecken. Und schon gar nicht gibt es Strukturen, die das sozusagen wirksam verhindern.« Was David Howman, der Generaldirektor der Welt-Anti-Doping-Agentur (WADA), mit Blick auf den Weltsport, für ebenso wichtig hält. Schließlich gehe es bei diesem komplexen Thema um nichts anderes als um »Geldwäsche, Erpressung und Korruption im Zusammenhang mit Sportmanipulationen«. Es geht also nicht etwa um irgendeinen Regelverstoß, bei dem es nur einer Ermahnung von Sportfreund zu Sportfreund bedarf, sondern um hochkriminelle Vorgänge.

Deutsche Sportler, Trainer, Wissenschaftler, Ärzte und Funktionäre mischen in Sachen Korruption und Doping kräftig mit. Weil so etwas nicht auszuschließen ist, werden es die folgenden Kapitel anhand verschiedener Fälle klar aufzeigen. Denn ein Land wie dieses Deutschland, das einst sogar Hans Grebe, einen Assistenten des KZ-Arztes von Auschwitz, Josef Mengele, zum Präsidenten seines Sportärztebundes berufen hat, darf sich über derartige Verdachtsmomente nicht beschweren. Erst recht kein Land, das – ob in Ost oder West – die Sportlermanipulation immer meisterlich beherrscht hat. Ein Land obendrein, über dessen Ostseehäfen heutzutage ganz offensichtlich jene Wachstumshormone von mafia-ähnlich organisierten Banden nach Mitteleuropa hineingeschmuggelt werden, die aus dem Zwischenhirn Verstorbener extrahiert worden sind. Und dieses Land setzt sich auch ganz aktuell dem Verdacht aus, die Causa Doping eher sorglos zu behandeln.

Im Osten sei skrupellos gedopt worden, im Westen naiv hinterhergelaufen? Von wegen! Greifen wir als Gegenargument dafür nur einmal ein Beispiel aus den 1970er-Jahren heraus, als Eigen- und Fremdbluttransfusionen noch nicht als Doping galten und deshalb auch (noch) nicht verboten waren. Im Jahr 1977 wurde in einer Sachverständigenanhörung im Sportausschuss des Deutschen Bundestags das Thema Transfusionen heftig diskutiert. Als Ziel galt dabei ganz klar die Leistungsverbesserung westdeutscher Athleten. Schließlich hatte man von Staats wegen endlich eine Methode entdeckt, die zwar nicht allzu moralisch, aber de jure wenigstens eine Zeitlang legal war. Prof. Wildor Hollmann, der einst als Sportarzt des Deutschen Fußball-Bundes (DFB) ausgewiesen wurde, erörterte damals: »Bezüglich der Eigenblutrücktransfusion nimmt man dem betreffenden Sportler etwa ein bis zwei Liter Blut ab, lässt ihn anschließend circa vier Wochen weitertrainieren; dann hat sich das Blut regeneriert; dann wird ihm ein Konzentrat des abgenommenen Blutes in Form der roten Blutkörperchen zurückinfundiert.« Ich habe dieses Protokoll ganz bewusst in aller Ausführlichkeit zitiert, weil es sich dabei im Prinzip genau um jene Methode handelt, für die der Internationale Sportgerichtshof (CAS) in Lausanne Jan Ullrich im Frühjahr 2012 verurteilt hat. Zwar hat man Jan Ullrich die Anwendung nicht nachweisen können, ihm jedoch unterstellt, dass er es hätte tun können, um ihn für zwei Jahre zu sperren – nachträglich und sechs Jahre nach seinem Rücktritt. Das Sportgericht sah diese Vorwürfe als erwiesen an und erkannte dem Radprofi alle Siege seit dem 1. Mai 2005 ab.

Und wie war das mit dem Vertuschen von Dopingfällen im Osten wie im Westen? Sie wurden hüben wie drüben, wenn irgend möglich, unter den Teppich gekehrt. In der Wendezeit passierte das dann sogar in trauter deutsch-deutscher Zweisamkeit. Denn die Euphorie der deutschen Sportvereinigung wollte doch 1990 niemand stören, auch nicht der damalige Anti-Doping-Arbeitskreis, ein Vorläufer der heutigen Doping-Kontrollkommission. Es galt also bei einem konkreten Dopingfall die unausgesprochene Regel, nur nicht nervös zu werden und immer schön eine Lösung im Sinne des Sports im Auge zu behalten. Das hatte man schließlich jahrzehntelang gelernt – hüben wie drüben, auf beiden Seiten der innerdeutschen Grenze.

Als in jenen spannungsgeladenen Zeiten ausgerechnet ein westdeutscher Bobfahrer bei einer Dopingkontrolle aufgeflogen war, hielt die gesamtdeutsche Kommission den Fall unter Verschluss – wie man es eben gewohnt war. Was sonst? Gelernt ist eben gelernt. Später hörte ich von einem früheren Kommissionsmitglied, der Deutsche Bob- und Schlittensportverband (DBSV) habe den Fall seinerzeit so geregelt, dass er nicht weiterverfolgt werden konnte – aber gleichfalls auch so, dass die Presse und damit erst recht die Öffentlichkeit keinen Wind davon bekam. Deutsch-deutsche Gründlichkeit in der neuen deutschen Dopingrepublik! Und wenn, trotz aller Bemühungen, doch etwas durchgesickert wäre, begehrte ich zu wissen. Dann, so mein Gewährsmann, hätte man sich eben auf die auch heute noch überaus beliebte Einzeltätertheorie berufen. Man hätte sich herausgeredet, der Dopingsünder sei: überehrgeizig, aber labil, ein wenig aus der Spur geraten, aber noch kein hoffnungsloser Fall. Was gelogen wäre, denn schon zur Wendezeit hatten alle, die sich dopten, längst ein regelrechtes Expertennetzwerk in ihrem breiten Athletenrücken, auf das sie zurückgreifen konnten. Damals wurden im Westen meistens Dopingsubstanzen eingesetzt, die als klassische Medikamente legal erhältlich waren. Auch heute noch bestehen die meisten Dopingmittel aus rezeptpflichtigen Medikamenten. Das heißt, damals wie heute müssen diese Präparate in aller Regel über Mediziner und über Apotheken beschafft werden.

Inzwischen hat sich die Dopingsituation entscheidend verschärft, denn es werden nun vielfach Substanzen eingesetzt, die noch gar keine klinische Zulassung erhalten haben. Also müssen wir davon ausgehen, dass in einer ganzen Reihe heutiger Dopingfälle medizinisch geschultes Personal eingebunden wird – sowohl bei der Beschaffung wie bei der Anwendung. Darüber hinaus muss es zusätzlich Fachleute geben, die dafür sorgen, dass ein von ihnen gedopter Athlet bei einer Kontrolle nicht positiv getestet wird. Schon deshalb war und bleibt die Theorie vom Einzeltäter ein Märchen, an das (fast) kein Staatsanwalt mehr glaubt. Nur der in die Irre geführte Sportfan.

Sie werden sich fragen, warum bei der Zusammenführung der deutschen Sportverbände das alles nicht unterbunden worden ist. Ganz einfach, weil es niemand unterbinden wollte. Im Juni 1990, als die sportpolitischen Weichen im deutsch-deutschen Vereinigungsprozess gestellt wurden, ging es nämlich nicht um Moral, sondern um Medaillen – und ums Geld. Um nichts anderes! So entstand, Stück für Stück, die neue deutsche Dopingrepublik, eine perfekt funktionierende Schattengesellschaft! Dafür sorgte in erster Linie ein buchstäblich unheimliches Quartett, dessen Mitglieder – außerhalb des Sportbetriebes – so gut wie niemand kannte und was die Mauscheleien der vier hinter den Kulissen aufs beste begünstigte. Diese grauen Eminenzen waren Erich Schaible, Ministerialdirektor im Bundesinnenministerium (BMI), Emil Beck, erfolgreichster Fechttrainer der Sportgeschichte und meisterhafter Strippenzieher auf allen Sponsorenbühnen, Helmut Meyer, Präsident des Deutschen Leichtathletik-Verbandes (DLV), und Helmut Weinbuch, der allgewaltige Direktor des mächtigen Deutschen Ski-Verbandes (DSV), ein Mann, der beim Spiel hinter den Kulissen sogar Emil Beck leicht und lässig in den Schatten stellen konnte. Diese vier Männer statteten den deutsch-deutschen Sport mit allem aus, von dem sie schon immer geträumt hatten: mit dem Know-how der ost- und westdeutschen Dopingexperten und dem Geld der westdeutschen Republik. Und zugleich auch mit deren bereits vorhandenen sportpolitischen Strukturen, bei denen Werte wie Ethik, Fairness, Teamgeist oder gar Moral längst abhandengekommen waren. Dieser ganze altmodische Kram, der nur dazu dient, der Öffentlichkeit als Sand in die Augen gestreut zu werden.

In Wirklichkeit rechneten Ministerien und Sportverbände in Westdeutschland ihre jeweilige Medaillenausbeute bei Olympischen Spielen und Weltmeisterschaften schon seit Jahrzehnten wie ein Wirtschaftsunternehmen hoch, begründeten die von ihnen entwickelten Prognosen dann mit wissenschaftlicher Präzision, um einen möglichst großen Batzen der öffentlichen Zuwendungen zu erhalten. Helmut Meyer, den sie im deutsch-deutschen Sport nur »Leistungs-Meyer« nannten, weil er einst dem Bundesausschuss Leistungssport (BAL) mit großem Geschick vorgestanden hatte, verstand von diesem Geschäft mehr als jeder andere. Vor allem weitaus mehr, als jeder DDR-Sportfunktionär sich erträumte – und so nahmen die Dinge im Sommer 1990 denn ihren unseligen Lauf – bis zum heutigen Tage.

Dass dabei ein großer Teil öffentlicher Zuwendungen – also Steuergelder – immer wieder in jenen Sportverwaltungen landet, die dann mittels extra dafür bestellter Sportpädagogen der allzu hörigen Öffentlichkeit vorgaukeln, es gehe beim Hochleistungssport weniger um Medaillen als vielmehr um die Vorbildwirkung, ist ein Teil dieses abgefeimten Spiels. Weil diese sogenannte Vorbildwirkung aber immer wieder mit viel Trommelwirbel und noch viel mehr Tschingderassa in Szene gesetzt wird, glauben nach wie vor alle jene Eltern daran, die ihre Kinder gutgläubig in Sportvereine schicken. Auf dass man ihnen dort die – richtigen? – Werte vermittele. Was leider allzu oft nur ein frommer Wunsch bleibt …

Denn im Hochleistungssport geht es nicht um Moral, sondern um die Wahl der richtigen Waffen. Oder mit anderen Worten: Es geht um die entsprechende pharmazeutische Aufrüstung und somit um den bewussten und vorsätzlichen Betrug. Man kann so etwas auch als offene Zielprojektion bezeichnen, um sich einer modernen sportpsychologischen Definition zu bedienen, muss es aber nicht. »Moral«, so dozierte der Berliner Sportpsychologe Eugen König einmal, »ist das Opium des Sports.« Und lehnt sich damit – offensichtlich – bewusst an Karl Marx' umstrittene These von der Religion als Opium fürs Volk an. *Panem et circenses* – Brot und Spiele, was sonst. Weil auch König über einen gesellschaftlichen Sektor spricht, in dem es in Wirklichkeit ziemlich rücksichtslos darum geht, physiologische Grenzen immer weiter zu verschieben, in dem alle Mittel der Technik und der Wissenschaft als rechtens erachtet werden, um zum Erfolg zu gelangen.

Denn zu keiner Zeit, also auch nicht bei den angeblich ach so romantischen Olympischen Spielen der Antike, ging es um den Grundsatz: Ich will gewinnen, weil ich die Regeln des sportlichen Wettkampfes achte. Eine geradezu lächerliche Vorstellung! Es ging vielmehr – und das zu jeder Zeit – um die Beachtung der bis heute mit Verve gelebten These: Ich will auch dann gewinnen, wenn ich dabei die Regeln des sportlichen Wettkampfes missachten muss. Und das will, bitte, vorher auch geübt sein – und zwar bis zur Perfektion! Der Betrug von Anfang an als Vorsatz? Gott ja, was will man machen, wenn es nun einmal sein muss? Doch Betrug bleibt Betrug! Auch wenn er im Sport erfolgt, schrumpft er deshalb nicht zur Bagatelle. Ich weiß, dass mit dieser These viele nicht einverstanden sind. Aber vielleicht hilft Ihnen diese Überlegung: Fälscht jemand sein Geschäftsergebnis, um sich einen Kredit zu ergaunern, gilt er qua Gesetz als Betrüger. Wenn es ganz hart kommt, muss er deshalb sogar ins Gefängnis. Fälscht jemand – unter Zuhilfenahme eines leistungsfördernden Medikaments, das als Dopingmittel eingestuft und nachgewiesen worden ist – sein sportliches Ergebnis, was dann? Dann handelt es sich nicht um eine Bagatelle, sondern ebenfalls um Betrug. Und damit um einen kriminellen Vorgang.

Womit wir wieder beim Thema dieses Buches angelangt sind: bei der deutsch-deutschen Dopingrepublik. Warum, so fragen sich heutzutage viele Menschen, war die Vergangenheitsbewältigung des deutschen Sports bei der Wiedervereinigung nur so schwierig? Eigentlich hätte die Sache doch von vornherein klar sein müssen: Einem DDR-Dopingexperten, der sogar Minderjährige geschädigt hat, dürften im gesamtdeutschen Sport nie wieder Minderjährige anvertraut werden. Das wurde jedoch in der Praxis ganz anders gehandhabt, denn die westdeutschen Sportfachverbände wollten nur eines: Sieger! Aus dieser Logik heraus betrachtet, ist ein ehemaliger Dopingtrainer – ob Ost- oder Westdeutscher – auch kein unmoralischer Mensch, sondern ganz einfach nur ein guter Trainer, einer, der den sportlichen Erfolg nicht aus den Augen verliert, einer, der ihn nicht nur anstrebt, sondern obendrein auch garantieren kann. Vor allem bei den Olympischen Spielen. Denn dort geht es um Medaillen – und nicht nur um die Teilnahme, wie der Volksmund ständig ahnungslos plappert. Das wirkliche olympische Motto, erstmals offiziell 1924 bei den Sommerspielen von Paris als olympisches Leitmotiv zitiert und seitdem strikt beibehalten, lautet nämlich: *Citius, altius, fortius* – was Pierre de Coubertin, der französische Reformer der olympischen Bewegung, in diese drei Worte übertragen hat: »Schneller, höher, weiter«. Das stattdessen vom Volksmund gern verwandte angebliche olympische Motto »Dabei sein ist alles« steht nicht nur im krassen Gegensatz zum eigentlichen Olympiawahlspruch, es steht auch nirgendwo offiziell in der Olympischen Charta.

Doch wie ist dieses Motto trotzdem entstanden? Bei den Olympischen Sommerspielen 1908 in London ermahnte der amerikanische Bischof Ethelbert Talbot aus Pennsylvania die Teilnehmer: »Das Wichtigste im Leben ist nicht der Triumph, sondern der Kampf. Die Hauptsache ist nicht gewonnen, sondern gut gekämpft zu haben. Teilnehmen ist wichtiger als

Siegen.« Es war die private Meinung eines Theologen, ausgesprochen in einer von Unruhe geprägten Zeit, in einer Zeit, die von Königsmorden und auch schon von Kriegsdrohungen überschattet wurde. Es war aber auch eine Aussage, die das wirkliche olympische Motto *citius, altius, fortius* zu keiner Zeit ernsthaft in Frage gestellt hat. Aber nur um dieses knallharte Motto geht es im Sport – nicht nur bei Olympia. Demnach steht Moral im Spitzensport heutzutage also auch für die Wahrung der jeweiligen Chancengleichheit – notfalls mit Hilfe aller unerlaubten Mittel. Denn die sich weiterhin hartnäckig haltende Mär, jeder Tellerwäscher könne zum Millionär aufsteigen, und jeder Athlet, wenn er nur enthaltsam und gesund lebe und hart genug trainiere, könne zum Olympiasieger avancieren, bleibt eine schön erzählte Geschichte. Und ein wunderschönes unrealistisches Märchen dazu.

Das Gleiche gilt auch für das Märchen vom gesunden Volkssport. Was heißt denn hier überhaupt gesund? Gerade im Volkssport boomt doch das Geschäft mit den illegalen Substanzen, mit anabolen Steroiden, mit der zusätzlichen Testosteron-Zufuhr. Im Internet wird bereits für zwei (!) Euro eine Ampulle Testosteron angeboten. Günstiger geht es gar nicht! Sollte man da nicht zugreifen? Natürlich werden Sie kräftiger, wenn Sie fleißig trainieren und zusätzlich dieses Teufelszeug schlucken oder spritzen. Ihre Stimmungsschwankungen, Ihre übersteigerten Aggressionen, Ihre ständigen Ängste, die von unerklärlichen Depressionsschüben abgelöst werden, müssen Sie ganz einfach verdrängen. Denken Sie immer daran: Sie wollen doch kräftiger und schöner werden! Von diesem Weg sollten Sie sich auch nicht von irgendeinem Arzt abbringen lassen, der Sie vor einem Infarkt oder einem Schlaganfall warnen will. Denn wir wollen schließlich alle mehr scheinen, als wir sind.

Obendrein ist uns die Jugend doch längst auf den Fersen. Das Internationale Olympische Komitee (IOC), dieser in Lausanne ansässige Verein mit dem Ziel ungeahnter Gewinnmaximierung, hat nämlich in weiser Voraussicht auch noch die Olympische Jugendspiele erfunden: 2010 ging es für die Sommerathleten in Singapur und 2012 in Innsbruck für die Wintersportler los. Zweifelsohne ein zukunftsweisender, wirtschaftlicher Schritt – und ein unverantwortlicher in Sachen Dopingbekämpfung, ganz und gar kontraproduktiv. Denn solche Sportveranstaltungen bringen die Doper von morgen hervor. Schließlich sollen die jungen Leute für ihr Land Medaillen holen, unterstützt von leider allzu vielen ehrgeizigen Eltern, die gar zu gern einen Olympiasieger in ihrer Familie haben wollen. Auch solche Träume kann die deutsche Dopingrepublik wahr werden lassen.

Oder künftig nicht mehr? Ausgerechnet während des allgemeinen Jubels um die Olympischen Sommerspiele im August 2012 verfügte das Verwaltungsgericht Berlin, das Bundesinnenministerium (BMI) dürfe seine Zielvorgaben für deutsche Spitzensportler ab sofort nicht mehr wie ein Betriebsgeheimnis schützen, sondern müsse diese öffentlich machen. Demnach hat das deutsche Team in London die ministeriellen Zielvorgaben deutlich verfehlt. Gemäß den gemeinsamen Vorgaben des Ministeriums und des Deutschen Olympischen Sportbundes (DOSB) wurden insgesamt 86 Medaillen erwartet, davon 28 aus Gold.

Gewonnen wurden aber insgesamt nur 44 Medaillen, davon 11 aus Gold. Ist das schlimm? Eher nicht, denn hätten die deutschen Sportler wirklich 86 Medaillen gewonnen, hätte sie sich damit in unmittelbarer Nähe der chinesischen und der russischen Sportler befunden – beides Mannschaften, die sich unentwegt nach dem Dopinghintergrund ihrer sportlichen Erfolge befragen lassen müssen. Stattdessen aber wird nun aufgrund der enttäuschenden Medaillenausbeute von London ein heftiges Feilschen um die künftige Unterstützung aus Steuergeldern einsetzen. Es ist allerdings noch immer unbekannt, wie viel dem deutschen Steuerzahler eigentlich eine Olympiamedaille kostet. Wie viel von diesem Betrag wird zum Beispiel in den verschlüsselten Haushaltspositionen des Verteidigungsministeriums versteckt? Experten haben hochgerechnet, dass der deutsche Spitzensport dem Steuerzahler alles in allem weit mehr als 200 Millionen Euro pro Jahr kostet. Oder mehr? Oder weniger? Wir wissen es nicht. Denn das gilt in Berlin und Bonn noch immer als ein zu beschützendes Betriebsgeheimnis.

Das gilt jedoch nicht mehr für die ministerielle Vorgabe für die Olympischen Winterspiele 2014 im russischen Sotschi: Dort geht es für das deutsche Team um 40 Medaillen, davon 17 aus Gold. Koste es, was es wolle.

I. KAPITEL

BETROGENE BETRÜGER

»Doping ist der Kunstdünger menschlicher Leistung.«
Werner Schneyder, Kabarettist, Journalist und Autor

Vier Dopingfälle, die sich am Ende als falsch heraus-
stellten, haben die Nation jahrelang in Atem gehalten: Der Fall Katrin Krabbe, die sogenannte Zahnpasta-Affäre
um Olympiasieger Dieter Baumann, das »versuchte mögliche
Doping« des Jan Ullrich, wie es beim Internationalen Sportgerichtshof in Lausanne hieß, und die unendliche Geschichte
um die fünfmalige Eisschnelllauf-Olympiasiegerin Claudia
Pechstein. Letzterer Fall wird immer wieder aufs Neue befeu-
ert, entweder durch die Blutaffäre am Olympiastützpunkt Erfurt oder durch die Sportlerin selbst.

Keine andere Wettkämpferin jemals zuvor hat die Republik
in zwei derart gegensätzliche Lager gespalten wie die blonde
blauäugige Sportlerin aus Neubrandenburg. Eine Frau mit
Ausstrahlung und einer nicht auslotbaren sportlichen Perspektive, so jemand polarisiert zwangsläufig. Während die einen sie am liebsten von der Bildfläche verschwinden lassen
wollten und riefen: »Fangt sie, richtet sie, diese Hexe – einen
Scheiterhaufen für Katrin Krabbe!«, verehren die anderen sie
bis heute als Lichtgestalt des Sports aus dem hohen Norden
unseres Landes, die finstere Mächte davon abzuhalten versuchten, auch künftig all die kleinen Fixsternchen des Sprints,

ob aus Jamaika oder Kalifornien, aus Nigeria, Russland oder der Ukraine, ohne erkennbare Mühe zu überstrahlen. Ihr damaliger Trainer Thomas Springstein sprach im Juni 1992 sogar aus, was damals womöglich viele in den neuen Bundesländern dachten: Die bösen Wessis wollen den guten Ossis mit der strahlenden Katrin Krabbe auch noch die letzte charismatische Sportlerin wegnehmen. Springstein äußerte sich 1992 im Gespräch mit der in Bonn erscheinenden Wochenzeitung *Rheinischer Merkur* folgendermaßen: »Die wollen uns eben plattmachen, sonst gar nichts.«

Das war seinerzeit der eigentliche Ärger, der um den Fall Krabbe herum entstand: Es ist damals zu jener Emotionalisierung gekommen, die ausgerechnet eine solche Causa überhaupt nicht vertragen konnte und das Ganze noch viel schlimmer gemacht hat. Es war ein Kampf, der vor allem unter den Journalisten der überregionalen westdeutschen Tageszeitungen mit Leidenschaft und sogar mit Verbitterung ausgefochten wurde. Auf der einen Seite haben *Süddeutsche Zeitung, Frankfurter Allgemeine Zeitung* und *Der Spiegel* vereint gegen das blonde Sprintwunder aus Mecklenburg-Vorpommern gekämpft, auf der anderen Seite verteidigte *Bild* vehement ihren in der Tat hochkarätigen Vertragspartner Katrin Krabbe mit (fast) allen journalistischen Mitteln. Der international geschätzte und inzwischen verstorbene Heinz Vogel, ehedem Chefredakteur des renommierten Fachblatts *Leichtathletik*, folgerte 1993 daraus: »Pech für Katrin Krabbe, dass sie ebenso mächtige Gegner wie Freunde hat.«

Aber jetzt erst einmal zu den Fakten dieses obskuren Falls: Die Sprint-Weltmeisterin von 1991 in Tokio war am 5. August 1992 wegen der vermeintlich verbotenen Einnahme des Kälbermastmittels Clenbuterol zu einer sogenannten »Sportordnungswidrigkeit« – also nicht wegen eines Dopingvergehens! – zu einer insgesamt dreijährigen Sperre verurteilt worden. Eine einjährige Sperre verhängte der Deutsche Leichtathletik-Verband (DLV), zwei Jahre zusätzlich der Internationale Leichtathletik-Verband (IAAF). Letzteres geschah hauptsächlich durch internes Intervenieren allerhöchster deutscher Funktionäre, die sich zuvor, wie der inzwischen verstorbene DLV-Präsident Helmut Meyer, stets in Krabbes Erfolgen gesonnt hatten.

Es war schlimm, was sich seinerzeit im Deutschen Leichtathletik-Verband zugetragen hat. Dass zum Beispiel die von den Sprinterinnen Katrin Krabbe, Grit Breuer, Manuela Derr und Silke Möller im südafrikanischen Trainingscamp abgegebenen Urinproben nie und nimmer zu einer Dopinganklage ausgereicht hätten, wurde von den leitenden Damen und Herren jenes Verbandes zunächst erst einmal kräftig vertuscht, um alle Welt zu täuschen. Was damals für wen, und vor allem zu welchem Zweck, eingefädelt wurde, ist bis zum heutigen Tage nicht geklärt. Vor allem auch nicht die Frage, warum man auf einmal gegen die bis dato sorgfältig abgeschirmte und geschützte Katrin Krabbe vorging. Am 15. Juni 1992 schrieb *Der Spiegel*, Trainer Springstein habe seinen Sprinterinnen, ohne deren Wissen, Anabolika verabreicht. Das seien die Erkenntnisse eines Fuldaer Geschäftsmannes namens Theo König. Im ZDF jedoch wehrte sich der vom *Spiegel* zitierte Herr König kurz darauf: »Das Wort Doping ist gegenüber dem *Spiegel* nicht gefallen, es ist auch nicht von mir gesagt worden, dass Thomas Springstein die Sprinterinnen gedopt hat. Von Doping, wie es jetzt im *Spiegel* steht, ist nicht gesprochen worden.« So stand also Aussage gegen Aussage. Daran hat sich bis heute nichts geändert. Fest steht nur, dass Theo König seine Geschichte zuvor – also bevor er sie an den *Spiegel* verkauft hat – zwei anderen Hamburger Großverlagen, einer Fuldaer Zeitung und obendrein einer Nachrichtenagentur anbot. Für angeblich jeweils 50.000 D-Mark – was damals recht viel Geld war. Doch überall wurde Königs Angebot ausgeschlagen. Und weil sein Plan nicht funktionierte, wollte König sein angeblich alles entlarvendes Material dann auch noch an Thomas Springstein veräußern. Als ich davon erfuhr, sprach ich Springstein darauf an. Im Juni 1992 sagte er dazu: »Ich habe mich in der Tat mit Herrn König getroffen. Er hat uns einen Deal angeboten, für den er viel Geld haben wollte. Wir sind jedoch nicht darauf eingegangen.« Dieser Deal sollte so aussehen: Springstein sollte öffentlich zugeben, seinen Athletinnen – ohne deren Wissen – Anabolika verabreicht zu haben. Dann würden diese vom Dopingverdacht freigesprochen, und König würde Springstein im Gegenzug einen hochdotierten Trainerjob in Südafrika besorgen.

Doch in wessen Auftrag handelte jener Theo König aus Fulda? Er konnte ja, als in diesem windigen Business weitgehend Unbekannter, kaum auf eigene Rechnung derartige Geschäfte anbieten. Schließlich ging es bei Katrin Krabbe, der »Grace Kelly der Tartanbahn« (wie der Schweizer *Blick* 1992 schrieb), immerhin um die »Weltsportlerin des Jahres 1991«, also um einen der absoluten Superstars des Weltsports. Vielleicht handelte König, was seinerzeit schon die nicht verstummenden Gerüchte andeuteten, im Auftrag des Hauses Adidas – vielleicht um eventuell die Verbindungen der Neubrandenburgerin zum amerikanischen Konkurrenten Nike zu unterminieren? Denn der Konzern Nike hatte, gewissermaßen im Vorfeld der Krabbe-Affäre, bereits Ende 1991 bestätigen müssen, Sportler in seinen Diensten zu systematischem Doping angehalten zu haben. Doch man bemühte sich in den USA, die Sache einzudämmen. Dem Bremer *Weser-Kurier* teilte Nike dann im Januar 1992 mit, Doping unter Nike-Athleten gäbe es ab sofort nicht mehr.

Es ging in jenen Jahren um vieles, um geschäftliche, sportpolitische und sogar um politische Interessen – alles auf dem Rücken Katrin Krabbes. Am 15. Februar 1992 hatte der DLV seine Spitzensprinterinnen Katrin Krabbe, Grit Breuer und Silke Möller zwar wegen »Verfälschens von Urinproben«

(Verbandsverlautbarung) für einen Monat suspendiert, doch hinter den Kulissen gärte es trotzdem weiter. Intrigen und Grabenkämpfe beherrschten die Tage. Viele in der Verbandsspitze wollten Katrin Krabbe unbedingt zu Fall bringen, obwohl Prof. Manfred Donike die DLV-Führungsspitze bereits am 16. März 1992 intern aufgeklärt hatte: »Der Urin ist in charakteristischen Parametern so unterschiedlich, dass er nicht von einer der vier in Frage kommenden Athletinnen stammen kann. Der Urin stammt infolgedessen von einer Frau, die ebenfalls mit der Trainingsgruppe Springstein trainiert oder zum Umfeld zählt. Zum Umfeld zählen in dem Falle auch vor allem die Personen, die in Südafrika waren.« Aber eben nicht Krabbe & Co. Was nun?

Während der Olympischen Sommerspiele 1992 in Barcelona wurde bekannt, in einem weiteren Trainingslager seien Dopingproben von Krabbe und Breuer positiv auf das bis dahin im Sport unbekannte Kälbermastmittel Clenbuterol getestet worden. Ihr Trainer Thomas Springstein bestätigte sogar ohne Umschweife die Verwendung dieses sonst nur in der Tiermast verwendeten Mittels – warum auch nicht? Es stand zum damaligen Zeitpunkt ja noch nicht auf der Dopingverbotsliste. Dennoch wurde das Duo Krabbe/Breuer »wegen einer Sportwidrigkeit durch Medikamenten-Missbrauch« für zwölf Monate vom Deutschen Leichtathletik-Verband gesperrt. Donike raufte sich die Haare, doch was hätte er schon unternehmen können? Juristische Möglichkeiten hatte er nicht. Zumal es im Verband nun endgültig drunter und drüber ging. Der ehemalige DLV-Präsident August Kirsch, in der Zunft als »dummer August« verspottet, machte sich beim internationalen Verband für einen erneuten Prozess gegen Krabbe & Co. und andere stark. Dass er damit seinem eigenen Verband kräftig in den Rücken fiel, begriff damals niemand, zumal Kirsch zwischen 1985 und 1988 in seiner ehemaligen Funktion als Direktor des Bundesinstituts für Sportwissenschaft in Köln eine verbotene Testosteron-Versuchsreihe an deutschen Kaderathleten initiiert hatte …

Der nächste Knall erfolgte drei Jahre später vor der Kammer für Kartellsachen beim Oberlandesgericht München. Dort wartete Katrin Krabbes Anwalt, Thomas Summerer, am 25. Januar 1995 im Prozess gegen den Deutschen sowie den Internationalen Leichtathletik-Verband nämlich mit einem ganz besonderen Coup auf: »Wir legen ein Sachverständigengutachten vor, aus dem hervorgeht, dass das von Katrin Krabbe eingenommene Mittel Clenbuterol keinerlei anabole Wirkung zeitigt. Deshalb stand es auch auf keiner Dopingliste, deshalb hat Prof. Donike auch abgeraten, es auf die DLV-Dopingliste zu setzen. Gleichwohl hat Prof. Donike nach Clenbuterol-Spuren im Urin von Katrin Krabbe gesucht.« Das alles hätten die Beklagten ohne Not vermeiden können. Denn bereits in einem internen – nur engsten Vertrauten zugänglichen – Schriftsatz des Deutschen Leichtathletik-Verbandes vom 18. März 1992 stand zu lesen, Donike warne ebenso dringend wie ernsthaft davor, das Kälbermastmittel Clenbuterol zum Ausgangspunkt einer Dopingjagd auf Katrin Krabbe zu machen. Erstens stehe das Mittel nicht auf der Dopingliste und zweitens sei dessen anabole Wirkung unter Wissenschaftlern überaus umstritten. Doch niemand wollte auf den inzwischen verstorbenen Dopingfahnder aus Köln hören … und so kam es, alles in allem, zu einer Schadensersatzzahlung an Katrin Krabbe in Höhe von etwa 700.000 Euro.

Inzwischen ist es still geworden um den ehemaligen Weltstar Katrin Krabbe; sie ist mit dem früheren Weltklasseruderer Michael Zimmermann, einem Anwalt, verheiratet und erzieht ihre zwei Söhne. Aber weil sie das vor Gericht erstrittene Geld nicht ordnungsgemäß versteuert hat, wurde sie 2009 – so damals der Neubrandenburger *Nordkurier* – zu einer Geldstrafe von 90 Tagessätzen verurteilt. Ihr Mann erhielt eine Bewährungsstrafe von zehn Monaten. Danach meldeten beide Insolvenz an. Und Trainer Thomas Springstein? 2002 wurde er – man höre und staune – von seinen Kollegen zum deutschen »Leichtathletik-Trainer des Jahres« gekürt. Am 20. März 2006 wurde er jedoch wegen des Verstoßes gegen das Arzneimittelgesetz sowie der Weitergabe von Dopingmitteln an Minderjährige in einem besonders schweren Fall zu einer 16-monatigen Freiheitsstrafe auf Bewährung verurteilt. In Deutschland mochte ihm nun niemand mehr eine Chance geben. Seitdem verliert sich seine Spur in Litauen …

Und der Fall Dieter Baumann? Nach der Affäre um Katrin Krabbe ein Revanche-Foul am Superstar des Westens? In seinem Buch *Lebenslauf* rechnet der Sieger im 5000-Meter-Lauf bei den Olympischen Sommerspielen von 1992 in Barcelona gnadenlos mit den Spitzenfunktionären des Deutschen Leichtathletik-Verbandes ab. Wobei die ganze Angelegenheit von Anfang an obendrein eine politische Dimension besaß. Baumann erinnert sich nämlich ganz genau an jenen 18. November des Jahres 1999. Er schreibt: »Meine Gedanken schweifen zum gestrigen Abend mit Helmut Digel. Der Präsident des Deutschen Leichtathletik-Verbandes war erst vor wenigen Wochen einem Ruf an das Tübinger Sportinstitut gefolgt. Hier hatte er seine wissenschaftliche Karriere begonnen, von hier aus will er sein sportpolitisches Gewicht in die Waagschale werfen. Er will es mit mir zusammen tun, auch als väterlicher Freund. So sehe ich ihn. Geeint hat uns dasselbe Anliegen, dieselbe Sorge: die grassierende Doping-Seuche. Wir saßen im *Ratskeller* im Herzen der Tübinger Altstadt, in einer verborgenen Nische, wo wir uns ungestört unterhalten konnten. Digel war wie immer. Voller Tatendrang, ständig neue Ideen gebärend, mit einem Hang zum Besserwissen, aber auch in der Lage, zuzuhören.«

Erst einige Tage zuvor war Baumann von einem Athletentreffen auf der kanarischen Insel Lanzarote zurückgekehrt. Natürlich hätten sie dort, wie immer, über das Thema Doping gesprochen. Die Mannschaft, das brauche er Digel nicht zu erzählen, sei in dieser Frage gespalten. »Unsere Bemühungen, die Kontrollen so optimal, so unvorhersehbar wie möglich zu gestalten«, erinnert sich Baumann in seinen Aufzeichnungen, »stieß nicht überall auf Gegenliebe.« Wo aber dieser Riss durch die Mannschaft lief, sei schwierig auszumachen gewesen. Wer waren die Befürworter einer Freigabe? Wer waren die Gegner? Später, als Winfried Hermann, Bundestagsabgeordneter der Grünen aus Tübingen, zu Baumann und Digel stieß, kam das Gespräch auf Baumanns Zukunft nach dessen aktiver Laufbahn. Hermann, zu jener Zeit sportpolitischer Experte seiner Fraktion, fragte, ob Baumann nicht Anti-Doping-Beauftragter der rot-grünen Bundesregierung werden wolle? Ein Plan, der als gut gehütetes Geheimnis galt, in welches zuvor nur wenige Vertraute eingeweiht worden waren. Schon in den Wochen vor jenem Treffen im Tübinger *Ratskeller* wurde nämlich in der Bundestagsfraktion der Grünen über einen »Ombudsmann Baumann« gesprochen. Getragen und bestellt von der damaligen Bundesregierung. Auch ich war damals von Abgeordneten der Grünen eingeweiht worden. Zudem hatte sich der für den Sport zuständige SPD-Innenminister Otto Schily – ein ehemaliger Grüner – zuvor schon intensiv mit Baumann über das französische Anti-Doping-Gesetz beraten. Baumann sagte mir damals: »Ich persönlich halte viel davon. Für mich ist Doping ein klarer Straftatbestand. Nicht der Ruf nach dem Staatsanwalt macht den Sport kaputt, Doping macht den Sport kaputt.« Die Weichen für einen Anti-Doping-Beauftragten Baumann schienen unwiderruflich gestellt.

Doch dann, am Tag nach dem Treffen im *Ratskeller* in der Tübinger Haaggasse, geschieht am 19. November 1999 das Unfassbare: Der Deutsche Leichtathletik-Verband suspendiert Baumann mit sofortiger Wirkung. Analysen einer am 19. Oktober vorgenommenen Trainingskontrolle und einer

Kontrollprobe am 12. November hätten jeweils einen Wert von über 20 Nanogramm im Urin des Athleten ergeben, ein Ergebnis, das weit über dem erlaubten Grenzwert liegt. Als ich Baumann an diesem grauen Novembertag morgens gegen neun Uhr anrufe, klingt seine Stimme belegt und unsicher. Mühselig reiht der sonst so eloquente Sportler Worte zu Sätzen wie diesem: »Ich kann das gar nicht artikulieren. Ich hoffe, du verstehst das. Ich glaube, ich bin damit ein bisschen überfordert.« Und dann, ganz und gar schwäbisch: »Ich glaub' ich bin nicht ganz knuschper« – will sagen: Ich bin ja wohl nicht mehr ganz dicht!

Baumann war zuvor vom damaligen DLV-Generalsekretär Jan Kern über die positiven Tests informiert worden. Danach habe er Digel angerufen. Der habe eingeräumt, die Ergebnisse »schon die ganze letzte Woche gekannt« zu haben, dass der Verband jedoch den formalen Weg habe einhalten müssen. Weinerlich habe Digel ihm gestanden: »Es ist für mich die Hölle. Schon seit einer Woche kann ich nicht mehr schlafen.« Negativ ist auch die Rolle, die der jetzige DLV-Präsident Clemens Prokop, der Direktor des Amtsgerichts Regensburg, damals gespielt hat. Prokop, der im Jahr darauf mit der Arbeit *Die Grenzen des Doping-Verbot*s promovierte, schlug als Rechtswart allen Ernstes Baumann vor, den Fall zu vertuschen, wenn dieser im Gegenzug seine Laufbahn beenden würde. Baumann damals mir gegenüber: »Ich war wie vom Donner gerührt.« Doch der Sportler ging nicht darauf ein.

Es ist der Super-GAU des deutschen Sports! Ausgerechnet der Vorzeigeathlet, der Olympiasieger im 5 000-Meter-Lauf, der Anti-Doping-Kämpfer par excellence – ein Betrüger? Prof. Wilhelm Schänzer, der Leiter des Kölner Instituts für Biochemie, bestätigte mir am Telefon, man habe nach langer, sehr langer Suche in Zahnpastatuben der Familie Baumann Rückstände des anabol wirkenden Medikamentes Nandrolon gefunden. Schänzer: »Die Substanz wurde in die Tube injiziert. Dafür muss es einen Täter geben. Die Manipulation könnte im Hause selbst oder von einem Dritten vorgenommen worden sein.«

Aber warum befand sich die Substanz ausgerechnet in den Reisetuben der von Baumanns Kindern? Die Sache bekam obskure Züge. Also beantragte der Europameister bei der Staatsanwaltschaft Tübingen Ermittlungen wegen eines angeblichen Zahnpastaanschlags und erstattet ordnungsgemäß Anzeige. Als Grundlage nunmehr kriminaltechnischer Ermittlungen erwiesen sich auch Stasi-Dokumente, in denen über Gift in Zahnpastatuben berichtet wurde. Aber auch das führte nicht weiter. Die Staatsanwaltschaft stellte zwar fest, dass die Zahnpastatuben der Baumanns das Anabolikum Norandrostendion enthielten, aber sie konnte keinen Tatverdächtigen ermitteln. Bis heute.

Dennoch entwickelte sich die Causa Baumann zum Politthriller: Denn erneut legten detaillierte Stasi-Unterlagen zum Fall des 1983 auf ungeklärte Weise ums Leben gekommenen Profifußballspielers Lutz Eigendorf eine Spur zum bislang ungeklärten Fall Baumann. Die Stasi-Hauptabteilung XXII in Ostberlin hatte in den 1980er-Jahren mehrere Varianten der Giftbeimischung aufgelistet, darunter als »Kontaktmittel an bzw. in Körpersprays, Cremes, Parfüms«. Handschriftlich hatte man hinter der stark ätzenden Trifluoressigsäure notiert: »Glasröhrchen im hinteren Teil der Z.-Tube!!«. Für Baumanns Heidelberger Anwalt Michael Lehner zumindest ein Indiz dafür, dass in der DDR das Wissen für einen Anschlag mit Hilfe von Zahnpastatuben vorhanden gewesen sei. Gestützt wurde Lehners Vermutung durch IM-Akten einer Expertin für Zahnheilkunde, die einst am Geheimlabor FKS in Leipzig mit Hormonpräparaten, so auch mit Norandrostendion, geforscht hat.

Doch das alles brachte Baumann nicht weiter. Was folgte, waren Sperren; durch den Deutschen und den Internationalen Leichtathletik-Verband. Aber nachdem er wieder laufen durfte, war Baumann bei den Europameisterschaften 2002 im Münchner Olympiastadion noch einmal dabei – und gewann hinter dem Spanier José Manuel Martinez überraschend die Silbermedaille über 10 000 Meter. Doch die Idee eines regierungsnahen Ombudsmannes im Anti-Doping-Kampf hatte sich mit dem Dopingfall Baumann ein für alle Mal erledigt. Aber jemand wie Baumann lässt sich natürlich nicht mundtot machen.

So zieht er nun mit seinem Kabarettprogramm *Körner, Currywurst und Kenia* ebenso erfolgreich durch die Lande wie mit seinem Einmann-Theaterstück *Brot und Spiele*. Die Grundlage dafür bildet die tragische Figur des von Siegfried Lenz 1959 erfundenen Langstreckenläufers Bert Buchner. Eine Figur, die Baumann liebt. Aber natürlich läuft er trotz allem noch immer; so erfüllte er sich am 24. Juni 2011 mit dem 100-Kilometer-Lauf von Biel in der Schweiz einen langgehegten Traum. »Warum tust du dir das noch an?«, wollte ich wissen. Seine Antwort: »Weißt du, für einen Langstreckenläufer ist Biel nun einmal die Nacht der Nächte.« Klar, einer wie Baumann kann sich vor eigenen Plänen und Ideen kaum retten: »Irgendetwas mit Jan Ullrich schwebt mir vor. Also, wie der Reinhold Beckmann den 2006 in der ARD vorgeführt hat – vor allem aber, wie Ullrichs Berater so etwas überhaupt geschehen lassen konnten –, also mit ihm muss ich unbedingt reden und richtig lange Gespräche führen.« Denn kein anderer Radsportler wurde in Deutschland derart gnadenlos verdammt, aber zugleich so hemmungslos verehrt wie eben dieser Jan Ullrich: als Olympiasieger, als Weltmeister, vor allem aber als einziger deutscher Triumphator der Tour de France, damals, im Sommer 1997. In Deutschland wurde er gleich zweimal zum »Sportler des Jahres« gekürt, 1997 sowie 2003, und in aller Welt verehrt. Im fernen fußballverrückten Uruguay haben sie ihm zu Ehren sogar eine Briefmarke herausgegeben: »Ganador TdF97« (Gewinner der Tour de France 1997). Zehn Jahre, von 1996 bis 2006, dauerte der weltweite Ullrich-Hype an. Aber es gab auch Kritik. Ja ja, den Winter über viel zu viel Kuchen und viel zu wenig Training – dafür hatten viele seiner Fans ja noch Verständnis. Doch Amphetaminpillen in der Disco? Das sahen nicht wenige schon als grenzwertig an. Und als er dann noch Blutbeutel beim Arzt seines Vertrauens hinterlegte, im fernen Madrid, da spielte im Jahre 2006 Ullrichs Partner, der Staatskonzern Deutsche Telekom, nicht mehr mit. Und viele seiner Fans wandten sich mit Grausen enttäuscht ab. Ullrich reagierte darauf mit seinem Rücktritt. Ein Unvollendeter. Was hätte einer mit seinem Talent, gedopt oder nicht, noch alles erreichen können? Doch was dieser am weiten Radsportfirmament inzwischen verglühte Stern wirklich durfte, vor allem, was nicht, das bestimmte schon 1996 ein anderer: Teamchef Walter Godefroot aus Belgien. Und mit ihm zusammen noch einige andere Herren, vorzugsweise aus der Vorstandsetage dieses besagten Kommunikationskonzerns von internationalem Zuschnitt.

Ein Geständnis konnte es auch deshalb nicht geben, weil es keinen Betrogenen gab: »Ich habe in meiner ganzen Karriere niemanden betrogen und auch keinen geschädigt.« Das bleibt bis heute das Mantra des Jan Ullrich. Denn wer ist im Radsport eigentlich der Betrogene und wer der Betrüger? Wenn alle im Peloton zu verbotenen Medikamenten greifen – und nur so ist Ullrichs Aussage wohl zu interpretieren –, ist schlussendlich die Chancengleichheit wiederhergestellt. Nur die Wahl der jeweiligen Waffen bleibt dann noch jedem selbst überlassen.

Aber gab es überhaupt eine Ära Ullrich? Im Bund Deutscher Radfahrer (BDR) wird so getan, als habe es die so nie gegeben. Allen voran ist dabei dessen Präsident, der einst glühende Ullrich-Fan Rudolf Scharping – in einem anderen Leben glückloser SPD-Kanzlerkandidat. Auch für Ullrichs ehemaligen Partner, die Deutsche Telekom, ist dessen Name längst zum Unwort degradiert geworden. Fragen nach ihm werden stets mit dem inzwischen standardisierten Hinweis beantwortet, man beschäftige sich »schon seit Jahren nicht mehr mit Radsport«. Eine Aussage, die viele ehemalige Fans noch immer in Wallung bringt. Denn gerade die Telekom hatte Ullrich einst zum Volkshelden stilisiert, hatte Bilder geschaffen, von denen viele Menschen noch heute träumen. Was sich für den Konzern gelohnt hat, denn die öffentliche Aufmerksamkeit, die Ullrich mit seiner Mannschaft dem Unternehmen einst verschafft hat, bezifferten die Bonner damals auf einen Werbewert von rund 200 Millionen Euro!

2006 wollte Jan Ullrich wieder bei der Tour de France starten, durfte es jedoch wegen neuer Dopingvorwürfe nicht; erst am 10. Februar 2012 gab es endlich das Ende dieses Dopingfalls. An jenem Tag hat der Internationale Sportgerichtshof in Lausanne Ullrich verurteilt: Der 38-Jährige wurde von den Richtern des Dopings schuldig gesprochen, sein dritter Platz bei der Tour de France 2005 aberkannt. Ullrichs Verstrickung in die Dopingaffäre um den spanischen Mediziner Eufemiano Fuentes sei klar bewiesen. Obwohl es keine einzige positive Dopingprobe gibt. Nun hat man den Indizienweg gewählt; vor einem ordentlichen Gericht hätte er womöglich zu einem anderen und schnelleren Urteil geführt als vor den Welt-Sportrichtern in der Schweiz. Vor allem das hat hierzulande zu Empörung und Frustration bei den Fans geführt. Nun kehrt Jan Ullrich zurück in den Radsport. Erst einmal bei Jedermann-Rennen, in gar nicht allzu ferner Zeit vielleicht auch als Berater eines deutsch-amerikanischen Spitzenteams, das künftig sogar an der Tour de France um den Sieg kämpfen will.

Claudia Pechstein hingegen will niemanden beraten und sich erst recht nicht von irgendjemanden beraten lassen. Schließlich will die 40-Jährige auch nicht hinnehmen, als erste Athletin weltweit gesperrt worden zu sein – aufgrund von Indizien, die auf Blutdoping schließen lassen. »Als wäre mein Leben Teil eines fremden Films«, staunte sie schon 1992 über sich selbst; das war bei einem langen abendlichen Gespräch im oberbayerischen Inzell. Doch mehr von ihrem Innenleben mochte sie schon damals nicht preisgeben. Schon seinerzeit drehte sich dieses Gespräch nur ein klein wenig um Eisschnelllauf, hauptsächlich aber um die beschränkten Vermarktungsmöglichkeiten dieser Randsportart. Deshalb, gibt sie heute zu, habe sie 2002 den berühmt-berüchtigten »Zickenkrieg« gegen ihre bayerische Widersacherin Anni Friesinger vom Zaun gebrochen. »Ich denke, das hat dem Sport Eisschnelllauf damals ganz gutgetan. Es hat die Sportart vorangebracht.« An diese Zeit erinnert, erklärte sie Jahre später ungewöhnlich offen: »Ich habe schließlich immer nur Sport gemacht.« Im Sommer quälte sie sich Tag für Tag 150 Kilometer lang auf dem Rennrad, bis sich das Pensum endlich auf 3 500 Kilometer summiert hatte. Angereichert mit 250 Stunden Krafttraining und 1 000 Trainingskilometern auf Rollschuhen. Ihre Welt besteht noch immer aus Training, Rennen und Reisen.

Viel hat sie dabei nicht gesehen. Meist das Übliche: Hotelzimmer, Taxis, Eishallen. Doch sie hat es, nach eigener Einschätzung, auch nie allzu sehr vermisst. Das Leben sei eben so. Aufgewachsen ist sie in der Allee der Kosmonauten, in der monströsen DDR-Plattenbausiedlung von Marzahn, im Nordosten Berlins. Nicht weit davon, in jener Eishalle, die einst Erich Mielke, Minister für Staatssicherheit, aus dem Boden stampfen ließ, trainiert sie seit nunmehr 27 Jahren. Immerhin hat sie mit ihrer Methode 53 Medaillen gewonnen, darunter fünf goldene bei Olympischen Spielen, die meisten bei Europa- und Weltmeisterschaften. Hinter alledem stand – fast immer – ihr mittlerweile 72-jähriger Coach Joachim Franke, ein ehemaliger Eishockeyspieler, der 127-mal bei Länderspielen das DDR-Trikot trug. Sein Name steht für Leistung, aber auch für Doping. Schon 1975 zerbrach er sich den Kopf über das Thema Leistung in der geheimen Forschungsgruppe »Zusätzliche Leistungsreserven«, gegründet von der Leistungssportkommission der SED. Doch nichts wurde gegen ihn unternommen. Im Gegenteil, 2002 erhielt Franke das Bundesverdienstkreuz. Vielleicht wittert Claudia Pechstein auch deshalb überall Verschwörungen. Denn steif und unbeirrt behauptet sie weiterhin: »Ich bin fest davon überzeugt, dass ich verurteilt wurde, weil hinter den Kulissen gewisse Kräfte gewirkt haben.«

Aber warum gibt es alle Jahre wieder zu Saisonbeginn geradewegs Rekordfluten im Eisschnelllauf? Zum einen wegen der leistungsfördernden Höhenlage von 1423 (Salt Lake City) und 1 105 Metern (Calgary), zum anderen, weil ein – von der Internationalen Eislaufunion (ISU) erlaubter – überaus hoher Hämoglobinwert einen zusätzlichen Schub verursacht. Während nämlich der Internationale Ski-Verband (FIS) lediglich eine Hämoglobinkonzentration von 17,0 Gramm je Deziliter(Männer) und 16,0 Gramm je Deziliter (Frauen) zulässt, liegt die ISU-Grenze für Eisschnellläufer laut ISA bei 18,0 Gramm je Deziliter (Männer) und 16,5 Gramm je Deziliter (Frauen). Zusätzlich wird auf hochgelegenen Bahnen, wie in Salt Lake City und Calgary, ein Zuschlag von 0,5 Gramm je Deziliter gewährt. Was in anderen Disziplinen mindestens zu Schutzsperren führt, wenn nicht gar zur Dopingsperre, ist in Pechsteins Sportart legitim.

Nun will sie die ARD auf Schadensersatz verklagen. Sie wirft dem Sender auf ihrer Homepage im Fall der umstrittenen Blutbestrahlungen am Erfurter Olympiastützpunkt Rufmord vor: »Der Reporter Hajo Seppelt hat mich in der ›Sportschau‹ öffentlich denunziert. Er hat die Behauptung aufgestellt, an mir sei eine verbotene Blutbehandlung durchgeführt worden. Diese Behauptung ist falsch und hat mir erheblichen Schaden zugefügt.« Ob sie allerdings wirklich in Erfurt in

Behandlung war oder nicht, ließ sie offen. Der Fall Pechstein und der Fall Erfurt – eine offenbar nicht enden wollende Geschichte.

2. KAPITEL

DER GEDOPTE FAHNENTRÄGER

»Der Fuchs verliert sein Fell, aber nicht seinen Charakter.«
Niederländisches Sprichwort

Medaillen um jeden Preis? »Rudis Tod kam nicht unvorhergesehen. Es gab schon vorher immer mal Anzeichen. Wir haben nach seinem Selbstmord im Verein oft darüber gesprochen. Das war eine hilfreiche Therapie.« Mit diesen Sätzen beantwortete die Speerwurf-Weltmeisterin Steffi Nerius am 16. Juni 2009 die Frage der *Kölner Rundschau*, wie sie den Freitod ihres Leverkusener Trainers Prof. Rudi Hars über die Jahre verkraftet habe. 1996 hatte sich Hars erschossen, aber warum?

Als sich der 53-Jährige das Leben nahm, war er in Leichtathletikkreisen hochangesehen: Bei der Leichtathletik-Gemeinschaft (LG) Bayer Leverkusen brachte er als Trainer den Hammerwerfer Heinz Weis 1984 in Athen bis zum Weltmeistertitel und führte Ingrid Thyssen, die zuvor Handball-Torfrau war, trotz chronischer Kniebeschwerden zu acht deutschen Meisterschaften im Speerwerfen. Doch gleichzeitig wurde Hars von offiziellen Dopingermittlern, wie den Fahndern des Münchner Kontrollunternehmens PWC, überaus argwöhnisch beäugt. Denn irgendwann hatte der Trainer wohl wieder einmal zu viel mit seinen ungewöhnlichen Kraftwerten beim Bankdrücken geprahlt – öffentlich! Wie er es denn anstelle, mit fünfzig weit mehr Kraft zu entwickeln als mit dreißig, fragte man sich damals unter den Bayer-Athleten. Und weil Hars den Mund nicht halten konnte, sprach sich alsbald in der deutschen Leichtathletikszene herum, wie fleißig der Meistermacher auch jene Medikamente zu sich nähme, die auf der Dopingliste stünden. Ob es sich dabei ausschließlich um Präparate aus dem Hause Bayer handeln würde, ließ sich der ehemalige westdeutsche Meister im Speerwerfen allerdings nicht entlocken. Warum er sich selbst als Versuchskaninchen für Dopingpräparate hergeben würde, wollten wir damals wissen. Als Argument führte Hars an, er würde derartige Sachen deshalb zu sich nehmen, um nachfühlen zu können, wie es wohl seinen Athleten erginge. Als so etwas kurz nach seinem Tode in einigen Fachblättern, allerdings äußerst vorsichtig, angedeutet wurde, schlug der Bayer-Konzern gnadenlos zurück: Es war die Rede von »Verleumdung«, von »ehrabschneidenden Behauptungen«, sogar von »Ungeheuerlichkeiten«. Den Grund für den Freitod des Prof. Rudi Hars, hieß es dann hinter vorgehaltener Hand, wäre ein Leberdefekt gewesen, der möglicherweise durch die Verwendung von Nahrungsergänzungsmitteln entstanden ist. Eigentlich ein nicht zu erwartender Fall – mit verheerender Wirkung. Heute will niemand im Deutschen Leichtathletik-Verband noch etwas zu diesem Fall äußern. Geschwiegen wird seit 1996. Deshalb sind Steffi Nerius' Aussagen in einer Welt, in der Schweigen die erste Athletenpflicht war und noch immer ist, als sehr weitgehend zu bewerten.

Man muss sich das klarmachen: ein hochangesehener Trainer als Dopingversuchsperson! Es war schon irgendwann Mitte der 1990er-Jahre die Rede davon, Hars habe – bei seinen Bodybuilding-Aktivitäten – sogar das künstliche Wachstumshormon Somatropin angewendet. Es ist durchaus möglich, dass dieses oder irgendein ähnliches Mittel seine Leber ruiniert hat; fest steht: Damals versammelte sich eine ganze

Reihe leistungswilliger Athleten um Rudi Hars. Einige von ihnen, so hieß es seinerzeit, ohne dass jemals Namen genannt wurden, seien durchaus bereit gewesen, mit verbotenen, von der Verbandsführung jedoch geduldeten Mitteln und Methoden in die internationale Spitzenklasse der Werfer vorzustoßen. Als damals in einer Ärztezeitschrift zu lesen war, Hars' Suizid sei die schlimme Folge jahrelanger Selbstversuche in Sachen Doping gewesen, erstattete der Deutsche Leichtathletik-Verband sogar Anzeige gegen Unbekannt. Erfolglos, versteht sich.

Es ist schwierig, aus heutiger Sicht die Geschehnisse der 1990er-Jahre erklären zu wollen. Dennoch: Ein solcher Rückblick kann zumindest teilweise Rudi Hars' Freitod erklären, ebenso wie auch das anhaltende Schweigen des Deutschen Leichtathletik-Verbandes. Die Leichtathletik-Gemeinschaft Bayer Leverkusen bezeichnete sich 1992 gern als »Real Madrid der europäischen Leichtathletik« (so das offizielle Vereinsmotto). Schließlich hatte man in jenem Jahr in Barcelona mit Heike Henkel im Hochsprung und mit Dieter Baumann im 5 000-Meter-Lauf gleich zwei überaus populäre Olympiasieger gestellt. Zwei Athleten, die nicht nur auf den Sportseiten der Tageszeitungen, sondern auch in den Hochglanzpostillen die Fußballstars aus den Schlagzeilen verdrängten. Doch unter dem Druck der starken Konkurrenz aus der ehemaligen DDR verlor das Bayer-Kreuz von Jahr zu Jahr an Strahlkraft, und deren erfolgsverwöhnte Trainer wie Rudi Hars büßten an Renommee und vor allem an Einfluss ein. Zwar konnten 1996 mit Steffi Nerius, der einstigen Weltjahresbesten im Speerwerfen, und dem Hammerwerfer Heinz Weis, Nummer vier der damaligen Weltrangliste, noch einmal zwei Hars-Schützlinge auftrumpfen, doch schon bei den deutschen Meisterschaften 1996 in Köln gehörten die Hars-Sportler mit dem Bayer-Kreuz auf dem rot-weißen Trikot nur noch zur Staffage.

Ebenfalls in jener Zeit, im Jahr 1997, sagte Werner Haas, der damalige Anti-Doping-Beauftragte des deutschen Zehnkampfteams, in der *Neuen Zürcher Zeitung*: »Im deutschen Zehnkampf wird geschluckt und gespritzt, was das Zeug hält – auch im Wettkampf. Die Selbstverständlichkeit, mit der dabei all das benutzt wird, was nicht bewusst verboten ist, hat mich erschüttert. So sind wir aber nicht angetreten, als wir im Zehnkampfteam unser Anti-Doping-Programm beschlossen haben, das Vorbild für die gesamte internationale Leichtathletik sein sollte. Was jetzt geschieht, steht in krassem Widerspruch zu unseren Statuten. Da entwickelt sich eine Mentalität, die ich nicht mehr mittragen kann. Deshalb bin ich zurückgetreten.«

Was Haas nach der deutschen Wiedervereinigung anprangerte, war im westdeutschen Sport schon Jahre zuvor gang und gäbe. Als *Der Spiegel* ab 1989 nicht nur das staatlich verordnete DDR-Dopingprogramm recherchierte, sondern auch den von staatlicher Seite empfohlenen »Substitutionsbedarf« in der alten Bundesrepublik unter die Lupe nahm, schrieb das Magazin am 26. März 1990: »Vor einem Dreiländerkampf Italien-Deutschland-Polen 1983 in Turin waren die Funktionäre übereingekommen, keine Dopingkontrollen durchzuführen. So wurde den Kugelstoßern, Diskus- und Hammerwerfern rechtzeitig bedeutet: ›Ihr könnt durchfuttern.‹«

Doch bei der Mannschaftsbesprechung am Vorabend dieses Leichtathletikländerkampfes sei der Hamburger Karl-Heinz »Kuddel« Leverköhne, verantwortlicher Bundestrainer der deutschen Werfer, blass ins Zimmer gestolpert. »Es wird doch kontrolliert, die haben uns reingelegt«, rief er mit Angstschweiß auf der Stirn. Die kräftigen Männer wollten daraufhin nicht starten – doch eine Abreise, noch dazu eine überstürzte, hätte wie ein kollektives Dopingeingeständnis gewirkt. Als nach der ersten Aufregung feststand, es sollte jeweils der Erste und der Sechste eines Wettbewerbs kontrolliert werden, entwarfen die Athleten gemeinsam mit den Trainern Pläne, um diese Plätze möglichst zu vermeiden.

Am einfachsten hatten es die Diskuswerfer. Platz sechs kam aufgrund der schwächeren Vorleistungen der anderen Werfer nicht in Frage; die beiden Deutschen Alwin Wagner und Werner Hartmann mussten also darauf achten, nicht allzu weit zu werfen – was beiden gelang. Die beiden westdeutschen Hammerwerfer, damals die besten dieser Disziplin, hielten sich auf ihre Weise zurück: Klaus Ploghaus meldete sich nach dem Einwerfen verletzt ab, und Karl-Hans Riehm aus Trier, der zuvor fünfmal den Weltrekord verbessert hatte, warf im ersten Versuch 76,46 Meter weit, doch ein Pole übertraf ihn um einen Meter. Fortan trat »die Lichtgestalt der deutschen Leichtathletik« (*Trierischer Volksfreund*, 1981) bei seinen nächsten Würfen, wenn sie weiter zu sein schienen, schnell über den Rand des Ringes und machte die Weite somit jeweils regelgerecht ungültig. »Problematisch dagegen war das Kugelstoßen«, fand *Der Spiegel* heraus. Denn von den Spezialisten war nur der Leverkusener Andreas Beirowski nach Turin mitgefahren, übrigens ein Athlet aus dem Dunstkreis des 1996 verstorbenen Rudi Hars. Den zweiten Part sollte ein Diskuswerfer übernehmen. Angesichts der starken Konkurrenz wäre dieser auf jeden Fall Sechster geworden und hätte zur Dopingkontrolle gemusst. »Da hatten Sportwart Otto Klappert und der damalige Präsident August Kirsch die rettende Idee«, schrieb *Der Spiegel*. »Hochspringer Dietmar Mögenburg hatte zuvor Andeutungen gemacht, sich auch eine Karriere als Zehnkämpfer vorstellen zu können. Die beiden Funktionäre überredeten nun den ahnungslosen Mögenburg, es doch jetzt gleich einmal bei einem Wettkampf mit dem Kugelstoßen zu testen. Der chemisch saubere Mögenburg stieß 13,31 Meter und musste zur Kontrolle. Die Funktionäre verkauften ihren Coup den Journalisten als Beispiel für die Experimentierfreude des Verbandes.« Und, wie ich mich an jenen denkwürdigen Tag erinnere, auch noch als Beispiel für unverbrüchliche Kameradschaft in Athletenkreisen. Was für eine Schmierenkomödie!

Schon 1983/1984, so erfuhr die damals in Bonn ansässige Tageszeitung *Die Welt* im März 1983 von der damaligen Anti-Doping-Kommission des Deutschen Sportbundes (DSB) und des Nationalen Olympischen Komitees (NOK) für Deutschland, habe man an die 2000 (!) Athleten aller möglichen Sportarten des Missbrauchs von Anabolika verdächtigt. Nicht ohne Anlass! Heute mag sich im Deutschen Olympischen Sportbund (DOSB) niemand mehr derartiger Studien entsinnen. Das erinnert an einen Ausspruch des 2010 verstorbenen kanadischen Sprintcoaches Charlie Francis. Der Trainer des 1988 bei den Olympischen Sommerspielen in Seoul des Doping überführten Ex-Weltrekordlers über 100 Meter, Ben Johnson, sagte nämlich: »Die Hauptnebenwirkung des Anabolika-Dopings ist der Gedächtnisschwund, da keiner, der diese Mittel genommen hat, sich daran erinnern kann.«

Und so mag sich auch (fast) niemand mehr daran erinnern, dass 1987 der Todesfall einer besonders hoffnungsvollen Athletin den westdeutschen Sport erschüttert hatte: der Fall der Bremer Siebenkämpferin Birgit Dressel. Die Europameisterschaftsvierte von 1986 starb am 10. April 1987. Sie wurde nur 26 Jahren alt. In der *Welt am Sonntag* vom 2. August 1987 schrieb ich: »Seit ihrem Tod ist Schweigen erste Athletenpflicht. Denn viele Sportler schlucken Medikamente wie das tägliche Brot.« Wir veröffentlichten damals sogar Auszüge aus dem Protokoll der Staatsanwaltschaft Mainz: »Über eine lange Zeit wurden Frau Dressel Wirkungssubstanzen verabreicht. Dabei wurden ihr auch Substanzen zugeführt, die erhebliche Nebenwirkungen und Allergien auslösen können.« Die sportärztliche Therapie mit ihren variantenreichen Maßnahmen sei bei den unterschiedlichen Arten von Kombinationspräparaten und Fremdeiweißapplikationen nicht mehr überschaubar gewesen. Sogar derart unüberschaubar, dass ein Ermittlungsverfahren wegen fahrlässiger Tötung gegen die behandelnden Ärzte nicht eingeleitet werden konnte.

»Dressels Tod«, schreibt 25 Jahre später die *Deutsche Presseagentur* (dpa), »ist eines der dunkelsten Kapitel der deutschen Sportgeschichte. Jenseits der menschlichen Tragödie offenbarte er zum ersten Mal in aller Klarheit, wie viel auch im westdeutschen Sport bis hin zu Dopingmitteln wie Megagrisevit geschluckt und gespritzt wurde.«

Warum vor allem Megagrisevit? Es handelt sich dabei um ein ungewöhnliches Steroid, das wegen seiner hohen anabolen Wirkung besonders bei Bodybuildern beliebt ist. Für Birgit Dressel ging es um Ruhm, Meistertitel, Geld und um die Aussicht auf einen wohlversorgten Lebensabend. Sie hatte sich 1987 vom 33. auf den 6. Platz der Weltrangliste im Siebenkampf vorgearbeitet. Es ist eine leichtathletische Disziplin für Alleskönnerinnen, denn die Athletinnen müssen über 200 Meter schnell sprinten und über 800 Meter ausdauernd Tempo laufen können. Sie müssen durch den Hürdenwald eilen, die Kugel kraftvoll stoßen und den Speer gefühlvoll segeln lassen. Und sie sollten die Technik sowohl des Weit- wie auch des Hochsprungs aus dem Effeff beherrschen.

Der Hersteller empfiehlt Megagrisevit zwar nur Schwerkranken, insbesondere stark abgemagerten Krebspatienten, doch Birgit Dressel schluckte es, um noch mehr Muskeln zu bekommen. Denn die Konkurrenz war gerade in jenem Jahr groß. Die Noch-immer-Weltrekordlerin Jackie Joyner-Kersee aus den USA, deren Bestleistung aus dem Jahre 1988 auch 2012 noch Bestand hat, war von ihr ohnehin nicht einzuholen. Und in Westdeutschland machte ihr die Düsseldorferin Sabine Everts, Dritte bei den Olympischen Sommerspielen von 1984, den Platz an der Sonne ebenso streitig, wie die fünf Jahre jüngere Sabine Braun aus Wattenscheid, die 1990 Europa- und im Jahr darauf Weltmeisterin wurde. In der DDR stan-

den mit der Neubrandenburgerin Anke Behmer, der Europameisterin von 1986 in Stuttgart, und der Dresdnerin Sibylle
Thiele zwei weitere, durchaus stärkere deutsche Athletinnen
parat. Also nahm Birgit Dressel über 100 Medikamente zur
Leistungssteigerung ein. Ein Sonderfall? Die frühere Diskuswerferin Brigitte Berendonk schrieb in ihren Buch *Doping-
Dokumente* dazu: »Es besteht kein Grund anzunehmen, Birgit Dressel habe sich mehr gedopt als andere DLV-Athletinnen.«
Es sei eher wahrscheinlich, dass sich viele deutsche Sportlerinnen ähnlich wie sie gedopt hätten.

Im Jahr 1996 fragte ich im *Hamburger Abendblatt*: »Hat
eigentlich niemand etwas aus dem Fall Birgit Dressel gelernt?« Der Journalist Peter Frenkel antwortete mir damals:
»Solange niemand bereit ist, die Wahrheit über Doping zu
sagen, ob er nun aus dem Westen oder dem Osten dieser Welt
kommt, ändert sich nichts. T-Shirts mit der Aufschrift *Keine
Macht den Drogen* zu verteilen, ist nicht nur Augenwischerei,
sondern Zynismus.« Peter Frenkel galt als Insider: Der gebürtige Potsdamer gewann 1972 in München die Goldmedaille
im 20-Kilometer-Gehen – für die DDR.

Zu den wichtigsten Dopingaufklärern hierzulande gehörte
in den 1980er-Jahren vor allem der Berliner Dermatologe Dr.
Hans Halter, Jahrgang 1938, arbeitete zunächst als Arzt, ehe
er 30 Jahre lang als Autor und Reporter für den *Spiegel* tätig
wurde. Er berichtete ebenso über Herztransplantationen wie
über den Untergang der DDR – und schon 1985 überaus fachkundig und meist exklusiv über das Thema Doping. 1980
konnte er aufdecken, wie Dietrich Thurau es geschafft hatte,
den Dopingkontrolleuren gegenüber nikotinhaltigen Fremdurin als seinen eigenen auszugeben. Und 1987 wies er nach,
dass die nach heftigem Medikamentenmissbrauch verstorbene Birgit Dressel 102 verschiedene Präparate benutzt hatte.
Hatte jemand wie er nach derart spektakulären Dopingfällen
Besserung erwartet? »Nein«, beantwortete Halter 2010 unum-

wunden meine Frage, »denn Doping ist nun einmal integraler Bestandteil des Hochleistungssports. Deshalb ist es illusionär, zu glauben, es eliminieren zu können. Das geht nicht. Es wird so lange Doping geben, so lange es Hochleistungssport gibt.«

Die Sportführung der DDR beschloss 1974 in ihrem Staatsplan 14.25 das systematische Doping im Spitzensport. Doch bereits zwei Jahre zuvor hatte der Westberliner Kugelstoßer Ralf Reichenbach für sich entschieden, mit Hilfe von Dopingmitteln in die Weltspitze vorzustoßen. Das gab er 1977 folgendermaßen öffentlich bekannt: »Die Anabolika-Droge bringt mehr Humanität in den inhumanen Leistungssport.« Reichenbach wollte damit sagen, dass er mit Hilfe von Anabolika seine tägliche Trainingsfron um gut 30 Prozent reduzieren konnte, dass zum anderen sein Körperumfang nicht auf unappetitliche Ausmaße anwuchs. Bei den Leichtathletik-Europameisterschaften 1974 in Rom ärgerte der vermeintlich clevere Westberliner, entsprechend präpariert, die erfolgsverwöhnten DDR-Kugelstoßer. Hinter dem Ostberliner Hartmut Briesenick – dem damaligen Superstar der internationalen Szene – gewann er mit der erstaunlichen Weite von 20,38 Metern die Silbermedaille. Kein Mensch könne eine Kugel (7,5 Kilogramm) weiter als 19 Meter stoßen, wenn er nicht gedopt sei, behauptete Reichenbach schon damals in aller Öffentlichkeit. Doch im Westen hielt man das wohl für pure Flunkerei des stets glänzend aufgelegten Berliners. Am Ende brachte er es sogar auf eine persönliche Bestleistung von 21,51 Metern – mit Hilfe verbotener Anabolika. Das gab Reichenbach unumwunden zu und plädierte zugleich für die Freigabe aller leistungssteigernden Medikamente. Im Februar 1998 starb Reichenbach mit nur 47 Jahren – das schwache Herz des starken Mannes hatte nicht mehr mitgemacht.

Gedopte Leichtathleten, gedopte Radrennfahrer, alles schon da gewesen. Doch wie sieht es mit den deutschen Wintersportlern aus? Bereits 1986, bei den Weltmeisterschaften in

Oslo, wurden die westdeutschen Biathleten Peter Angerer und Franz Wudy des Dopingmissbrauchs überführt. Angerer, der umjubelte Olympiasieger von 1984 in Sarajevo, wurde dennoch nicht wie erwartet für zwei Jahre, sondern lediglich sechs Monate lang gesperrt. Wie konnte das sein? Der frühere Mannschaftsarzt der westdeutschen Biathleten, Erich Spannbauer – er war auch für den FC Bayern München tätig –, ließ Angerer und Wudy dem seinerzeitigen Dopingbefund zufolge kurz vor den WM-Wettkämpfen 0,6 Milligramm Testosteron einnehmen. Die Athleten habe er deshalb nicht eingeweiht, weil er glaubte, das Mittel sei (noch) erlaubt. Dabei stand es schon seit 1982 auf der Dopingliste. Für die Öffentlichkeit gab der Deutsche Ski-Verband damals in Zusammenarbeit mit Sven Thofelt, dem schwedischen Präsidenten des internationalen Verbandes, die umstrittene Erklärung heraus, der deutsche Mannschaftsarzt habe Angerer und Wudy ein Grippemittel mit einer verbotenen Substanz verordnet, mithin treffe die Athleten keine Schuld. Das deutsche Biathlon sei eine saubere Sportart. So wurde Angerer 1988 auserkoren, sogar von Willi Daume, dem Präsidenten des Nationalen Olympischen Komitees für Deutschland, im kanadischen Calgary als Fahnenträger der westdeutschen Olympiamannschaft voranzumarschieren. Warum auch nicht? Der blonde Peter aus Hammer im Chiemgau, dieser fröhliche, vor Kraft strotzende Modellathlet, hatte schließlich mit seiner olympischen Goldmedaille 1984 in Sarajevo jenen Biathlonhype in Deutschland ausgelöst, der bis heute ununterbrochen andauert.

Dennoch ist der Fall des Peter Angerer bis heute fragwürdig geblieben. Aber er passt in die umstrittenen Praktiken des Deutschen Ski-Verbandes, der im Frühsommer 1989 seine Athleten in einem »persönlichen Überzeugungsgespräch« von der Teilnahme an einem verbotenen, verbandsinternen Testosteron-Programm überzeugen wollte. Vermerkt wurde damals intern, selbst Bundestrainer Jürgen Seifert, einst auch Angerers Coach, sei es nicht gelungen, die Athleten zur Teilnahme an diesem Programm zu bewegen. Ein wichtiges Detail ist: Bei jenem Programm handelte es sich damals um ein Forschungsprojekt unter Beteiligung und Finanzierung der damaligen Bundesregierung, die sich am 11. Dezember 1991 eilig klarzustellen versuchte, es handele sich bei dem Projekt keineswegs um Dopingforschung …

Ähnliches wie von Peter Angerer erhoffte sich der Deutsche Ski-Verband von dem Allgäuer Langläufer Johann Mühlegg, einem fröhlichen, blauäugigen, pausbäckigen jungen Mann, der sein Talent mit zwei Weltmeistertiteln, 1989 im norwegischen Vang und 1990 im tschechischen Štrbské Pleso, bei den Junioren hinlänglich bewiesen hatte. Ob Russen oder Skandinavier, ob hochgedopt oder nur bis an die erlaubten Grenzen – sie alle hatten gegen Mühlegg nicht den Hauch einer Chance. Doch bekannt wurde der strebsame Jungstar, weil er per Fax ausführliche Briefe an Journalisten verschickte, in denen er seine Erfolge in erster Linie der gebürtigen Portugiesin Justina Agostinho zuschrieb. Sie weihe nämlich jenes Wasser, das er regelmäßig, auch in Trainingslagern und auf Wettkampfreisen, zu sich nehme. Misserfolge wiederum kreidete er ohne Umschweife dem damaligen Bundestrainer Georg Zipfel an – dessen »Spiritismus«, dessen »heimliche Besprechung«, so Mühlegg, seien böswillig und leistungshemmend.

1998 wurde Mühlegg deshalb aus dem Nationalteam ausgeschlossen und startete fortan für den spanischen Skiverband, bis dato im nordischen Skisport naturgemäß eine unbekannte Größe. »Juanito«, wie Spaniens Zeitungen Mühlegg nannten, nachdem er 1999 zusätzlich zur deutschen die spanische Staatsangehörigkeit erlangt hatte, war 50-Kilometer-Weltmeister von 2001 und holte bei den Olympischen Winterspielen 2002 in Salt Lake City zwei Goldmedaillen – doch nicht nur die Sporthistoriker werden sich weniger daran, sondern in erster Linie an den Dopingtäuscher Johann Mühlegg erinnern. In dessen Blut wurde das Medikament Darbepoetin nachgewiesen. Der spanische Allgäuer hatte gehofft, diesen bis dato angeblich nicht nachweisbaren Stoff würde niemand finden. Doch er hatte sich getäuscht. Der vom US-Pharmakonzern Amgen unter dem Namen Aranesp vertriebene Wirkstoff wird zwar in erster Linie erfolgreich bei der Behandlung von Nierenpatienten eingesetzt, doch die Dopingfahnder waren dennoch schon auf dessen Aranesp-Spur. Denn die Aminosäuresequenz von Aranesp (auch unter der Laborbezeichnung NESP bekannt) wurde im Vergleich zum beliebten Blutdopingmittel Erythropoetin, kurz EPO genannt, nur leicht verändert. Dadurch kann die Einnahme eigentlich relativ problemlos nachgewiesen werden. Das hatte Mühlegg unterschätzt, zumal die Nachweismethode aus ermittlungstechnischen Gründen noch während der Olympischen Winterspiele 2002 in Salt Lake City erst öffentlich bekanntgemacht wurde, nachdem Mühlegg erwischt worden war. Darbepoetin stand damals übrigens noch nicht auf der Liste der verbotenen Mittel. Dennoch musste Mühlegg zunächst eine seiner drei gewonnenen olympischen Goldmedaillen zurückgeben. Weil die Nationalen Olympischen Komitees von Kanada und Norwegen im Jahr 2003 vor dem Internationalen Sportgerichtshof in Lausanne Einspruch erhoben, wurden Mühlegg auch die beiden übrigen Olympiasiege aberkannt. Dieses Urteil wurde unter dem Vorsitz des höchsten deutschen Sportjuristen, Dr. Thomas Bach, gefällt. Im Jahr zuvor war Bach in Salt Lake City in einer vor Ort extra eingesetzten Disziplinarkommission des Internationalen Olympischen Komitees dem für Spanien startenden Landsmann noch beigesprungen ... Die Grundsubstanz des Mittels soll übrigens aus den Eierstockzellen chinesisch-mongolischer Hamster gewonnen werden. Mühlegg hatte das Mittel benutzt, um die Sauerstoffaufnahme seines Blutes und damit seine Ausdauer zu erhöhen.

Den ersten – international bekannten – Dopingskandal löste jedoch eine ostdeutsche Athletin aus, die Kugelstoßerin Ilona Slupianek. Schon 1973 wurde sie beim Europacup-Finale in Helsinki positiv auf das beliebte anabole Steroid Nandrolon getestet und für ein Jahr gesperrt. Anfang 1990, unmittelbar nach dem Mauerfall, klärte Manfred Ewald, der angeblich so allgewaltige Chef des Sports der DDR, den Autor dieses Buches in einem Vieraugengespräch im Westberliner Hotel *Schweizer Hof* nachträglich aus seiner Erinnerung über den Fall Slupianek auf: »Sie zählte als Mitglied des SC Dynamo Berlin zur Einflusssphäre Erich Mielkes. Wir, vom Deutschen Turn- und Sportbund der DDR, hatten keine Chance, wirklich dahinterzukommen, was sich in Mielkes Sportvereinen tatsächlich abspielte.« Dabei hatte Ewald – wie er mir gegenüber versicherte – von Adriaan Paulen, dem damaligen niederländischen Präsidenten des Internationalen Leichtathletik-Verbandes, das geheime Versprechen erhalten, niemals würden internationale Dopingfahnder das Gebiet der DDR betreten, um dort tätig zu werden. Doch was wolle man machen, wenn bei Meisterschaften im Ausland kontrolliert würde?

Die Slupianek-Akte, klagte Ewald noch gut 20 Jahre später, habe zu DDR-Zeiten selbst er nur in wohldosierten Auszügen erhalten. So sei auch seine 1977 für Erich Honecker fertiggestellte Akte über den Fall Slupianek keinesfalls vollständig gewesen. Ewald kam zur der Erkenntnis: »Mielke sprach immer von Sicherheit, Tag und Nacht; doch mit dem Fall Slupianek hat er selbst das größte Loch ins Sicherheitsnetz des DDR-Sports gerissen.«

3. KAPITEL

DER SIMULIERTE ANTI-DOPING-KAMPF

»Scheinheiliges Deutschland.«
Prof. Werner Franke, Molekularbiologe am Deutschen
Krebsforschungszentrum in Heidelberg

Seit Jahrzehnten beißen konsequente Doping-Gegner bei Sport-Organisationen und nationalen Regierungen auf Granit. Weil es dort um den nationalen Erfolg im internationalen Kräftemessen geht, gilt unausweichlich: Das System duldet Doping, aber keinen Doping-Fall. Wir wiederum dulden das nicht mehr. Dem Eindruck, dass sich die Sportverbände aus Ost- und Westdeutschland zusammengefunden haben, auch um das Doping-System zu perfektionieren, wollen wir Doping-Gegner mit vereinten Kräften entgegentreten. Wir fordern von Politik und Sport ein konsequentes und glaubwürdiges Eintreten für einen sauberen Sport.« Diese geharnischten Zeilen schickten am 27. März 2012 zwölf prominente deutsche Anti-Doping-Kämpfer, darunter auch Antje Harvey-Misersky, die Biathlon-Olympiasiegerin von 1992, als offenen Brief an Bundeskanzlerin Angela Merkel und deren Ministerriege. Zugleich forderten sie das für den hiesigen Sport zuständige Bundesinnenministerium auf, »unverzüglich die Konsequenzen daraus zu ziehen; das heißt, Steuer-/Fördergelder einzufrieren und zurückzufordern, mit denen gegebenenfalls Doping in Erfurt finanziert wurde.«

Doch nichts dergleichen ist, wie vorauszusehen war, geschehen. Bei den Adressaten herrscht auch diesmal wieder das ganz große Schweigen. Wie immer. Stattdessen aber teilte die Staatsanwaltschaft Erfurt am 11. Juli 2012 urplötzlich der staunenden Öffentlichkeit mit, gegen den am thüringischen Olympiastützpunkt tätigen Sportarzt Andreas Franke werde ab sofort nicht mehr ermittelt, weil eine »Verurteilung nicht zu erwarten« sei. Diese Causa Erfurt war der Auslöser jenes offenen Briefes an Angela Merkel, der in Berlin allenfalls Kopfschütteln verursacht hat – mehr aber auch nicht. Dabei ist dem Sportarzt Franke immerhin vorgeworfen worden, am Olympiastützpunkt Thüringen in Erfurt 30 Sportlern Blut entnommen, dieses danach mit UV-Licht behandelt und anschließend in den Körper der jeweiligen Athleten reinfundiert zu haben. Das alles sieht die Staatsanwaltschaft Erfurt jedoch nicht als strafbare Handlung an. Sie argumentiert, es handele sich zwar bei der UV-Bestrahlung um einen »objektiven Verstoß« gegen eine schriftliche Übereinkunft in Sachen Doping im Sport – und damit um eine verbotene Methode –, doch um mehr eben auch nicht. Außerdem lasse sich nun einmal nicht widerlegen, dass Franke seine Behandlung ausschließlich zur Verbesserung der Immunabwehr angewandt habe. Das habe er auch selbst schließlich immer wieder beteuert. Ein »zielgerichteter Einsatz zu Dopingzwecken« sei hingegen nun einmal »nicht nachweisbar« gewesen. Im staatsanwaltlichen Originaltext ist da ergänzend zu lesen: »Letztlich haben auch sämtliche als Zeugen – und damit zur Wahrheit verpflichteten – gehörten Sportler eine zielgerichtete Behandlung zur Leistungssteigerung von sich gewiesen.« Ja, was hätten sie denn sonst tun sollen? Würde irgendjemand, wie zum Beispiel die Eisschnelllauf-Weltmeisterin Claudia Pechstein, tatsächlich zugeben, sich mittels einer verbotenen Behandlungsmethode eine sportliche Leistungssteigerung versprochen zu haben?

Trotz dieser juristischen Naivität ist die Causa Erfurt aber noch lange nicht vom Tisch. Zum einen will Clemens Prokop, der Präsident des Deutschen Leichtathletik-Verbandes, im richtigen Leben ehemals Staatsanwalt und nunmehr hauptberuflich als Amtsgerichtsdirektor in Bayern tätig, den Kollegen in Thüringen rechtlich das Handwerk legen. Zum anderen formierte sich schon vor dieser zu erwartenden juristischen Sachlage der Widerstand. Nicht nur in den Sportfachverbänden, sondern vor allem bei Wissenschaftlern und Sportärzten. So hatte denn in Erwartung des am 11. Juli 2012 gefällten Erfurter Rechtsspruchs – was immerhin nur zwei Wochen vor den Olympischen Sommerspielen in London geschah! – der renommierte Nürnberger Dopingspezialist Prof. Fritz Sörgel schon einmal gefragt: »Für wie blöd hält man uns eigentlich?« Wobei er nicht nur für seine Fachkollegen sprach …

Zumal ja auch im Falle Erfurt wieder einmal eine gedeihliche deutsch-deutsche Zusammenarbeit zu einer juristischen Entlastung des Hauptangeklagten geführt hat. Denn rechtlich vertreten wurde der von vielen Funktionären, Trainern, Wissenschaftlern und Medizinern äußerst misstrauisch beäugte Sportmediziner Franke von der Erfurter Anwaltskanzlei eines gewissen Heinz-Jochen Spilker (Werbespruch: »Hohe Erfolgsquote vor Gericht«), worüber sich besonders die Insider der Leichtathletik-Szene erstaunt die Augen gerieben haben. Denn dieser Heinz-Jochen Spilker, der zugleich als Vizepräsident des Landessportbundes (LSB) von Thüringen agiert, gilt ja nicht nur im »grünen Herzen Deutschlands« als überaus geschickter Strippenzieher hinter allen möglichen Kulissen, allerdings als einer mit einer unrühmlichen sportlichen Vergangenheit.

Im Jahr 1994, als Spilker noch in seiner nordrhein-westfälischen Heimat nebenher als führender westdeutscher Leichtathletik-Coach tätig war, wurde er vom Amtsgericht Hamm zur Zahlung einer Geldstrafe in Höhe von 12.000 D-Mark verurteilt. Der Grund: Er hatte seine Athletinnen mit vermänn-lichenden Dopingpräparaten versorgt, mit dem anabolen Steroid Anavar, einem Arzneimittel, das bis heute in Deutsch-land nicht zugelassen ist. Womit Spilkers Sportkarriere in den alten Bundesländern fürs Erste abrupt gestoppt worden war. Doch dann kam die Wende, und mit ihr begann Spilkers un-aufhaltsamer Aufstieg im Osten Deutschlands. Ein Aufstieg, der derart beeindruckend vor sich ging, dass einst der 2007 verstorbene DSB-Präsident Hans Hansen nicht nur den »Thü-ringer Pioniergeist im Vereinigungsprozess« auszeichnete, sondern auch Spilker genau dazu beglückwünschte.

Aber im Fall Erfurt geht es ja nicht nur um die Rolle des Heinz-Jochen Spilker. Man fragt sich, wie weit der lange Arm des Deutschen Olympischen Sportbunds (DOSB) und natür-lich auch der des für den Hochleistungssport zuständigen Bundesinnenministeriums reicht? Denn vor allem Dr. Tho-mas Bach, als DOSB-Präsident und Vizepräsident des Inter-nationalen Olympischen Komitees *der* führende deutsche Sportpolitiker schlechthin, hat in dieser Affäre von Anfang an eine ziemlich fragwürdige und damit auch unrühmliche Rol-le gespielt. Noch vor zehn Jahren, bei den Olympischen Win-terspielen in Salt Lake City 2002, hatte er das Verbot der Blut-bestrahlung noch ganz besonders begrüßt, während er sich in der Causa Erfurt vom ersten Tage an stets nur durchlaviert hat – wohl aus taktischem Kalkül. Oder sollte man vermuten, zum Vorteil der deutschen Athleten? Denn im Mitteldeut-schen Rundfunk (MDR) verkündete Bach am 1. Februar 2012 in aller Öffentlichkeit freiheraus seine taktische Linie bezüg-lich der Erfurter UV-Behandlungsmethode, und zwar mit der unfassbaren Erklärung, »dass derartige Methoden seit dem 1. Januar 2011 verboten sind«. Bach wollte mit dieser – nen-nen wir es mal: exklusiven – Mitteilung ganz offenbar erst einmal die deutsche Öffentlichkeit beruhigen. Schließlich konnte er, gerade im Olympiajahr 2012, keine negative Stimmung gebrauchen. Vor allem keine, die bis hin zu den deutschen Olympiakadern durchschlagen würde. Also behauptet er im Grunde stets aufs Neue: Was auch immer sich am Olympiastützpunkt in Thüringen zugetragen haben sollte, sei ebenso weit von Dopingfällen entfernt wie die Milchstraße von der Erde. Mindestens.

Dabei hatte Bach ja, wie schon gesagt, vor zehn Jahren im Jahr 2002 eine ähnliche Sachlage noch ganz anders gesehen. Als nämlich bei den Olympischen Winterspielen 2002 im amerikanischen Salt Lake City im Quartier der österreichischen Skilangläufer das Instrumentarium für eine UV-Blutbehandlung sichergestellt wurde, als deren Trainer Walter Mayer obendrein die Behandlung seiner Athleten mit diesen Gerätschaften gestanden hatte, musste anschließend das Exekutivkomitee des IOC das Strafmaß für Trainer und Athleten bestimmen. Damals ließ die Organisation verlautbaren: »Die von Walter Mayer durchgeführten Behandlungen erfüllen den Tatbestand des Blutdopings.« Punktum. Und Bach erklärte dazu öffentlich, sich ganz und gar als olympischer Anti-Doping-Kämpfer inszenierend, damit handele es sich um eine »konsequente Fortsetzung der Anti-Doping-Politik«. Blutbestrahlung war also im damaligen Falle – in dem es laut IOC-Bericht um gerade einmal 45 Milliliter Blut ging – auch für Dr. Thomas Bach eine verbotene Methode! In der Causa Erfurt aber sieht Bach die Sache nun auf einmal ganz anders. Obschon es dabei um das gleiche Delikt, eine UV-Bestrahlungen, gegangen ist; laut Aktenlage von bis zu 50 Milliliter Blut. Also sogar um etwas mehr als damals im fernen Amerika. Doch Erfurt ist nun einmal nicht Salt Lake City.

Dabei hätte Bach, ebenso wie die Mitglieder der recht dilettantisch agierenden deutschen Nationalen Anti-Doping-Agentur (NADA) in Bonn, doch nur Heft Nr. 3, Jahrgang 2012 der *Deutschen Zeitschrift für Sportmedizin* in aller Ruhe lesen müssen. Dann wären alle noch einmal von überaus profunden

Kennern aufgeklärt worden. In diesem Fachartikel schreibt nämlich Prof. Dirk Clasing von der Universität Münster ganz deutlich: »Es ist unstrittig, dass seit 1986 das Manipulieren von Blut unter Doping-Verbot steht.« Ein Verbot, das seit 1986 ausgerechnet in der entsprechenden Liste des Internationalen Olympischen Komitees enthalten ist, jener Organisation, der Thomas Bach in Zukunft gern vorstehen möchte. An diesem Verdikt ist nicht zu rütteln, denn mit dem IOC-Verbot wurden jedweder Gebrauch von Blutprodukten und jede Entnahme von Blut und Wiedereinbringung in die menschliche Blutbahn als Doping definiert. Eine Definition, die seit 2002 – und keineswegs, wie Bach behauptet, erst seit 2011! – selbstredend auch in alle Verbotslisten der Welt-Anti-Doping-Agentur (WADA) aufgenommen worden ist. Und der Deutsche Sportbund, mithin der Vorgänger des jetzigen DOSB, hat das Reglement des IOC zum Blutdoping sogar schon 2001 in seine Richtlinien übernommen. Ohne jegliche Einschränkung, auch ohne andere Zeitangaben. Auch das sollte dessen jetzigen Präsidenten, Thomas Bach, eigentlich geläufig sein. Gleiches gilt übrigens hierzulande bereits seit 1998 für das Arzneimittelgesetz – und damit auch für den am 3. Oktober 1990 gegründeten Freistaat Thüringen, also auch in den Olympiastützpunkten Erfurt und Oberhof.

Wenn das alles so unklar gewesen sein sollte, hätten sich NADA und DOSB doch bei dem Ulmer Blutspezialisten Steinacker erkundigen können. Denn der Sportmediziner Prof. Jürgen Steinacker vom dortigen Universitätsklinikum ist schließlich Vorsitzender jener Expertengruppe, die alljährlich die offiziellen WADA-Doping-Verbotslisten erstellt und auch überwacht. Er widerspricht ebenfalls Bachs Hinweis auf den weiterhin völlig unbekannten angeblichen Verbotstermin 2011. Steinacker schreibt nämlich in einer wissenschaftlichen Erklärung der allgemein zugänglichen WADA-Richtlinien: »Seit 2005 ist die Verwendung von Blut oder Blutbestandteilen, seien sie aus eigenem oder fremdem Blut hergestellt, grundsätzlich verboten.« Daraus folgte, dass die Methode der Eigenblutbehandlung (mit oder ohne UV-Bestrahlung) mit der notwendigen Gerinnungshemmung unabhängig von der Art der Wiedereinbringung (Infusion oder Spritze) und der Menge (bereits wenige Milliliter genügen) seit 2005 als verbotene Methode einzuordnen ist. Und das alles soll für die in Erfurt vorgenommenen, also demnach verbotenen Behandlungen nicht gelten? Auch nicht im Falle der fünfmaligen Eisschnelllauf-Olympiasiegerin Claudia Pechstein, die auf Andreas Frankes Patientenliste gestanden haben soll? Denn jedem, der behaupten sollte, sie sei in die Causa Erfurt verwickelt, droht sie vorsorglich schon einmal mit juristischen Schritten. Stephan Netzle, der ehemalige Vorsitzende Richter am Internationalen Sportgerichtshof (CAS), würde die UV-Bestrahlungen von Erfurt jedoch ebenso einstufen wie die einstigen Behandlungen der österreichischen Skilangläufer in Salt Lake City, nämlich: »als Doping-Verstoß«. Denn schon 2003 urteilte der CAS nach den Vorfällen um jene beiden österreichischen Skilangläufer, dass die UV-Bestrahlung von Blut immer als Doping zu bewerten sei – auch bei kleinsten Mengen. Der frühere WADA-Präsident Dick Pound aus Kanada kam im Fall Erfurt übrigens zu ähnlichen Schlüssen wie Netzle: »Für mich ist das eine Blutmanipulation. Da gibt es keinen Zweifel.«

In Deutschland sieht man das alles ganz anders, und so bildet der unendliche Fall Erfurt zugleich ein getreues Spiegelbild des vereinten deutschen Sports. In seiner gesamten 20-jährigen Entwicklung. Am 20. Juni 1991 wurde der Olympiastützpunkt Thüringen mit Einrichtungen in Erfurt und im Wintersportort Oberhof gegründet, wobei der mächtige Deutsche Ski-Verband (DSV) keine unwesentliche, sondern eine überaus treibende Rolle gespielt hat. Helmut Weinbuch, damals Sportdirektor des DSV, sprach seinerzeit davon, den ostdeutschen Sportlern doch nicht deren dopingbelastete Trainer wegnehmen zu wollen. Weinbuch rechtfertigte das 1992 in einem Gespräch mit mir so: »Irgendwann muss ja auch mal Toleranz herrschen.«

So bündeln sich in der Causa Erfurt also gleich zwei Skandale: Zum einen geht es um längst tradierte und seit vielen Jahren verbotene Blutbehandlungen im Sport, zum anderen um die mitunter dubiose Rolle der deutschen Olympiastützpunkte schlechthin. Zum ersten Punkt: Der Erfurter Sportarzt Andreas Franke verteidigt seine umstrittene Behandlungsmethode schließlich mit dem Hinweis, dass das, was er getan habe und noch täte, schließlich schon zu DDR-Zeiten gemacht habe; also müsse es gut und auch gerecht gewesen sein. Eine gewagte Behauptung, Leistungssport war schließlich auch ein wichtiger Teil der SED-Außenpolitik! Dass diese Art der Außenpolitik mit Hilfe gesundheitsschädigender und verbotener Mittel umgesetzt wurde, ist heute allgemein bekannt. Aber bereits in den Vereinigungsjahren 1990 und 1991 war so etwas für die westdeutschen Fachleuten längst nichts Neues mehr. Sie waren seit den 1960er-Jahren auf dem Laufenden. Doch sie unterbanden nichts, was Sportärzte und Trainer einst in der ehemaligen DDR gelernt und praktiziert hatten. Warum auch? So zu handeln, wäre schließlich kontraproduktiv gewesen, denn die westdeutschen Sportverbände wollten, zumindest vor 20 Jahren, nur eines: Medaillen, Sieger und Erfolge. Und das fast um jeden Preis. Mit anderen Worten, die westdeutschen Funktionäre und Politiker wollten das Beste, was die ehemalige DDR zu bieten hatte, ihren Hochleistungssport auf Weltniveau. Also kam es – nicht nur am Olympiastützpunkt Thüringen, also in Erfurt und Oberhof, aber dort ganz besonders – zu augenzwinkerndem Einverständnis und bewusstem Wegschauen. Inzwischen über zwei erfolgreiche Jahrzehnte hinweg. Auch deshalb ist gerade die Causa Erfurt mit der neueren deutsch-deutschen Sportgeschichte so stark wie kaum ein anderer Fall verwoben. Denn man erinnere sich: Es geschah schließlich im geschichtlich bedeutenden Jahr 1991, dass der 1996 verstorbene westdeutsche Sportpolitiker Willi Daume in seiner Eigenschaft als Vorsitzender der Stiftung Deutsche Sporthilfe tönte: »Deutschland soll die Sportnation Nr. 1 in der Welt werden.« Das klang schon ein wenig größenwahnsinnig.

Mit dieser Forderung war Daume aber nicht allein. Der Hamburger Harm Beyer, seinerzeit Präsident aller deutschen Schwimmer, profilierte sich sogar in jenen Jahren als Verfechter einer kontrollierten Vergabe von Dopingpräparaten. In der *Stuttgarter Zeitung* riet Beyer 1995 sogar zu einer »Organisation Spitzensport«, die gewissermaßen als neuer ideologischer Überbau fungieren sollte. Glücklicherweise ist es nie dazu gekommen. Es sollte ein Potential von Athleten entstehen, »das in seinem Ausmaß«, so Beyers Anspruch, »unübertroffen sein dürfte«. Mit diesem Anspruch, der allein schon in seiner Ausformulierung an die Zeiten des Dritten Reiches und zugleich an die der gerade untergegangen DDR erinnerte, trat Beyer auch gleich einmal generell einer, wie nicht nur er meinte, »jahrzehntelang gewachsenen Heuchelei« entgegen. »Coubertin und Jahn gelten nicht mehr«, forderte er frisch, frei und fromm. Statt noch immer »den idealistischen Prinzipien, wie Ethik, Moral, Fairness, Edelmut etc.« nachzuhängen, empfahl er Athleten und Sportpolitikern kurzerhand, gefälligst umzudenken. Umgedacht hat er freilich dann selbst. 2009 sagte er nämlich der *tageszeitung*, als er aus dem Dopingrat des Internationalen Schwimmverbandes (FINA) entlassen worden war: »Da geht es um Postenschieberei, der ich zum Opfer gefallen bin. Dabei habe ich immer gedacht, dass man das Anti-Doping-Panel davon freihalten sollte, denn dort sind Neutralität, Objektivität und Qualifikation ganz wichtig.« Neutralität, Objektivität und auch noch Qualifikation? Mit diesen altmodischen Vorstellungen kann man doch heutzutage keinen modernen Spitzensport mehr formen – aber Herr Amtsrichter a. D.! Der Fall Erfurt ist doch ein schlagender Beweis für diese Antithese. Und das Verhalten des derzeit obersten deutschen Sportfunktionärs, Dr. Thomas Bach, ist es erst recht.

Womit wir auf einen Schlag wieder in der Gegenwart angekommen sind. Um diese aber zu verstehen, müssen wir uns erst noch einmal mit der Vergangenheit beschäftigen. Keine Bange, es wird ein Vergnügen, weil es dabei richtig pikant zugeht. Also: Ausgerechnet das ohne Frage auch zu DDR-Zeiten sowohl im In- wie im Ausland hochangesehene Ostberliner Klinikum Charité fand für die von Andreas Franke weiterhin ganz besonders angepriesene und in den letzten 20 Jahren auch in Erfurt angewandte Blutbestrahlungsmethode mit UV-Licht eine andere wichtige Wirkung. Eine, auf die damals wie heute viele Patienten schwören, nämlich eine besondere Wirkung bei der Behandlung von Durchblutungsstörungen infolge verbesserter Sauerstoffversorgung des Gewebes. Zugleich also eine Wirkung, die exakt alle Verbotsparagraphen des IOC, der WADA und des DOSB ohne Wenn und Aber erfüllt. Wobei die Forscher an der Charité noch einen weiteren hochinteressanten Effekt nachgewiesen haben: nämlich eine Verbesserung der Fließfähigkeit des Blutes. Und ab diesem Punkt wird es noch viel spannender als bisher, denn auf diese Weise wird auch die verbotene und verrufene Gabe des beliebten Blutdopingmittels Erythropoetin – also EPO – weit weniger gefährlich. Das verdickte Blut wird nämlich einfach mit Hilfe des zurückgeführten UV-bestrahlten Blutes flüssiger gemacht! Der renommierte, inzwischen 92-jährige Wiener Dopingjäger Prof. Ludwig Prokop hatte zudem bereits 2002, also nach der UV-Bestrahlung des Blutes einiger österreichischer Skilangläufer, in einem Wissenschaftsbeitrag für den Österreichischen Rundfunk (ORF) klar und deutlich erklärt: »Das Injizieren von UV-bestrahltem Eigenblut hat durchaus einen medizinischen Nutzen. Dadurch werden Abbauprodukte besser abtransportiert und somit wird auch die Leistung des Sportlers künstlich gesteigert. Grundsätzlich gelingen durch die Eigenblutwäsche – ob UV-bestrahlt oder nicht – mehr rote Blutkörperchen in den Körper. Und da die roten Blutkörperchen den Sauerstoff transportieren, steigt auch die Leistung der Sportler an.«

Ja, was nun? Was einst und heute noch in der Berliner Charité galt und weiterhin gilt, kann für die Fälle am Olympiastützpunkt Erfurt – folgt man der dortigen Staatsanwaltschaft und vor allem auch Thomas Bach – auf gar keinen Fall gelten? Dabei fällt auch noch ins Gewicht, dass schließlich alle hiesigen Olympiastützpunkte vom Bund finanziert werden. Im Jahr 2012 erhielt beispielsweise allein der thüringische Stützpunkt 2,1 Millionen Euro aus Steuermitteln. Ob der Olympiastützpunkt Erfurt davon irgendwann einmal etwas zurückzahlen muss, weil dort gedopt wurde? Fraglich! Denn die Nationale Anti-Doping-Agentur setzte sich bei Erscheinen dieses Buches bereits seit vielen Monaten weitgehend erfolglos mit der Frage auseinander, ob jene Sportler sanktioniert werden müssen, die sich einst in Erfurt Andreas Frankes Methoden unterzogen haben; dessen Mitarbeit am Olympiastützpunkt wurde, zumindest offiziell, bereits im Frühjahr 2011 beendet, also nach fünfjähriger Mitarbeit.

»Scheinheiliges Deutschland«, wetterte wegen all dieser Vorkommnisse der Anti-Doping-Kämpfer Prof. Werner Franke aus Heidelberg am 26. Juni 2012 im *Hamburger Abendblatt*. Nach Meinung des erfahrenen Dopingexperten und Molekularbiologen am Deutschen Krebsforschungszentrum in Heidelberg seien die deutschen Olympiastützpunkte – also auch jener in Erfurt – allesamt Umschlagplätze für Dopingmittel. Die jeweils betroffenen Mediziner müssten auch keine harten Strafen für ihre Vergehen befürchten, was allein schon die Vergangenheit zeige. Im Übrigen könne er die Aussagen der

SPD-Abgeordneten Dagmar Freitag, der Vorsitzende des Sportausschusses im Deutschen Bundestag, über mafiöse Strukturen im deutschen Spitzensport »ohne Wenn und Aber unterschreiben«, bestätigte mir Franke im Juli 2012.

Mafiöse Strukturen im deutschen Spitzensport – auch dafür steht das Beispiel Erfurt wie kaum ein anderes in den letzten Jahren. Denn offenbar reicht der lange Arm des Deutschen Olympischen Sportbundes (DOSB), und vor allem der des Bundesinnenministeriums, doch sehr, sehr weit. Dabei sei auch daran erinnert, dass DOSB-Präsident Thomas Bach von Anfang an die Linie vorgegeben hatte, indem er behauptete, UV-Doping sei erst ab 2011 verboten worden. Wider besseren Wissens. Dennoch wurde die Vorgabe aus Deutschland auf einmal sogar zur offiziellen Linie der Welt-Anti-Doping-Agentur (WADA). Denn diese WADA ist längst Teil der PR-Maschinerie von Verbänden und Politik geworden. Genau sie sind es auch, die die WADA finanzieren, weitgehend nach Belieben, und sie bestücken sie sogar mit Aufsichtspersonal.

Als die WADA – ob eigener Paragraphen? – aber im Fall Erfurt auf einmal unschlüssig hin- und herschwenkte, drohte ihr der für den hiesigen Sport im Bundesinnenministerium zuständige CDU-Staatssekretär Christoph Bergner, indirekt, mit Mittelkürzungen. In der *Frankfurter Allgemeinen Zeitung* vom 12. Juni 2012 kündigte Bergner ganz und gar unverhohlen an: »Wir werden jetzt in der Europäischen Union und im Europarat ein bisschen kritischer, auch im Sinne einer Effizienzerwartung, auf die Arbeitsweise der WADA blicken müssen.« Aus dem Diplomatendeutsch in den Klartext übertragen, heißt das nichts anderes als: Entweder arbeitet die WADA im deutschen Interesse – oder es gibt künftig noch weniger Geld aus Deutschland.

Ob eine solche Drohung wirklich etwas bewirken kann? Denn der Beitrag der Bundesregierung zum jährlichen WADA-Haushalt von etwa 20 Millionen Euro beträgt ohnehin nur noch 590.000 Euro. Was will man da noch kürzen? Der Imageschaden ist sowieso nicht mehr zu begrenzen. Denn angesichts dieser geringen finanziellen Beteiligung gelten die Deutschen im internationalen Anti-Doping-Kampf als besonders große Bremser.

Die NADA-Vorsitzende Andrea Gotzmann, eine frühere Basketballnationalspielerin, schreckte im Juni 2012, also gut fünf Wochen vor den Olympischen Sommerspielen in London, auf einmal unvorhergesehen die Herren im Innenministerium und im DOSB auf, als sie in einer – obendrein offiziellen – Pressemitteilung ankündigte, es sei »nicht mehr auszuschließen, dass es sich bei der Anwendung der UV-Behandlung auch vor 2011 um einen Doping-Verstoß handelt.« Die NADA widerspricht Thomas Bach? Das verstand nun niemand mehr! Das war ziemlich überraschend. Denn zuvor hatte sich die NADA stets so verhalten, wie das ganz offensichtlich im Innenministerium und im DOSB von ihr erwartet wird: defensiv, immer ein wenig naiv und dabei geradewegs in alle deutlich sichtbaren Dopingfettnäpfchen tappend. Diese These untermauert allein schon die merkwürdige Taktik der NADA in der Causa Erfurt. Die Bonner reagierten nämlich auf die unlängst bekannten Vorgänge in Thüringen erstmals im April 2011, jedoch erst, als die Razzia der Erfurter Staatsanwaltschaft öffentlich bekannt geworden war. Zuvor aber, als es in diesem Fall bereits eine Verbindung zwischen der für Doping zuständigen Schwerpunktstaatsanwaltschaft München und den Staatsanwälten in Erfurt gegeben hatte, hielt sich die NADA geradezu auffällig aus allem heraus.

Und was geschah nach der Razzia in Erfurt? Da ließ die NADA diesen Fall erst einmal bis Mitte Januar 2012 auf sich beruhen, wohl in der Hoffnung, die Sache würde sich von selbst erledigen. Doch dann musste sie wider Erwarten auf einmal reagieren, denn in der Presse waren verschiedene Berichte zum Blutdoping in Erfurt erschienen. Also fragte sie verdattert und völlig naiv bei der WADA im fernen Montréal nach, »ob diese Methode den Sauerstoffgehalt erhöht?« Es schien, als wolle man Zeit gewinnen. Warum fragte man nicht einfach direkt bei dem Fachmann Jürgen Steinacker in Ulm nach, dem wissenschaftlichen Vorsitzenden der entsprechenden WADA-Kommission? Da es auf eine solche Fragen vermutlich niemals eine Antwort geben wird, empfiehlt sich diese Vermutung: Die NADA sollte, womöglich im Auftrag des Deutschen Olympischen Sportbundes, jene in Erfurt mit UV-Doping behandelten Athleten für die Olympischen Sommerspiele 2012 in London schützen und diese für den Olympiastart »retten«. Nur eine These, zwar eine unbewiesene, aber gleichfalls nicht von der Hand zu weisen. Denn mitunter scheint es, als sei die personell und finanziell chronisch schwach gehaltene deutsche Anti-Doping-Agentur nur zur Simulation des Anti-Doping-Kampfes und nicht zur tatsächlichen Aktivität eingerichtet worden. Dafür sprechen zumindest drei Punkte: Erstens weiß niemand, wie es mit der NADA ab 2013 finanziell weitergehen kann, zweitens konnte die NADA seit ihrer Gründung noch keinen großen deutschen Sportstar des Dopings überführen und drittens weist sie bei Tausenden von Dopingkontrollen eine weit niedrigere Erfolgsquote auf als Organisationen anderer führender Sportnationen. Ausgenommen Russland und China. DLV-Präsident Clemens Prokop glaubt denn auch, in der Causa Erfurt »könnte die NADA gegen den NADA-Code verstoßen haben«. Für den Juristen Prokop ist die Bonner Nationale Anti-Doping-Agentur längst über die Schmerzgrenze gegangen. Prokops Fazit: »Faktisch ist das ein Rückschritt um Jahrzehnte.«

Doch auf einmal gibt es fast eine Kehrtwendung. In der Causa Erfurt vermeldete die *Frankfurter Allgemeine Zeitung* am 19. September 2012 überraschend: »Der Deutsche Olympische Sportbund (DOSB) warnt seine Funktionäre und Athleten vor dem Erfurter Sportmediziner Andreas Franke und empfiehlt seinen Mitgliedsverbänden und Olympiastützpunkten, bis zum 31. Dezember 2020 nicht mit ihm zusammenzuarbeiten. In Präventionsveranstaltungen sollen ›die Athleten/innen ausdrücklich darauf hingewiesen werden, dass Herr Franke eine nach dem WADA-Code verbotene Methode angewandt hat‹, steht in einer schriftlichen DOSB-Erklärung.«

4. KAPITEL

ROTE HILFE FÜR DEN ROTEN BULLEN

»Der Mensch ist wie sein Umgang.«
Euripides (ca. 480 v. Chr.–406 v. Chr.)

Wer es in Spanien früher zu etwas bringen wollte, musste täglich zur Zeitung *ABC* greifen. Darin stand zu lesen, was es zu tun und zu lassen galt. Die Zeitung aus der Hauptstadt Madrid war einst schließlich das Leib- und Lieblingsblatt Francisco Francos, des einst hochverehrten faschistischen »Caudillo«, des großen iberischen Führers. Jedenfalls galt das bis zu dessen Tode im Jahr 1975. Veröffentlicht die konservative Tageszeitung aus der kastilischen Metropole heute Hintergründe oder gar Porträts, gibt es immer noch – wie schon zu Francos Zeiten – in erster Linie Artikel über starke Männer. Und wenn nicht, dann geht es zumindest darum, wie jemand zu einer solchen herausragenden Person aufzusteigen vermag. Ein besonderes Beispiel gab es dafür in der Ausgabe vom 13. September 2011, und zwar im Sportteil.

In jenem Artikel erklärten die *ABC*-Reporter, warum das österreichische Formel-1-Team Red Bull seine sensationellen Erfolge ausgerechnet zwei deutschen Männern zu verdanken habe, zwei Männern von geradezu unnachahmlichem Format: und zwar dem Piloten Sebastian Vettel aus dem Westen, der sich damals in rasender Fahrt unaufhaltsam seinem zweiten Weltmeistertitel näherte, und Dr. Bernd Pansold, einem Arzt aus dem Osten Deutschlands, einem Wissenschaftler mit ganz ungewöhnlichen Fähigkeiten. Über diesen, den Leiter des firmeneigenen Red-Bull-Leistungsdiagnostik- und Trainingszentrums, wusste *ABC* nämlich zu berichten: »Nur wenige Sponsoren achten auf die psychologische Komponente und wissen um eine umfassende Bewertung des Sports.« Doch – dank Pansold – wisse man bei Red Bull obendrein, im Gegensatz zur Konkurrenz, über welches Maß an Widerstandsfähigkeit gegen Stress ein erfolgreicher Athlet unbedingt verfügen müsse, wenn er Ruhm und Lorbeer erringen wolle. Klare Worte. Doch wer ist dieser, vom ehemaligen Franco-Blatt *ABC* fast schon hymnisch verklärte Medikus?

Der Mann aus Berlin gilt unter den Spezialisten seines Faches zweifelsfrei als einer der besten Leistungsdiagnostiker im internationalen Hochleistungssport. In sein etwa 450 Quadratmeter großes privates sportmedizinisches Zentrum nahe der bayerischen Grenze pilgern Skispringer und Skirennläuferinnen, Formel-1-Piloten, Fußballcracks, Eishockeygrößen und sonstige Athleten aller Herren Länder. Vor allem jene Sportler, die in der Öffentlichkeit besonders beliebt sind. Unter der Flagge des österreichischen Brausefabrikanten Red Bull sind mittlerweile an die 500 Athleten aus den verschiedensten Ländern aktiv. Und alle diese Sportler – einen solchen Eindruck vermitteln sie jedenfalls – verehren Dr. Pansold wie einen Hohepriester. Dabei ist bedauerlich, dass dessen Biographie eine – leider sehr üble – DDR-Vergangenheit aufweist. Das ist der Hauptgrund, weshalb der Mediziner nicht mehr in Deutschland, sondern unmittelbar hinter dessen südöstlicher Grenze, nämlich in Österreich, praktiziert. Pansolds berufliche Laufbahn weist ihn von 1968 bis 1990 als leitenden Arzt beim SC Dynamo Ostberlin aus, dem Sportclub des Ministeriums für Staatssicherheit (MfS) der DDR. Mit anderen Worten: Pansold war damit zwangsläufig besonders intensiv in das DDR-Staatsplanthema 14.25 eingebunden. Es war entwickelt worden, um die Leistungssteigerung der ostdeutschen Sportler mittels unterstützender Medikamente heimlich, aber erfolgreich zu fördern. Mehr noch: Pansold war innerhalb dieses Programms alles andere als ein Befehlsempfänger unteren Ranges. Er stand in der ostdeutschen Sporthierarchie ziemlich weit oben. Denn bereits 1975 referierte er fachkundig vor Wissenschaftlern und Trainern der damaligen DDR, und zwar über die flächendeckende Anwendung verbotener und gesundheitsgefährdender anaboler Steroide an Teilnehmern der Zentralen Kinder- und Jugendspartakiade. Mit anderen Worten: Diese gefährliche Substanz wurde schon damals weitgehend an Minderjährige ausgegeben. An Heranwachsende, denen vorgemacht wurde, dass es sich bei der anabolen Kraftpille nur um harmlose Vitamine handele. Dennoch wurde ihnen verboten, ihren Eltern davon zu erzählen. Die würden sich sonst nur unnötig sorgen – und das wolle doch niemand.

1978 berichtete Pansold dann auch über zahlreiche Dopingtests, darunter, wie damals penibel im Protokoll verzeichnet, »über Testversuche zur Erprobung eines neu entwickelten anabolen Steroids durch den VEB Jenapharm unter der Bezeichnung STS 83«. Ein ganz besonderer Kraftstoff »Made in GDR«. Unter Pansold wurde überdies an Ausnahmeschwimmerinnen, wie den beiden Olympiasiegerinnen Andrea Pollack und Barbara Krause, ein angeblich nicht nachweisbares Hirnhormonpräparat als Dopingmittel erprobt; es sollte Fluchtreflexe auslösen und auf diese Weise die Geschwindigkeit der Schwimmer ins Extreme steigern. Zeugen sprachen damals sogar von künstlich erzeugten Todesängsten …

Pansold war auch an jenem menschenverachtenden Versuch beteiligt, der 1977 beim Schwimmländerkampf gegen die USA in die Tat umgesetzt wurde. Er war, zusammen mit weiteren Wissenschaftlern, dafür verantwortlich, dass der damals erst 15-jährigen DDR-Athletin Christiane Knacke das Sucht- und Aufputschpräparat Pervitin verabreicht wurde – ohne deren Wissen! Das war, nach den damals geltenden Rechtsvorschriften, seinerzeit selbst in der DDR verboten. Doch Pansold berichtete damals: »In einer Anordnung über den Schwimmländerkampf gegen die USA wurde festgelegt, dass in der Vorbereitung ein Präparat der Pervitin-Reihe zur Anwendung kommen soll. Es handelt sich dabei um ein eindeutiges Dopingmittel, und Dr. Schäker [Winfried Schäker war hochrangiger Dopingforscher in der DDR; Anm. d. Autors] schätzt ein, dass bei der Anwendung Schädigungen nicht ausgeschlossen werden können.«

Nach dem Mauerfall kam der »unheimliche Doktor« – wie er zu DDR-Zeiten nicht nur beim SC Dynamo Ostberlin hinter vorgehaltener Hand genannt wurde – beim Österreichischen Skiverband (ÖSV) unter und war in der Alpenrepublik fortan am Olympiastützpunkt Obertauern tätig. Dieser wurde übrigens auch, wie es noch Mitte der 1990er-Jahre unwidersprochen hieß, von auffällig vielen deutschen Biathleten und Skilangläufer aufgesucht. Den Grund dafür plauderten sie auch aus: Es war die sogenannte »ganzheitliche Betreuung«, die man ihnen nur dort angedeihen lassen könne. Pansold machte sich damals aber auch einen Namen als, wie er es bis heute nennt, »privater Betreuer« des österreichischen Skirennfahrers Hermann Maier; der doppelte Olympiasieger von 1998 und dreimalige Weltmeister (1999, 2005) brachte es – trotz heftiger Stürze und eines schlimmen Motorradunfalls im August 2001 – mit Pansolds Hilfe auf schließlich insgesamt 54 Weltcupsiege. Ebenfalls nur »privater Natur« (Pansold) soll auch die Zusammenarbeit mit Olympiasieger Mario Reiter und Weltmeister Michael Walchhofer gewesen sein. Es lief in Österreich also alles bestens, zumal sich auch Pansolds Arztpraxis im sechsten Wiener Stadtbezirk einen guten Namen erworben hatte.

Doch 1998 schien auf einmal alles vorbei zu sein. Schlagartig. Pansold, der in Ostdeutschland nicht nur als Dopingexperte, sondern auch noch 18 Jahre lang unter dem Decknamen »Jürgen Wendt« als Inoffizieller Mitarbeiter (IM) des DDR-Staatssicherheitsdienstes getreu seinen Dienst getan hatte, wurde im Dezember 1998 von der 34. Großen Strafkammer des Landgerichts Berlin der Beihilfe zur Körperverletzung an Minderjährigen in neun Fällen für schuldig befunden. Der einst im Ostteil der Stadt so überaus angesehene und hochdekorierte Sportmediziner musste damals eine Geldstrafe von 180 Tagessätzen zu jeweils 80 D-Mark berappen, die das Berliner Gericht an dessen damaligem Einkommen in Österreich errechnet hatte. Für den Verurteilten war das eher eine Lappalie, finanziell wie juristisch, Pansold hat sich übrigens nie zu den vor Gericht gegen ihn vorgebrachten Vorwürfen und Zeugenaussagen geäußert. Der Richter Hansgeorg Bräutigam beklagte denn auch 1998 nach der Urteilsverkündung: »Wesentliche Strafmilderungsgründe sind nicht ersichtlich.« Es ließe sich auch keinerlei Einsicht erkennen. Obwohl Peter Schröcksnadel, der bis heute heftig umstrittene Präsident des Österreichischen Skiverbandes, auch danach noch seine fürsorgliche Hand schützend über Pansold zu halten versuchte, musste der in Deutschland des Dopings Überführte – unter dem Druck der österreichischen Öffentlichkeit – seinen Posten im Olympiazentrum Obertauern räumen.

Damit aber begann Pansolds unaufhaltsamer Aufstieg erst richtig, denn nun wechselte nachweislich einer der Väter des DDR-Doping-Schwimmwunders aus dem Schutz eines international renommierten Sportverbandes ins kaum kontrollierbare Reich des Milliardärs Dietrich Mateschitz über, denn dieser hatte gerade befunden, jeder habe in seinem Leben eine zweite Chance verdient, also auch Doktor P. aus B. Und so errichtete Pansold denn in Thalgau bei Salzburg das inzwischen hochangesehene DTC, das Diagnostics & Training

Center für Red-Bull-Athleten – das er fortan natürlich auch leitete. Pansolds Lebenswerk steht mittlerweile in dem Ruf, das effektivste private sportmedizinische Zentrum Europas, vielleicht sogar der ganzen Welt zu sein. Das hat ein gewisser Walter Mayer denn auch freudig begrüßt. Der ehemalige, allerdings 2011 wegen Dopings zu einer »teilbedingten« Haftstrafe (so der Richterspruch) von 15 Monaten verurteilte Erfolgscoach der österreichischen Skilangläufer: »Pansold war ein Fachmann für Höhentrainingslager. Er hat sich in der Vergangenheit mitschuldig gemacht, er wurde auch verurteilt. Vielleicht sollte er öffentlich sagen, was zu verurteilen ist. Aber deshalb sein ganzes Wissen wegzuschmeißen, finde ich auch nicht richtig. Warum soll ein Unternehmen wie Red Bull nicht die positiven Fähigkeiten Pansolds nützen.« Und wie steht es um Pansolds negative Fähigkeiten?

»Öffentlich sagen, was zu verurteilen ist«? Daran denke er nicht, antwortete Pansold 1999 dem Wiener *Wirtschaftsblatt* auf dessen Anfrage. Es könne ihm zwar an keinem einzigen Dopingfall in Österreich eine Mitschuld nachgewiesen werden, doch Pansold weiß auch: »Ich kann den Verdacht in Bezug auf meine Person nicht verhindern, doch das ist alter Käse aus der Zeit des Kalten Krieges. Sportler, die heute noch zu Nahrungsergänzungen greifen, tun mir nicht einmal mehr leid.« Mit anderen Worten: In den Zeiten des Krieges, ob kalt oder heiß, hatten nun einmal andere Moralvorstellungen zu gelten als sonst? Nach diesem Umkehrschluss verteidigen auch serbische Generäle und Politiker ihre angeordneten Gräueltaten vor internationalen Gerichtshöfen.

Vielleicht sind es solche Aussagen und deren mögliche Auslegungen in der Öffentlichkeit, die das Haus Red Bull veranlassen, eine spezielle direkte, also persönliche Zusammenarbeit zwischen dem hochgepriesenen Leistungsdiagnostiker und seinen mindestens ebenso hochangesehenen eigenen Sportstars aus aller Welt zu dementieren oder wenigstens herunterzuspielen. Dafür gibt es inzwischen unzählige Beispiele. Nehmen wir zunächst das Folgende: Als auch die *Frankfurter Rundschau* 2010 bei der Presseabteilung von Red Bull Racing – der konzerneigenen Formel-1-Zentrale – nachfragte, wie intensiv wohl die Zusammenarbeit zwischen Pansold und dem inzwischen zweimaligen Formel-1-Weltmeister Sebastian Vettel zu bewerten sei, erhielten die ohne Argwohn recherchierenden Redakteure aus Frankfurt den typischen lapidaren und seit Jahren gebetsmühlenhaft wiederholten Hinweis: »Alle Red-Bull-Athleten werden jährlich im Diagnostikzentrum untersucht, und Dr. Pansold ist dort ein Begriff. Ansonsten besteht aber zwischen Sebastian Vettel und Dr. Pansold keine direkte Beziehung.« Punktum? Lassen wir an dieser Stelle beiseite, dass ein viel jüngerer Sebastian Vettel, als er noch nicht Weltmeister war, den »Doc«, wie er ihn nannte, ganz ausgezeichnet fand. Doch bohren wir lieber weiter. Wie sieht es denn die amerikanische Skirennläuferin Lindsey Vonn diese Angelegenheit? Der Red-Bull-Superstar hält es neuerdings ähnlich wie Sebastian Vettel. Sie lobt zwar das großzügige Betreuungsprogramm ihres österreichischen Sponsors über den grünen Klee, lobt auch weiterhin ebenso die Arbeit des »Doc« Pansold, legt aber ausdrücklich Wert darauf, festzustellen, der ehemalige DDR-Mediziner würde keinerlei Trainingspläne für sie erarbeiten. Das täte stets der österreichische Startrainer Robert Trenkwalder. Worauf bitte unbedingt Wert zu legen sei, hören wir aus der Red-Bull-Pressezentrale.

Und wie hält es Lindsey Vonns Hin-und-wieder-Freundin Maria Höfl-Riesch aus Garmisch-Partenkirchen? Auch sie gehörte einst zum Team der roten Bullen aus der Kulturstadt Salzburg. Das galt jedenfalls noch vor zwei Jahren. Damals beantwortete Ralph Eder, der für die Abteilung »Alpiner Rennsport« zuständige Pressesprecher des Deutschen Ski-Verbandes (DSV), meine Frage, ob die zweimalige Olympiasiegerin aus dem Werdenfelser Land denn vom Red-Bull-Diagnostikzentrum in Österreich betreut werde, eher sibyllinisch als konkret: »Wäre es so, wäre das ihre private Angelegenheit. Und nichts spräche dagegen.« Denn Privates dürfen selbst DSV-Mitglieder so handhaben, wie sie es wollen. Im Jahr 2011 aber legte sich Eder fest. Das Aushängeschild des deutschen Skisports, also Maria Höfl-Riesch, werde von der sportwissenschaftlichen Abteilung des eigenen Verbandes betreut. Und dann schob Eder noch nach: Also weder von der Universitätsklinik Freiburg, nach der gar nicht gefragt worden war, noch von Red Bull. Das verwundert ein wenig, weil Maria Höfl-Rieschs Ehemann Marcus Höfl, der ehemalige Fußballbeauftragte von Red Bull in den USA, noch immer eine ganz enge persönliche Verbindung zu Dietrich Mateschitz pflegt. Aber die Ehefrau pflegt ja mittlerweile keine Verbindung (mehr) zum Roten Bullen, sondern zur Lila Kuh … Wie auch immer: Wer einer möglicherweise fachlich-persönlichen Verbindung zwischen Pansold und einem Red-Bull-Star nachgehen will und deshalb nachfragt, wird von den Salzburger Getränke-Managern zwar nicht abgebürstet, doch stets eines Besseren belehrt. Auch im Falle des österreichischen Überfliegers, des dreimaligen Olympiasiegers im Skisprung, Thomas Morgenstern, wird dass nicht anders gehandhabt. Auch dann nicht, wenn sich Morgenstern, ob im Winter oder sogar im Sommer, regelmäßig auf dem Red-Bull-Blog meldet. Dabei hätte der eine oder andere Skisprungfan doch nur allzu gern gewusst, woher die ungeheure Sprungkraft der doch eher schmächtigen österreichischen Springer rührt. Vom ständigen Training, wird man dann belehrt. Floskeln, die Misstrauen schüren. Denn einerseits herrscht die Begeisterung für den »Wunder-Doktor« aus Ostdeutschland vor – »Dr. Pansold ist in Medizinerkreisen und bei unseren Athleten in seiner Integrität und Korrektheit unbestritten« –, andererseits wirkt das beharrliche Dementieren irgendeiner direkten Verbindungen zu einem Red-Bull-Spitzensportler schon mehr als bizarr.

Warum verschwindet Pansold stets in einem nebulös-grauen Hintergrund, während sonst alle anderen von Red Bull gnadenlos und grellbunt ins gleißende Scheinwerferlicht gezerrt werden? Schließlich lässt es der Brause-Produzent bei der Betreuung seiner Superstars in seinem Unternehmen an nichts fehlen – und das wird auch völlig ungeniert in aller Öffentlichkeit gezeigt. Deshalb staunten die Journalisten beim alpinen Ski-Weltcup im Februar 2012 in Garmisch-Partenkirchen nicht schlecht, als Lindsey Vonn zwischen Training und Rennen nicht etwa aus einem Luxushotel herbeigeholt wurde, sondern stets einem riesigen weißen Truck entstieg; dieses irrsinnige Fahrzeug mit Karlsruher Kennzeichen war – weithin sichtbar! – direkt an der Kreuzeckbahn geparkt worden, also dort, wo vor allem immer Touristen gingen und standen, die sofort ihre Fotoapparate zückten, wenn die Olympiasiegerin aus Amerika die Tür auch nur einen Spaltbreit öffnete. Red Bull hatte die »großzügig ausgelegte Wohnung mit Doppel-Pop-Out« (so der Pressetext des Herstellers) für, wie es damals frank und frei hieß, rund eine halbe Million Euro erstanden – für Frau Vonns doch nun wirklich strapaziöse Fahrten im Winter. Aber damit nun das teure Gefährt außerhalb der Skisaison nicht nutzlos herumsteht, wurde es in der folgenden Motorsportsaison im Sommer auch Herrn Vettel zur Verfügung gestellt. Ein auffälliges Fahrzeug, das Red Bulls aufdringliche Selbstsicherheit demonstriert, ob an Ski- oder Formel-1-Pisten. Ein in seiner Monstrosität fast schon ordinäres Gefährt: an den Seiten ausfahrbar, weil es gleich zwei Schlafzimmer und sogar einen Fitnessraum mit Massagebank in sich birgt. Und das alles obendrein auf x Rädern! Zur Schau gestellter Prunk – so wie vieles, was sich Dietrich Mateschitz zur eigenen und zur Imagepflege seiner Super-Brause so alles leistet.

Wer ist dieser Mann, der dem einstigen Superstar der DDR-Dopingschule eine zweite (Lebens-) Chance gegeben hat und der damit begabten Sportlern wie Lindsey Vonn und Sebastian Vettel zu ihren Millioneneinkommen verhalf? *Der Spiegel* beschrieb ihn 2002 so: »Der Mann hinter Red Bull hat es vom Bummelstudenten zum Milliardär gebracht – dank einer klebrigen Brause, die er noch nicht einmal selbst erfunden hat. Doch Dietrich Mateschitz verstand sich vortrefflich darauf, dem Wachstum seiner Geschäftsidee nicht im Wege zu stehen.« Dem ist nichts hinzuzufügen. Ende der 1980er-Jahre hat Mateschitz, Jahrgang 1944 und aus dem steirischen Mürztal, sein Getränk auf einen, wie er bis heute immer wieder beteuert, »damals nicht existenten Markt« gebracht – und inzwischen geradezu schwindelerregende Umsätze erreicht.

Begonnen hat die Erfolgsgeschichte des einstigen Dauerstudenten der renommierten Wiener Wirtschaftsuniversität in den 1980er-Jahren, und zwar weit weg, nämlich an einer Hotelbar im fernen Hongkong, wo auch das Getränk Lipovitan ausgeschenkt wurde. Ein damals in der ehemaligen englischen Kronkolonie sehr beliebter Muntermacher, vor allem von Kranken bevorzugt bestellt. In Europa war Ähnliches seinerzeit noch ganz und gar unbekannt – und das war Mateschitz' großes Glück! Und weil einer wie Mateschitz sein Glück auch sofort beim Schopfe packt, erwarb der einstige Marketingexperte für Waschpulver und Zahnpasta ohne zu zögern die Lizenz für etwas Vergleichbares wie das klebrige chinesische Lipovitan und gründete 1984 in Fuschl am See mit zwei thailändischen Partnern die Red Bull GmbH. Es hat sich gelohnt. Nicht nur weil sich dort, in ländlicher Abgeschiedenheit, noch immer die Firmenzentrale befindet, sondern auch, weil Red Bull seit 1987 nach eigenen Angaben mehr als 30 Milliarden Dosen seiner belebenden Brause (Werbeslogan: »Red Bull verleiht Flügel«) verkauft hat; allein

2011 waren es weltweit mehr als 4,6 Milliarden. So schätzte das amerikanische Wirtschaftsmagazin *Forbes* in jenem Jahr Mateschitz' Privatvermögen auf etwa 5,5 Milliarden Euro – dem wurde nicht widersprochen.

Wahrscheinlich aber wäre der alpenländische Lipovitan-Nachahmer nie zu einem solchen, vor allem internationalen Erfolg geworden, hätte Mateschitz nicht von Anfang an wie kaum ein anderer Unternehmer ins verkaufsfördernde Marketing investiert – und zwar stets etwa 30 Prozent aller Einkünfte. Ein finanzieller Einsatz, der alles, was anderswo gewagt wird, in den Schatten stellt. Zum Vergleich: Der amerikanische Weltkonzern Coca-Cola – einer der großen Dauersponsoren der Olympischen Spiele – investiert für Marketingprogramme allenfalls 9 Prozent! Doch Mateschitz machte darüber hinaus auch noch etwas ganz anderes als seine amerikanischen Konkurrenten: Er verpflichtete von Anfang an für seine Marke keine teuren Superstars, für die sich am Ende die möglichen Kunden erfahrungsgemäß weit mehr interessieren als für die von ihnen vertretene Marke, er kreierte stattdessen neue Stars, und das obendrein auch noch in völlig neuen unkonventionellen Sportarten. Ob sommers oder winters. Und damit steckte er sein Geld in alles, was eine Marke jung, hip und dynamisch erscheinen lassen vermag. So treten denn neben Kunstfliegern und Snowboardern auch Cliff-Springer und Formel-1-Rennfahrer auf, von denen Mateschitz übrigens mehr verpflichtet hat als zum Beispiel der Pisten-Platzhirsch Ferrari. Mateschitz schickt schließlich gleich zwei Formel-1-Teams ins Rennen um die Weltmeisterschaft – Red Bull und Toro Rosso. Wobei sie in Fuschl am See mitten in der Urlaubsregion Salzkammergut, zu der der Konzern Red Bull ebenso gehört wie das örtliche Bezirksblasmusikfest, weiterhin der Meinung sind, pro Sportart möglichst nur einen Athleten oder eine Athletin zu verpflichten. Diese Person müsse dann jedoch auch zur Marke passen, wie eben

Sebastian Vettel, den Mateschitz bereits in sein Juniorteam aufnahm, als der jetzige Doppelweltmeister gerade mal zwölf Jahre alt war und niemand auch nur ansatzweise an eine Weltkarriere zu denken wagte. Außer vielleicht Mateschitz, dem sie schließlich ein besonderes Näschen für Talente nachsagen. In der Wirtschaft wie auch im Sport oder in der Kultur. Und auch bei der Gründung des Fernsehsender Servus TV. Das alles klingt ganz toll, sogar ungeheuer toll, vor allem der Hinweis, man nehme nur Sportler unter Vertrag, die wirklich ein bisschen anders seien als alle anderen. Die also auch einen Hang zum Paradiesvogel entwickeln können und nicht nur dröge vor sich hin siegen wollen. Also Figuren wie eben Sebastian Vettel oder die blonde Windsbraut Lindsey Vonn. Doch wie passt in diese Welt der gehobenen Lässigkeit, des zur Schau gestellten Genusses, ja, der sinnlichen Begierde ausgerechnet die »Zecke, der schlimme Bube« (so der Heidelberger Anti-Doping-Kämpfer Werner Franke) Dr. Pansold aus Ostberlin? Raik Hannemann, einst einer der schnellsten Schwimmer der DDR, heute Sportredakteur bei der Berliner Tageszeitung *Die Welt*, erinnerte sich in dem Buch *Anklage: Kinderdoping* von den ARD-Spezialisten Hans-Joachim Seppelt und Holger Schück an Pansold wie folgt: »Er war der Chefmethodiker bei Dynamo, nicht nur für Schwimmen, sondern auch für andere Sportarten, und zwar in puncto Doping. Dynamo war ja der Polizei und dem Staatssicherheitsdienst unterstellt. Seine Anweisungen an die untergeordneten Ärzte, mit einem niedrigeren Dienstgrad als er, hatten militärischen Charakter. Er ist für mich der Hauptschuldige für das Doping im Berliner Sport, gerade bei Dynamo.« Also ausgerechnet bei Erich Mielkes schlimmem Stasi-Vorzeigeclub. Wie passt so jemand dann zu Red Bull? Bei aller zur Schau getragenen Gelassenheit: eigentlich gar nicht. Und deshalb genieren sie sich wohl zumindest ein wenig, über den Pansold überhaupt zu sprechen.

Doch wie auch immer: Mateschitz wäre nicht Mateschitz, würde ihn die ehemalige DDR nicht weiterhin locken. So hatte er sich 2009 vorgenommen, endlich in einer Sportart richtig Fuß zu fassen, die (fast) in aller Welt in der Publikumsgunst an erster Stelle steht: im Fußball. Mit dem unterklassigen RB Leipzig will er bis spätestens 2017 in die Fußball-Bundesliga aufgestiegen sein; sogar von der ganz großen europäischen Fußballbühne ist die Rede. Und wie immer, ohne ein Blatt vor den Mund zu nehmen. 2011 vertraute Mateschitz der renommierten *Neuen Zürcher Zeitung*, eine der führenden europäischen Tageszeitungen, seine fußballerischen Zukunftspläne an: »Wir bauen den RB Leipzig mit dem Ziel aus, in drei bis fünf Jahren in der Bundesliga zu spielen. Wir wollen auch in der Champions League dabei sein.« Doch stattdessen krebst der in Sachsen höchst unbeliebte Verein des vor Kraft strotzenden Roten Bullen auch 2013 noch in der Regionalliga herum, dazu noch in der unattraktiven vierten Klasse! Dort, wo weder Radio noch Fernsehen ein Fußballspiel wahrnehmen. Unbeliebt ist der Verein bei den Fußballanhängern deshalb, weil RasenBallsport Leipzig e. V., wie sein sperriger Name komplett lautet, ein künstliches Gebilde ist. Er ist entstanden mit österreichischem Geld aus den provinziellen Vereinen SSV Markranstädt und ESV Delitzsch. Vereine, die nur der eingefleischte sachsen-anhaltinische Fußballenthusiast kennt. Denn nur auf diese Weise erlangte das Unternehmen Red Bull, das übrigens entsprechend einer DFB-Regel, seinen Firmen- nicht mit dem Vereinsnamen koppeln darf, überhaupt erst das Startrecht in der Oberliga. Und eine Stange Geld soll dieser angebliche Coup auch noch gekostet haben.

Doch seit zwei Jahren geht es nicht so weiter, wie es sich Mateschitz erhofft hat. Dabei liegt der Personaletat des mit Bundesliga-Profis bestückten Kaders schon jetzt bei über sieben Millionen Euro. Er ist damit, wie die *tageszeitung* 2012 ausrechnete, der teuerste Viertliga-Kader aller Zeiten! Typisch Red Bull, doch sportlich tut sich nichts. Dabei hatte doch Mateschitz bereits verkündet, er wolle den österreichischen Meister Red Bull Salzburg fortan sportlich ausbluten lassen und künftig nur noch als Zulieferer für den RB Leipzig benutzen. Im heimischen Salzburg wolle man nur noch mit Spielern und jungen Talenten arbeiten, »von denen wir möglichst viele für Leipzig bundesligatauglich machen wollen«, so Mateschitz. Um dieses Projekt voranzutreiben, hat Mateschitz nun Ralf Rangnick verpflichtet. Der ehemalige Schalker Cheftrainer hat dafür sogar ein Angebot des englischen Vorzeigeclubs West Bromwich Albion abgelehnt.

In der Red-Bull-Zentrale in Fuschl am See verstand man wohl auch deshalb seit geraumer Zeit die (Fußball-)Welt nicht mehr. Hinzu kommt, dass Mateschitz' Fußballfreund Franz Beckenbauer nunmehr dem russischen Energiekonzern Gazprom als russischer Fußballbotschafter dienen wird. Also soll, nach der üblichen Red-Bull-Methode, künftig noch viel mehr Geld in den sächsischen Fußball gepumpt werden. Denn Red Bull verleiht schließlich Flügel – oder? Für 30 Millionen Euro – manchmal ist sogar von 100 Millionen die Rede – will Mateschitz nämlich in Leipzig ein Leistungszentrum errichten. Das verstößt eigentlich gegen die Statuten des Deutschen Fußball-Bundes, weil nur der Verband so etwas erstellen und auch betreiben darf. Aber im Falle des spendablen Herrn Mateschitz aus der Salzburger Millionärsregion und weil der Sächsische Fußball-Verband nun einmal ziemlich klamm ist, hält man in der DFB-Geschäftsstelle, im umtriebigen Frankfurt am Main, ausnahmsweise den Ball ganz flach. Mal sehen, ob das auch dann noch so sein wird, wenn herauskommt, wer in diesem Leistungszentrum wirklich die Strippen ziehen soll. Denn das, so heißt es, sei längst ausgemacht: Nein, nicht Lothar Matthäus, die Rede ist natürlich von Dr. Bernd Pansold, Erich Mielkes einstigem Dopingkommandeur.

5. KAPITEL

WIENER BLUT

»Mach' End', o Herr, mach' Ende!«
Paul Gerhardt (1607–1676), deutscher Theologe

Spricht der Wiener von einer »Bluatsuppen«, meint er, bei einer Schießerei oder vielleicht auch nur bei einer Schlägerei sei arg viel Blut vergossen worden. Ist hingegen von Blutdoping die Rede, spricht der Wiener schon deshalb nicht von einer »Bluatsuppen«, weil das ohnehin nur die Piefkes etwas angehe – und nicht die Österreicher. Mit Piefkes sind übrigens die »Deitschen« gemeint. Diese österreichische Voreingenommenheit kam folgendermaßen zustande: Am 15. Januar 2008 tauchten bei den besten deutschen Biathleten im schönen, aber abgelegenen Südtiroler Antholz unerwartet die Dopingkontrolleure der Nationalen Anti-Doping-Agentur aus Bonn auf. Sie testeten vier Männer und vier Frauen aus dem deutschen Weltcupaufgebot. Das Ergebnis: negativ, keine Spur von Doping. Dennoch war die Aufregung in Antholz riesengroß; vor allem aber in Planegg, wo sich die Geschäftsstelle des Deutschen Ski-Verbandes befindet. Denn seit dem Weltcupwettbewerb 2008 in Ruhpolding, der eine Woche zuvor stattgefunden hatte, hieß es in Biathlonkreisen – hinter vorgehaltener Hand, versteht sich: aus der Wiener Blutbank Humanplasma GmbH würden angeblich auch Spuren nach Deutschland führen, und wie damals in Österreich genüsslich kolportiert wurde, direkt in den Freistaat Bayern.

In den meisten deutschen Zeitungsredaktionen ging man, wie immer bei solchen Hinweisen, erst einmal voll in Deckung. Nur nicht recherchieren, das Ergebnis könnte womöglich die ganze schöne, heile Biathlonwelt einstürzen lassen! Außerdem führen Dopingnachrichten nur dann zu hohen Auflagen, wenn sie ausländische Sportler betreffen. Geht es hingegen um deutsche Sportler, betrachten hiesige Leser so etwas eher als üble Nachrede, gar als Nestbeschmutzung. Aber die Sache verlief ohnehin erst einmal im Sande. Doch dann schlug sie im März 2008 urplötzlich und unerwartet erneut hohe Wellen. Reinhold Lopatka, als Staatssekretär in Wien Österreichs höchster Regierungsbeamter in Sachen bundesweiter Sport, will aus »hundertprozentig seriöser Quelle« erfahren haben, dass »deutsche Sportler in einem Bus ins Wiener Allgemeine Krankenhaus gereist seien« (*kicker*, 2008). Namen habe er nicht vorliegen, so Lopatka damals, auch keine Angaben darüber, wann das geschehen sei, doch das Gerücht stamme aus ihm vertrauten Munde, also müsse man es ernst nehmen. Lopatkas Referent konkretisierte überdies auf Nachfrage der *Süddeutschen Zeitung* den Hinweis seines Chefs über die angebliche Besuchergruppe in Wien sogar schriftlich und zwar mit dem Wort »Wintersportler«.

Nun schlug der Deutsche Ski-Verband zurück mit alledem, was er zur Verfügung hatte. Er ließ seine Athleten – an der Spitze den renommierten Michael Greis, immerhin dreimaliger Olympiasieger 2006 in Turin – mit eidesstattlichen Versicherungen reagieren. Was Juristen diesseits und jenseits der österreichischen Grenze allerdings sofort und unisono mit dem Hinweis kommentierten, ein solcher Persilschein wäre nicht mal das Papier wert, auf dem er verfasst worden sei. Auch das scharfe Dementi aus Bayern gegenüber den Vorwürfen aus Österreich ließ die Zunft kalt. Zumal sich auch in

Deutschland die Meinungen nicht gerade einheitlich, also pro Skiverband, entwickelten. So meinte beispielsweise 2009 der SPD-Bundestagsabgeordnete Peter Danckert, seinerzeit Vorsitzender des Bundestagssportausschusses in Berlin: »Das Schwierige ist, aus Gerüchten Fakten zu machen.« Auch an den Athleten ging nicht spurlos vorüber, was an Nachrichten aus Wien herüber nach Deutschland kam. Zumal sie danach befragt wurden. Die Ruhpoldinger Biathlon-Olympiasiegerin Kati Wilhelm – eine Ikone ihres Sports – sorgte sich sogar, dass die Fans bei den Weltcupveranstaltungen im thüringischen Oberhof oder in Ruhpolding künftig nicht mehr so ausgelassen wie bisher feiern und bei deutschen Erfolgen singen würden: »So ein Tag, so wunderschön wie heute«; stattdessen würden die Fans wohl bald über vermeintlich gedopte Sportler schimpfen: »Ihr seit doch alle gedopt, pfui Deibel!« Und sich dabei vom Biathlon abwenden – wie zuvor Tausende, die dem einst umjubelten Radsport den Rücken zugekehrt haben. Wobei Kati Wilhelm, wie sie im Nachhinein zu beschwichtigen versuchte, das zumeist auf die Dopingvorfälle im russischen Biathlon gemünzt haben wollte …

Ähnliches befürchtete 2010 auch Kati Wilhelms langjährige Staffelkameradin Martina Beck-Glagow aus Mittenwald. Weil die Situation nun einmal so sei, wie sie sei, so die dreimalige Weltmeisterin, lege sie auch für niemanden mehr die Hand ins Feuer. »Denn schwarze Schafe gibt es überall«, sagte sie 2010 dem *Mannheimer Morgen*. Auch deshalb, so die beiden Sportlerinnen 2008 auf Rückfrage des *kickers*, sei für sie nach den Olympischen Winterspielen 2010 in Vancouver die Biathlonparty zu Ende. Endgültig. Was denn auch so gekommen ist.

Aber kann denn sein, was nicht sein darf? Biathlon unter Dopingverdacht? Ausgerechnet der Deutschen liebster Wintersport, vor allem der bügelnden deutschen Hausfrau? Von der Hand weisen lässt sich das – leider – bis heute nicht. Immerhin hatten 2008 und 2009 die Spuren von der Firma Humanplasma direkt in Gebiete der ehemaligen DDR geführt. Das ist kein vager Verdacht, sondern Realität. Dort unterhielt jene Wiener Blutbank seit 2004 bzw. 2005 zusätzlich einige Filialen, in Chemnitz und Zwickau in Sachsen, aber auch in den thüringischen Städten Gera, Jena und Erfurt, also dort, wo noch in den letzten Jahren die umstrittenen UV-Blutbestrahlungen stattgefunden haben (siehe auch Kapitel 3). Na und, wird man heute abwiegeln. Aber so einfach lagen und liegen die Dinge nun einmal nicht. Denn Werner Franke zufolge, dem Heidelberger Dopingexperten, handelte es sich bei den Filialen in Sachsen und Thüringen ausschließlich um ausgewiesene ehemalige »Doping-Zentren der früheren DDR, also um Kompetenz-Zentren.« Ein Schelm, wer Böses dabei denkt …

Erschwerend kommt hinzu, dass der österreichische Sport schon damals, also vor vielen Jahren, »jede Menge« an Knowhow aus der ehemaligen DDR importiert habe, so Werner Franke. Auf dass dieses Wissen zum Teil – von Sportlern und Trainern transportiert – wieder nach Deutschland zurückfließe. So baute zum Beispiel der frühere Biathlonpapst aus der DDR, Kurt Hinze, für die Österreicher das vor allem von deutschen Athleten hochgerühmte und gern in Anspruch genommene Biathlonzentrum in Hochfilzen auf. Vom Deutschen Ski-Verband war Hinze übrigens schon 1991 wegen seiner Dopingvergangenheit in der DDR geschasst worden. Aber erst auf Druck von außen. In Thüringen wird der große Dopingmeister bis auf den heutigen Tag gefeiert, wie 2009 anlässlich seines 75. Geburtstages in Oberhof. Man sprach von »dem Vater des Biathlonsports am Grenzadler«, so die damalige Festschrift.

Was hat das alles im Jahr 2012 noch zu bedeuten? Selbst, wenn wir einmal ganz kurz die landläufige deutsche Arroganz gegenüber österreichischen Amtspersonen beachten: Die Äußerungen des Wiener Sportstaatssekretärs Lopatka aus dem Jahre 2008 lassen sich nun einmal nicht von der Hand weisen – und zwar bis heute nicht. Warum sollte ein hoher österreichischer Staatsbeamter so etwas denn einfach erfinden? Man hat das beim Deutschen Ski-Verband und auch in so mancher Redaktion vermutlich gehofft, doch Tatsache ist: Die österreichischen Gerichtsmühlen mahlen zwar langsam, aber sie mahlen fortwährend und dabei äußerst gründlich.

Dafür steht auch das Beispiel des einst umjubelten ehemaligen russischen Skilangläufers Michail Botwinow. Dessen Geschichte verhält sich so: Im Oktober 2002 veröffentlichte der *kicker* vom Düsseldorfer Skilanglauf-Weltcup aus das Klagelied des erzgebirgischen Superstars René Sommerfeldt. Der Weltcupgesamtsieger des Winters 2003/2004, der erste aus Deutschland, erzählte damals dem Sportblatt aus Nürnberg, Botwinow würde in seiner Zunft das verleumderische Gerücht streuen, er – das unumstrittene Aushängeschild des Deutschen Ski-Verbandes – sei womöglich gedopt. Wie sonst wohl seien dessen erstaunliche Ergebnisse zu erklären? Gut zweieinhalb Wochen nach dieser Veröffentlichung meldete sich eine international tätige Anwaltskanzlei beim *kicker*: Es sei ab sofort per noch festzulegendem Ordnungsgeld untersagt, die Vokabel Doping in Zusammenhang mit dem Namen Botwinow öffentlich zu verwenden. Ein Ansinnen, dem wohl seit dem 9. Mai 2012 niemand mehr entsprechen kann. Denn an jenem Tag verurteilte das Landesgericht im steiermärkischen Leoben den seit 1996 in Österreich eingebürgerten Russen wegen einer Falschaussage in einer Dopingangelegenheit zu vier Monaten Haft (bei Drucklegung dieses Buches noch nicht rechtskräftig). Der Träger des »Ehrenzeichens um die Verdienste der Republik Österreich« hatte nämlich gelogen. Der Gewinner zweier Olympiamedaillen (Silber 2002, Bronze 2006) sowie des WM-Titels in der 4-mal-10-Kilometer-Staffel 1999 im österreichischen Ramsau, hatte vor Polizeibeamten der Wiener Soko Doping behauptet, die »ominöse österreichische Blutdoping-Tankstelle Humanplasma« (so die *Oberösterreichischen Nachrichten* im Juni 2012) noch nie in seinem ganzen Leben von innen gesehen zu haben. Doch der ehemalige Geschäftsführer von Humansplasma, Rudolf Efraim Meixner, erinnerte sich bei seiner Zeugenaussage in Leoben ganz anders …

Dumm gelaufen für Botwinow, der einst einen deutschen Weltcupgewinner und dazu auch noch ein deutsches Sportmagazin vorführen wollte. Doch die Deutschen kommen zwangsläufig immer wieder ins schmutzige Dopingspiel. Wie zum Beispiel im Fall des ehemaligen österreichischen Tour-de-France-Dritten von 2008 Bernhard Kohl, einst Zugpferd des vermeintlich sauberen deutschen Teams Gerolsteiner. Kohl hatte seine Besuche bei Humanplasma sehr ausführlich und in aller Öffentlichkeit geschildert. Dort war Kohl, wie er sagt, Gast und zahlender Kunde. Das Blut wurde dort bei den Sommersportlern übrigens im Winter abgenommen und bei den Wintersportlern im Sommer. Der Treffpunkt war immer sonntagvormittags bei einem Schnellrestaurant gegenüber von Humanplasma, also stets dann, wenn in der Blutbank kein normaler Betrieb lief. So gab es denn auch niemals einen Zeugen, der irgendeinen deutschen Biathleten oder Skilangläufer dort gesehen haben könnte. In der Blutbank wurde das Blut abgenommen, weiterverarbeitet und danach eingefroren. Der Sportler ging nach einer Stunde wieder hinaus, bevor der nächste erschien, der ja auch nicht gesehen werden sollte.

Bernhard Kohl war 2009 in der ARD-Talkshow »Beckmann« zu Gast und sagte: »Das Gerücht ging herum, dass auch deutsche Sportler da waren, ich kann das aber nicht belegen.« Wie auch? Dafür, dass alles im Anonymen blieb, hatte man bei Humanplasma schließlich gesorgt. Zur Rolle der Gerolsteiner Teamärzte sagte Kohl in der Sendung: »Ich kann definitiv sagen, dass es nicht teamorganisiert war, wie scheinbar bei Telekom, T-Mobile. Ich habe mit Stefan Matschiner [Kohls zwischenzeitlich inhaftierter persönlicher Manager in Wien; Anm. d. Autors] meinen Hintermann gehabt.« Zur möglichen Mitwisserschaft von Teamärzten sagte Kohl jedoch: »Wenn ein Arzt eins und eins zusammenzählen kann, weiß er, dass diese Leistung bei der Tour de France wahrscheinlich nicht ehrlich zustande kommt.« Aber wer wollte bei Gerolsteiner schon eins und eins zusammenzählen?

Vielleicht sind das ja alles Hirngespinste. Denn wenn die letzte Sprecherin der ehemaligen Wiener Humanplasma meint, die Übergabe ihrer Firma an ein französisches Unternehmen im Jahre 2010 habe schon deshalb nichts mit einer angeblichen Dopingaffäre zu tun, weil es diese wohl gar nicht gegeben habe – ja, wenn das so ist, dann muss sich Bernhard Kohl alles, was er vor Polizeikommissaren, Staatsanwälten und in österreichischen sowie deutschen TV-Studios erzählt hat, eben einfach ausgedacht haben. Eine Phantasie, die dem früheren Kaminkehrer allerdings niemand zutraut.

Warum wiederum der Prozess gegen einen weiteren ehemaligen Star des deutschen Teams Gerolsteiner, nämlich gegen den Tiroler Georg Totschnig, noch immer anhängig ist? Totschnig hatte 2005 die staunende Öffentlichkeit verblüfft, als ausgerechnet er auf der Tour de France die Königsetappe in den Pyrenäen gewann. Die Sache ist vor allem deshalb noch nicht erledigt, weil in Österreich erst 2008 ein Anti-Doping-Gesetz in Kraft getreten ist. Womit die Österreicher allerdings schon einen ganzen Schritt weiter sind, als die Deutschen, denn hierzulande gibt es keine gesetzlich geregelte Handhabe bei Dopingmissbrauch. Der fränkische Jurist Dr. Thomas Bach, als Präsident des Deutschen Olympischen Sportbundes höchster deutscher Sportfunktionär, wendet sich seit Jahren mit all seinem Einfluss erfolgreich gegen derartige Bestrebungen. Bachs dabei gebetsmühlenartig wiederholte Argumentation: Man wolle den Sport doch nicht kriminalisieren. Das heißt: Hierzulande darf ein jeder, wenn er Sportler ist, spritzen und schlucken, so viel und so oft er kann – wird er dabei erwischt, droht ihm eine durch die jeweilige Sportgerichtsbarkeit verhängte Startsperre. Mehr nicht. Kein ordentliches Gerichtsverfahren. Keine Geldbuße, keine Gefängnisstrafe. Paradiesische Zustände!

Dass ein Sportler nach einem Dopingfoul öffentlich geächtet würde, ist auch nicht anzunehmen. Denn die deutsche Öffentlichkeit, wie auch die österreichische, nimmt offenbar an, Doping gehöre nun einmal zum Sportlerleben – so wie der Verzehr eines besonders kräftigen Frühstücks. Glauben Sie nicht? Dabei kann jeder in einer persönlichen Umfrage in seinem Freundeskreis Ähnliches erfahren. Nur so ist zu verstehen, dass sowohl in Deutschland wie in Österreich des Dopings überführte Ex-Sportler als TV-Kommentatoren oder Zeitungskolumnisten in Erscheinung treten dürfen. Gewissermaßen als Vorbilder der jeweiligen Nation. Wie beispielsweise beim ZDF die ehemalige Schwimmerin Kristin Otto, die zu DDR-Zeiten, nachweislich dokumentiert, zu den ganz besonders hochgedopten Olympiasiegerinnen gezählt hat, was gut dokumentiert ist. In dieses Bild passt außerdem, dass von dem gern zitierten »Mann auf der Straße«, dem gemeinen Fan, der Dopingspuk in Österreich, ob mit oder ohne deutscher Beteiligung, als längst abgeschlossen verdrängt wird. In Wien, wie auch in Berlin. Denn am 6. September 2010 wurde die Wiener Humanplasma GmbH vom französischen Biopharmaunternehmen LFB aus Les Ulis übernommen. Die ebenfalls zur Wiener Gruppe zählende KMS Plasmaservice GmbH in der Steiermark und Europlasma s. r. o. im tschechischen Prag wurden gleich mit an die Franzosen verkauft. Die Übernahme, so beeilte sich im September 2010 eine Unternehmenssprecherin von Humanplasma zu erklären, habe nichts, aber auch gar nichts, mit einer »angeblichen Dopingaffäre« ihrer Firmengruppe zu tun. Was im Umkehrschluss heißt: Wo es keine Dopingaffäre gegeben hat, sondern nur einen wabernden Verdacht, kann es auch keinerlei Dopingfälle gegeben haben. Und damit erst recht keine Dopingvergehen deutscher Biathleten und Skilangläufer – oder? Es heißt, auch im Deutschen Ski-Verband hätten man 2010 erst einmal kräftig durchgeatmet.

Zu früh gefreut. »Wiener Blut bleibt auf dem Spielplan«, stellten am 9. Mai 2012 – nach der Verurteilung Michail Botwinows in Leoben – die *Oberösterreichischen Nachrichten* fest. Fast schon ein wenig jubelnd. Also sind auch mögliche Ausflüge deutscher Wintersportler zur ehemaligen Firma Humanplasma noch lange nicht vom Tisch. Zumal eine ganze Reihe deutscher Spitzenwintersportler bei österreichischen Skiherstellern nach wie vor unter Vertrag stehen – und schon deshalb den einen oder anderen österreichischen Arzt ins Vertrauen ziehen. Als ich in Vorbereitung auf dieses Buch deshalb beim österreichischen Branchenprimus Fischer Sports nachfragte, wie man es denn bei einem Dopingfall halte, antwortete man mir in schriftlicher Form: »In den Verträgen mit unseren Athleten ist ganz klar inkludiert, dass in einem positiven Dopingfall der Vertrag mit sofortiger Wirkung beendet ist. Alle Zahlungen des laufenden Jahres werden eingestellt und bereits getätigte Zahlungen müssen refundiert werden. Zudem muss der Athlet sofort sämtliche Ausrüstung an Fischer retournieren.« Ich wollte es aber ein wenig genauer wissen: Gibt es zum Beispiel vorbeugende Gespräche mit den Athleten? Oder mit den nationalen Verbänden? Doch darauf erhielt ich keine Antwort. Es blieb bei der dürren nun hier abgedruckten schriftlichen Erklärung.

Dabei weiß man auch bei den Ausrüstern – selbstredend – viel mehr. Doch meistens wird eisern geschwiegen. Aber Franz Gattermann, einst Skilanglaufcoach beim Österreichischen Skiverband und früher bei Fischer für die Sportlerbetreuung zuständig, erzählte schon 2009 in der ARD: »Unmittelbar nach den Olympischen Winterspielen 2002 in Salt Lake City wurde mir von Norwegern glaubhaft versichert, dass internationale Sportstars bei einer Adresse in Wien für Manipulationen aus- und eingingen, um Manipulationen vornehmen zu lassen.« Weil die Abnahme und Rückführung roter Blutkörperchen für Dopingzwecke mehrere Monate erfordern, müssten die Blutdopingpraktiken in Wien demnach schon vor dem Jahr 2002 begonnen haben. Ausführungen, die sich auch mit meinen Recherchen in jenem Winter decken und damals bereits von norwegischen Journalisten bestätigt worden sind.

Doch wer wollte das schon drucken? Also einen Artikel über die Leichen im Keller, den Dreck der Sportverbände, über Medikamente, Blut und Urin, über die Vergangenheit, die noch immer nicht bewältigt ist und in eine womöglich schlimme Zukunft weisen könnte? Auch wenn uns die Erkenntnisse aus der Vergangenheit weiterbringen würden. Doch die Vorgänge in Dopingangelegenheiten dauern und dauern. Man erinnere sich: Seit 2009 werden in Susa, im norditalienischen Piemont, die mutmaßlichen Dopingvergehen österreichischer Athleten und Funktionäre bei den Olympischen Winterspielen 2006 in Turin aufgearbeitet. Eine zähe Angelegenheit mit langen Widerhaken – und mit ausgebufften, hartnäckigen italienischen Staatsanwälten. Mit Beamten, die schon ganz andere Spitzensportler – wie den großmäuligen spanischen Radprofi Alejandro Valverde – zu Fall gebracht haben. Nach jahrelangem Bemühen. Warum diese Hartnäckigkeit? Weil Doping unter den österreichischen Biathleten und Skilangläufern eben kein isolierter Fall, sondern ein gut organisiertes System gewesen sei, erklärte schon 2008 der Turiner Staatsanwalt Raffaele Guariniello. Und trotz aller richterlicher Zwischenergebnisse: – der Fall dauert noch immer an.

Stichwort Organisiertes Doping: In Österreich ist die dortige Nationale Anti-Doping-Agentur (NADA) im Frühjahr

2012 an ihren Widersachern fast zerbrochen. Ihre Zukunft ist weiterhin äußerst ungewiss. Auch die Mitarbeiter der deutschen NADA in Bonn bewegen sich – zwangsläufig – nicht selten auf sehr dünnem Eis. Am Rhein warf in den letzten Jahren eine NADA-Geschäftsführerin nach der anderen hin. Zuletzt, am 22. Februar 2011, die Juristin Anja Berninger, die zuvor als NADA-Justiziarin tätig gewesen ist. Warum? Über die Gründe schweigt sie und ist lieber, fernab des Getöses um ihre Person, in einer Nische in Deckung gegangen: als wissenschaftliche Mitarbeiterin am Lehrstuhl für Philosophie der Universität Tübingen.

Wer will in diesem Business schon dauerhaft zurechtkommen? Zum Beispiel hat Anders Besseberg, der langjährige und erfahrene norwegische Präsident der Internationalen Biathlon-Union (IBU), nach den nicht enden wollenden Dopingfällen in Russland in aller Öffentlichkeit gesagt, diese Verfehlungen würden ganz klar auf systematisches Doping in dieser Sportart verweisen. Aber das will offensichtlich niemand hören, auch nicht, wenn es der Präsident anmerkt und indirekt zu entsprechenden Aktivitäten auffordert. Schließlich ist Biathlon ja zum ganz großen (Winter-) Geschäft geworden, vor allem für die öffentlich-rechtlichen deutschen Fernsehanstalten ARD und ZDF. Dieser Trend lässt sich auch mit Zahlen untermauern: Insgesamt 218 000 zahlende Zuschauer drängelten sich im Februar 2012 bei der Ruhpoldinger Weltmeisterschaft in der funkelnagelneuen Chiemgau-Arena. Ein Rekord, denn niemals zuvor zog es so viele Menschen zu einer Biathlon-Weltmeisterschaft. Hinzu kamen hierzulande TV-Einschaltquoten von bis zu 33,4 Prozent, insgesamt saßen in Deutschland im Schnitt immerhin 7,1 Millionen Fernsehzuschauer vor ihren Geräten. Das war der höchste Wert für Biathlonübertragungen außerhalb Olympischer Spiele und erreichte damit sogar die Sphären der Champions League, hatte also absolutes Fußballniveau. Daran wird überdeutlich gezeigt, wie verrückt die Deutschen nach Biathlon sind.

Schon bei der WM 2004 in Oberhof kamen 204 000 Zuschauer in die thüringische Biathlon-Arena am Grenzadler, die Einschaltquoten stiegen damals ähnlich an wie 2012 in Ruhpolding. Fernsehanstalten aus 13 Ländern haben übrigens im Februar 2012 die Ruhpoldinger WM live übertragen. Das weckt natürlich andernorts Begehrlichkeiten. Und so entstehen selbstverständlich nicht nur in den Kernländern dieser Sportart neue Stadien, die ausgelastet werden müssen. Für die jeweils neun Biathlon-Weltcups pro Saison – von denen jeder ungefähr vier Tage andauert – gibt es inzwischen 15 bis 18 Bewerber aus fast aller Herren Ländern. Sogar aus Südamerika. Wen wundert das? Schon bei der WM in Ruhpolding waren schließlich Athletinnen und Athleten aus 44 Nationen am Start – Biathlon expandiert ganz gewaltig. Deshalb sehen sich internationale Sportagenturen seit geraumer Zeit auch im Ausland nach finanzkräftigen Werbekunden um. Bisher aber meist vergeblich. Denn trotz sportlicher Erfolge ist der Werbeeinsatz sogar in ausgeprägten Biathlon-Ländern wie Frankreich, Russland, Schweden und Norwegen (noch) zurückhaltend. Doch in der Branche heißt es trotzdem, man dränge nach vorn. Fast allerorten. Um als Veranstalter diesem Druck zu widerstehen, braucht der Deutsche Ski-Verband weiterhin viele sportliche Erfolge, zumal Biathlon zum quotenbringenden Anker des gesamten deutschen TV-Wintersportpakets geworden ist.

Aber woher rührt eigentlich hierzulande die (fast) flächendeckende Begeisterung für Biathlon? Zu Beginn der Wintersaison 2011/2012, im Oktober 2011, erklärte dazu Matthias Deml, Dispositionschef der ARD-Werbung, dem *kicker*: »Einerseits sind die deutschen Biathleten seit Jahren überaus erfolgreich, andererseits erlebt der Fan vor allem im Fernsehen das Schießen hautnah mit.« Mit anderen Worten: Was man als Zuschauer vor Ort auf der Tribüne, also von der Zuschauertribüne aus, oft nur noch akustisch erlebt, wird im Fernsehen in Großaufnahme und anschließend auch noch in Zeitlupe geradezu genüsslich zelebriert. Der Marketingexperte Christoph Lüken vom ZDF wiederum erklärte die hohen Einschaltquoten in Deutschland vor allem mit der »hohen Dynamik« und der »Nachvollziehbarkeit« des aus Skilanglauf und Kleinkaliberschießen bestehenden Biathlon. »Beim Schießen«, sagte er, »fiebert jeder mit, weil es danach ständig Veränderungen im Feld gibt.« Biathlon funktioniert also ein wenig wie ein überdimensioniertes Mensch-ärgere-dich-nicht-Spiel: Du wähnst dich bereits auf der Siegerstraße, da verweht eine Windböe den entscheidenden Schuss, und du musst in die Strafrunde! Aus. Vorbei. Oder erwischt es auch den Kontrahenten? Wegen dieser Spannung, dieser Ungewissheit, steht Biathlon wohl in der Zuschauergunst ganz weit oben.

Und deshalb hat die Europäische Rundfunkunion (EBU) wohl auch mit der Internationalen Biathlon-Union (IBU) gleich einen Fernsehvertrag bis 2014 abgeschlossen. Doch wenn deutsche Erfolge ausblieben, wäre das deshalb schlecht fürs Geschäft, weil bisher fast ausschließlich deutsche Firmen als Werbepartner der IBU auftreten. Sogar in den USA und im fernen Sibirien. Ob das künftig alles so bleibt? Da ist auch der deutsche Cheftrainer Uwe Müßiggang skeptisch: »Deutschland ist ein erfolgsorientiertes Land. Wenn du auf Dauer nicht gewinnst, interessiert sich keiner mehr für dich.«

Und wenn du dopst, dann erst recht nicht. Das hat offenbar auch die russische Biathlonföderation erkannt, wenn auch erst auf Druck des jetzigen russischen Präsidenten Wladimir Putin. Denn dieser kündigte an, er werde jeden an Doping beteiligten russischen Trainer, egal welcher Sportart, ohne Umschweife ins Gefängnis bringen. In Vorbereitung auf die Olympischen Winterspiele 2014 vor heimischem Publikum in

Sotschi wurde 2011 für die publikumsintensive Sportart Biathlon also sicherheitshalber 2011 ein deutscher Trainer verpflichtet. Einer, dem obendrein der Ruf eines anerkannten Anti-Doping-Kämpfers vorauseilt: Wolfgang Pichler.

Der ausgebildete Zollbeamte aus Ruhpolding, dessen jüngerer Bruder Claus – mitten im schwarzen CSU-Bundesland Bayern – als SPD-Mitglied in der Chiemgau-Gemeinde das Amt des Bürgermeisters ausübt, hatte sich in den letzten 16 Jahren auch als schwedischer Nationaltrainer einen Namen gemacht. Nicht nur wegen seiner großen Erfolge, sondern auch weil er nie ein Blatt vor den Mund genommen hat. Als zum Beispiel die russischen Biathleten in den letzten Jahren kaum durch Siege, sondern fast nur noch durch ständigen Dopingmissbrauch auffielen, platzte Pichler vor einem Wald aus Fernsehkameras und Radiomikrophonen der Kragen. »Die Russen«, polterte Pichler los, »haben uns seit Jahren verarscht. Die gehören rausgeschmissen.« Also raus aus dem internationalen Verband, raus aus dem Weltcup, raus aus den Weltmeisterschaften.

So etwas sagt man in dieser Branche natürlich nicht ungestraft, erst recht nicht, wenn man – wie Pichler – zuvor jahrelang eine Nationalmannschaft gebildet, aufgebaut und geleitet hat, in der es keinen einzigen Dopingfall gab. Das allein hatte ja schon Gräben aufgerissen. Also erhielt Pichler postwendend Morddrohungen – per Telefon, per Internet, ganz unverhohlen und in allen möglichen Sprachen. Und schon stand er, als »Ehrenschwede« – diesen Titel hatten sie ihm jenseits der Ostsee verliehen – urplötzlich Tag und Nacht unter Polizeischutz, beim Weltcupfinale 2011 in Sibirien sogar eine Woche lang unter russischem. Man weiß ja nie … Nun wird jemandem wie Wolfgang Pichler selbst in einer solchen Situation nicht gleich bange. Er hat schließlich gelernt, auch dann noch gerade zu gehen, wenn er alles andere als wohlgelitten ist und ihm, im übertragenen Sinne, schon längst die

Kugeln um die Ohren pfeifen. So etwas hat er 1991 nämlich schon einmal durchgemacht, als sich nach dem Mauerfall die deutsch-deutsche Dopingkumpanei im Wintersport sehr harmonisch verdichtete. Damals war Jens Steinigen aus dem Erzgebirge ins Chiemgau übergesiedelt, nachdem er in der DDR ausgebootet worden war. Dort hatte er sich geweigert, Dopingmittel »zwecks Leistungssteigerung« zu sich zu nehmen. Im Westen, so hoffte er, werde wohl alles vollkommen anders sein. Und so gewann Steinigen, der heute in Traunstein als Rechtsanwalt tätig ist, als sogenannter »sauberer Athlet« bei den Olympischen Winterspielen 1992 im französischen Albertville gemeinsam mit der deutsch-deutschen Staffel die Goldmedaille. Dass er bei alldem, was er zuvor über Dopingpraktiken in der ehemaligen DDR erzählt hatte, überhaupt starten durfte, verdankte er seinem neuen Trainer Wolfgang Pichler.

Pichler betreute damals im Chiemgau die Biathleten des westdeutschen Zolls. Alles schien demnach in bester Ordnung zu sein, doch nach und nach tauchten genau die ostdeutschen Trainer auf wichtigen Posten im Deutschen Ski-Verband auf und wurden an herausragender Stelle eingesetzt, die Steinigen zuvor in der DDR nach Strich und Faden regelrecht abserviert hatten. Sie übernahmen – dank ihrer Erfolge, ihrer (Doping-) Qualifikationen und ihres Korpsgeistes – recht bald das Sagen im Deutschen Ski-Verband. Damit war Steinigens weitere Biathlon-Karriere weitgehend beendet – und gleichzeitig auch die von Wolfgang Pichler. Leute wie Steinigen und Pichler störten beim Aufbau einer neuen gesamtdeutschen Biathlon-Truppe. Und so zog der Zoll den begnadeten Trainer von diesem Posten ab und degradierte ihn zum Kontrolleur für Lastwagenlieferungen an der deutsch-österreichischen Grenze. In der Hoffnung, das zermürbe ihn. Doch Pichler kroch nicht zu Kreuze.

Diese deutsch-deutsche Geschichte hat nun auch noch ihre

Fortsetzung in Russland gefunden, denn Pichler, der weiterhin eng mit Steinigen befreundet ist und einst die Russen heftig kritisiert hat, trainiert seit 2011 deren dopingbelastetes Frauenteam. Er weiß, so etwas kommt einem Tanz auf dem Hochseil gleich. Denn nur ein einziger Dopingfall kann ihn, den weltweit hochgeschätzten Anti-Doping-Kämpfer, in die Tiefe reißen. Für immer. Er hofft, dass es nicht passiert. Doch das sei, gibt er zu, halt nur so ein Gefühl.

6. KAPITEL

SPORTREPORTER – SEISMOGRAPHEN DES JOURNALISMUS?

»Korrupt ist immer der andere.«
Horst-Eberhard Richter (1923–2011), deutscher Sozialphilosoph

Der Hamburger Kommunikationswissenschaftler Prof. Siegfried Weischenberg schreibt dem Sportjournalismus eine ganz besondere Rolle zu und nennt ihn »Seismograph des Journalismus«. Wer hätte das gedacht? Gerade Sportjournalisten wären besonders gefährdet, weil die Trennung der Rollen – hier glühender Fan, dort erbarmungsloser Kritiker – in dieser Sparte des Journalismus nicht einmal in der Theorie zweifelsfrei hinzubekommen sei. »Viele Sportjournalisten klammern sich verzweifelt an den Glauben, Sport sei eine Art Elysium«, schrieb einmal der renommierte kanadische BBC-Reporter Declan Hill, der in Oxford einst über »Fußball und organisiertes Verbrechen« promoviert hat. Das heißt im Umkehrschluss: Wer kritisch fragt, wird im Sportjournalismus rasch zum Außenseiter. Wer obendrein immerfort kritisch schreibt, rutscht nicht nur schnell, sondern auch auf Dauer in die Rolle des Nestbeschmutzers. Wie zum Beispiel der ARD-Reporter Hans-Joachim »Hajo« Seppelt.

Als der Berliner 2008 im Fall »Wiener Blutbank und möglicher Klienten aus dem deutschen Biathlonlager« überaus vorsichtig lediglich von »Anhaltspunkten« sprach, wurde er von seinem Kollegen Michael Antwerpes, dem früheren Sportchef des Südwestrundfunks, vor laufender Kamera öffentlich abgekanzelt: »Fehlleistungen ... Pauschalverdächtigungen ... alles nicht nachprüfbar.« Eine derartige Entgleisung rief Hans Leyendecker von der *Süddeutschen Zeitung* auf den Plan. Der landesweit hochgeschätzte Enthüllungsjournalist schrieb 2008: »Warum stöhnt die ARD ausgerechnet bei einem wie Seppelt mea culpa? Der Verdacht liegt nahe, dass man so einen, der im Schlamm wühlt, für ein Schmuddelkind hält. Man schmückt sich mit den Enthüllern, aber man misstraut ihnen. Kritischer Sportjournalismus lässt den üblichen Betrieb ahnen, dass er nur Teil der Unterhaltungsindustrie ist. Da beschädigt einer die Ware Sport, ist nicht teamfähig, krankhaft investigativ.«

Was jemandem wie Antwerpes schon deshalb besonders sauer aufstoßen muss, weil das NDR-Medienmagazin »Zapp« dem Großneffen des früheren Kölner Regierungspräsidenten Franz-Josef Antwerpes nachweislich attestiert hat, gerade er dürfe »als Moderator einer gut geölten PR-Maschinerie zwischen Sport und Kommerz ... nicht fehlen.« Seine gutbezahlten Nebentätigkeiten für Fachmessen wie die Dach + Holz in Stuttgart oder für teure Automarken wie Porsche und Mercedes seien allzu fragwürdig. Ob einer wie Antwerpes dann noch unabhängig über Sportfunktionäre berichten könne, fragte »Zapp« im Jahr 2009. Das Magazin hätte eher fragen sollen, ob er das überhaupt noch wolle?

Die ARD, die sich so gern ihrer selbst verordneten Seriosität rühmt und sich auch deshalb nur allzu gern als deutsche BBC titulieren lässt, arbeitet schließlich im Sport oft ganz anders als das britische Vorbild. In Sachen Biathlon zum Beispiel hat man längst vom Radsport gelernt. Im Radsport band die ARD den vermeintlichen Medienliebling Jan Ullrich 1999 sogar mittels eines geheimen Exklusivvertrags an sich. Die Honorare, für die nicht nur die Werbekunden, sondern auch die Gebührenzahler aufkommen mussten, beliefen sich damals auf 195.000 Euro jährlich. Dafür musste der zumeist mundfaule Superstar derart sinnentleerte Sätze verbreiten wie »Heute waren meine Beine besser als gestern«, »Bis Paris ist noch ein langer Weg« oder das Mantra der Radfahrer »Ich danke meiner Mannschaft, sie hat alles gegeben«.

Besonders delikat war an diesem ARD-Vertrag: Die öffentlich-rechtliche Anstalt hatte als offizieller Co-Sponsor des Teams Telekom die von uns allen erwirtschafteten Gebühren als Zuwendungen für Ullrich auch noch erfolgsabhängig gestaffelt. Man hätte den Eindruck haben können, der Radprofi Jan Ullrich sei nicht im Auftrag der Deutschen Telekom, sondern im Auftrag der ARD auf den Straßen dieser Welt im Schweiße seines Angesichts unterwegs. So mussten die Gebührenzahler laut ARD-Vertrag bei einem Tour-Etappensieg Ullrichs dem vermutlich nicht hungernden Sportmillionär jeweils 20.000 Euro als Sonderprämie hinblättern. Der Olympiasieg in Sydney im Jahr 2000 kostete den Gebührenzahlern sogar noch 10.000 Euro mehr. Und was haben wir uns damals gefreut – ohne von dem ganzen Kuhhandel etwas zu ahnen.

Aber beim Versuch, das Reich der Korruption auszuschreiten, geht es auch um Fragen des Berufsethos von Journalisten schlechthin. Der Bürger stellt sich den »normalen« Journalisten schließlich als unbestechlichen und der Wahrheit verpflichteten Aufzeichner dessen vor, was er vorfindet. Wolf-Dieter Poschmann, *der* Sport-Frontmann des ZDF, stand trotz seines hohen Einkommens zusätzlich auch jahrelang auf der Payroll, der Gehaltsliste des Mineralwasserherstellers Gerolsteiner. Dessen Radteam gehörte einst zu den besten der Welt, wurde aber 2008 nach bekannt gewordenen neun Dopingfällen in diesem fragwürdigen Geschäft aufgelöst. Was Poschmann zwielichtig erscheinen lässt, trug sich im Jahre 2005 zu, als der Gerolsteiner-Profi Georg Totschnig aus Österreich auf der Tour de France die Königsetappe von Agde hinauf ins Skigebiet Ax-3-Domaines gewann. Über Totschnigs mögliche Verstrickung ins Wiener Blutbankmilieu – über das 2008 der ARD-Mann Hajo Seppelt in Sachen Biathlon recherchierte – ermittelt seit geraumer Zeit die Wiener Staatsanwaltschaft. Als just im Jahr 2005, also im Jahr des Totschnig-Triumphes, zwei freiberufliche Journalisten Wolf-Dieter Poschmann in dessen Funktion als ZDF-Sportredakteur und obendrein auf dessen Bestellung Exklusivinformationen über Doping lieferten, blendete dieser – selbstredend – jenes Material aus, das seinen privaten Geschäftspartner Gerolsteiner belastet hätte. Gegenüber den verdutzten Rechercheuren, die zu den Besten der Branche zählen, behauptete er – was sonst? –, das alles sei aus rein fachlichen Gründen geschehen.

Wenn wundert es bei dieser Berufsauffassung noch, dass jemand wie Poschmann seine Hände einst schützend über die blonde ZDF-Frontfrau Kristin Otto gehalten hat? Wen wundert das bei dieser Berufsauffassung?

Zum Fall Kristin Otto: Es geschah bei der ATP-Tennis-Weltmeisterschaft 1997 in Hannover. Damals wies die ZDF-Redakteurin Otto ihre Kollegen an, Manfred von Richthofen, als Präsident des Deutschen Sportbundes war er Ehrengast des Turniers, auf keinen Fall zu interviewen. Der oberste deutsche Sportchef, habe Kristin Otto geäußert, würde allzu eifrig in der DDR-Vergangenheit herumstochern. Und so etwas kann das ehemalige sächsische Schwimmwunder offenbar gar nicht ertragen. Als der Dopingfahnder Dr. Helmut Pabst danach im damaligen Deutschen Sportfernsehen (DSF) mit Hinweis auf stichhaltige Unterlagen auf Kristin Ottos Dopingvergangenheit in der DDR hinwies, flatterte ihm prompt eine einstweilige Verfügung ins Haus.

»Hätte ich Unterlagen, die beweisen, dass mir Anabolika verabreicht wurden, würde ich entsprechend hart reagieren.« Das versprach Kristin Otto vor vielen, vielen Jahren der Deutschen Presse-Agentur (dpa). Es geschah nichts. Warum aber hat sich die Leipzigerin von ihrem Redaktionsschreibtisch nicht selbst ins Archiv des ZDF bemüht? Dort würde sie allemal vorfinden, was der *Stern* 1990, Brigitte Berendonk in ihrem Buch *Doping-Dokumente* 1992 und *Der Spiegel* 1994 unwidersprochen veröffentlicht haben: Beweise, Zeugenaussagen und Unterlagen über ihren Anabolika-Missbrauch als Schwimmerin zu DDR-Zeiten. 1990 veröffentlichte der *Stern*, was Kristin Otto jederzeit beim Bundesbeauftragten für die Stasi-Unterlagen in Berlin einsehen könnte: einen positiven Dopingbefund vom 7. August 1989. Damals fanden im Anti-Doping-Labor in Kreischa, vor der Abreise der DDR-Schwimmauswahl zu den Europameisterschaften nach Bonn, die üblichen geheim gehaltenen Dopingkontrollen statt. Der damalige Laborleiter Prof. Claus Clausnitzer teilte danach in seinem Schreiben vom 9. August 1989 dem Sportmedizinischen Dienst (SMD) in Ostberlin mit, die Probe mit der Code-Nummer 0708104 sei positiv. Und zwar mit dem »Quotienten 17«, was fast der dreifachen Menge des zulässigen Testosteronspiegels entsprach. Clausnitzer verbürgte sich dafür, dass es sich um die Code-Nummer von Kristin Otto gehandelt hat.

Kristin Otto fuhr dennoch nach Bonn, weil der Anabolika-Gehalt bis zum ersten Start erwartungsgemäß unter die Dopingschwelle sinken würde. Was damals offenbar auch geschah, denn die Sportlerin gewann überlegen die Goldmedaille über 100 Meter Rücken. Frau Ottos langjähriger Trainer Stefan Hetzer antwortete auf die Frage des *Sterns*, ob er sich an diesen Vorgang erinnere: »Ich bin kooperativ, aber nur bei Fachthemen. Was Sie jetzt aber anschneiden, sind politische Angelegenheiten. Darin spiegelt sich nur Ihre Siegermentalität wider.« Dabei erinnert sich Hetzers Kollege Michael Regner, früher Schwimmtrainer beim Armeesportklub Vorwärts Potsdam (ASK Potsdam), sehr genau an die schönen erfolgreichen alten Zeiten: »Häufig haben Stefan Hetzer und ich in unserem Zimmer zusammengesessen, und jeder hat dabei auf dem Tisch die Tabletten – Vitamine, Eisen und auch die ›Blauen‹ [gemeint ist das DDR-Anabolikum Oral-Turinabol; Anm. d. Autors] – für den nächsten Tag abgezählt.«

1994 setzte die Staffelkameradin Karen König im *Spiegel* noch einen drauf. Die Trägerin des Vaterländischen Verdienstordens der DDR in Gold enthüllte in dem Hamburger Nachrichtenmagazin, dass Kristin Otto die blauen Oral-Turinabol-Tabletten aus dem thüringischen Jena »neben mir in der Hand hatte und sie geschluckt hat«. Was Kristin Otto heftig bestreitet. Könnte sie auch dann noch das Gegenteil behaupten, wenn sie in Händen halten würde, was bei der früheren Gauck-Behörde lagern soll: Stasi-Notizen über jene Klagen, die ihr Vater, ein angesehener Physikprofessor, den Ärzten und Trainer Hetzer herangetragen haben soll. Demnach habe sich Vater Otto gesorgt, seiner Tochter würden zu geringe Dosen Anabolika verabreicht. Trainer Hetzer dazu: »Darüber spreche ich nur vor dem entsprechenden Gericht.« Was nie geschehen ist. Aber an pikanten und peinlichen Verstrickungen, an Geschichten über komplizenhafte Seilschaften zwischen Sportlern und Journalisten war nie ein Mangel und wird – leider – wohl auch nie einer auftreten. Die Journalisten, der Sportler, der Verband und der Verein – sie scheinen auch in Zukunft vielfach eine unkritische und zugleich untrennbare Einheit zu bleiben. In keiner Sparte des Journalismus haben sich derart symbiotische Verhältnisse zwischen Akteuren und Beobachtern herausgebildet wie im Bereich Sport. Distanz zur Person, zur Sache? Von wegen. Dazuzugehören, nur das scheint wirklich zu zählen. Und zwar unaufhaltsam. Wer dabei wessen Parasit ist, bleibt jeweils offen – oder liegt im Auge des Betrachters. Fest steht nur: Wirkliche Miesmacher, nennen wir sie »Rechercheure«, sind unerwünscht. Im Sport sei es »zu einer Kumpanei und Komplizenschaft gekommen, die man in anderen Bereichen schlicht als Korruption bezeichnen würde«, schrieb schon 1978 Manfred Steffny, der frühere Marathonläufer und jetzige Herausgeber des angesehenen Lauf-Magazins *Spiridon*. Beobachtungen, die 2012 – leider – nur erhärtet werden können. Zumal man sich, nicht nur bei den privaten Fernsehsendern, sondern vor allem bei den öffentlich-rechtlichen Anstalten, also bei ARD und ZDF, seit Jahr und Tag sogenannter »Experten« bedient, die dem Moderator – den man heute lieber »Presenter« nennt – und dem jeweiligen Kommentator des Ereignisses – »Event« genannt – zur Seite gestellt werden. Dabei handelt es sich um ehemalige Sportstars, die ohne jegliche journalistische Distanz, dafür aber mit viel Wohlwollen ihre ehemalige Zunft betrachten und deren Treiben »erläutern«. Noch einen Schritt weiter wollte – so hoffte es jedenfalls die *Bild* – im Sommer 2012 die ARD gehen: Der Sender plante, Franziska van Almsick als künftige Moderatorin der sonntäglichen Sportschau einzusetzen, so die millionenfach gelesene Hauspostille der früheren Weltklasseschwimmerin. Ausgerechnet ihr sollte das am 14. Juni 1961 erstmals zelebrierte Hochamt des bundesdeutschen Fernsehjournalismus anvertraut werden?

Doch das Blatt hatte sich zu viel erhofft, denn es hat nicht geklappt. Anstelle der 34-jährigen »ARD-Olympia-Expertin« *(Bild)*, die bereits 2008 in Peking und 2010 in Vancouver vor der Kamera posieren durfte, führt nun eine andere Ex-Weltmeisterin durch die »Sportschau«: Franziska Schenk. Die 38-jährige Thüringerin gehört als Eisschnelllauf-Weltmeisterin von 1997 nicht nur zu den Besten ihres Faches, sie ist als ausgebildete und erfahrene Journalistin von ganz anderem Kaliber. Doch ob das allein gegen Franziska van Almsick gesprochen hat? Oder erinnerte man sich – analog zu Kristin Otto beim ZDF – im Ersten etwa doch an die sportliche Vergangenheit der Schwimmerin? Eine Vergangenheit, die nicht frei von Doping gewesen zu sein schien. Jedenfalls kam die

Neue Zürcher Zeitung bereits am 3. November 1997 zu folgendem Schluss: »Wie kaum eine andere deutsche Sportlerin meldete sich die Berliner Schwimmerin Franziska van Almsick immer dann zu Wort, wenn – vor allem in China und Australien – Rekorde erzielt wurden. Ob wirklich alles rechtens sei? Bei so viel Misstrauen erstaunt es, wenn sich ausgerechnet Franziska van Almsick bei überraschenden Doping-Kontrollen wenig kooperativ zeigt – wie zum Beispiel am 2. Oktober 1997, im Club *La Santa* auf Lanzarote.«

Der Deutsche Sport-Verband (DSV) hatte zum damaligen Zeitpunkt ein offizielles Trainingslager anberaumt. Prominenteste Teilnehmerin: die 19-jährige Olympiazweite von 1996 und fünfmalige Europameisterin von 1995, Franziska van Almsick. Kurz vor zwölf Uhr mittags störten damals – unangemeldet – die Dopingfahnder Jörg und Rosemarie Balke aus dem westfälischen Unna die Schwimmeridylle auf der kanarischen Ferieninsel. Jörg Balke, verstorben am 14. März 2012, sagte damals der NZZ: »Wir baten um 12.30 Uhr die Mannschaftsleitung, alle 14 Trainingsteilnehmer zur Doping-Kontrolle zusammenzurufen. Es gab mit keinem Schwierigkeiten. Nur Franziska van Almsick erklärte uns, dass sie zurzeit keine Urin-Probe abgeben könne. Außerdem müsse sie jetzt – also in der Mittagszeit – unbedingt trainieren. Deshalb habe sie momentan ohnehin keine Zeit für eine Doping-Kontrolle.« Balke weiter: »Als wir die anderen 13 Schwimmerinnen und Schwimmer kontrollierten, konnten wir nicht auch noch Frau van Almsick beaufsichtigten. Was sie in dieser Zeit getan hat, wissen wir nicht.« Erst als das Fahnderehepaar seine Kontrollen beendet hatte, habe man sich an den Rand des Schwimmbeckens gesetzt, um Franziska van Almsick beim Training zu beobachten. Balke: »Als sie mit ihrem Programm fertig zu sein schien, hat sie gegen 16 Uhr – oder später – ihre Urin-Probe abgegeben.« Also mit einer Verzögerung von beinahe vier Stunden.

Zum Prozedere: Das Ehepaar Balke führte die Kontrollen auf Lanzarote im Auftrag der Münchner Firma PWC GmbH durch. Das mit solchen Kontrollen oft befasste Unternehmen hatte seinen Auftrag von der Anti-Doping-Kommission (ADK) des Deutschen Sportbundes und des Nationalen Olympischen Komitees erhalten. PWC-Mitgesellschafter Klaus Wengoborski, einer der international erfolgreichsten Dopingfahnder, sagte zum Einsatz auf Lanzarote: »Mit dem ehemaligen 800-Meter-Spitzenläufer und früheren Polizisten Jörg Balke hatten wir einen Kontrolleur ins Schwimmer-Trainingslager geschickt, der sich von prominenten Sportlern weder einschüchtern noch hinters Licht führen lässt.«

Der erfahrene Klaus Wengoborski wusste aber auch: »Dass jemand vier Stunden oder länger für eine Urin-Abgabe braucht, ist völlig unüblich.« In seiner langjährigen Praxis sei so etwas bisher nur zweimal vorgekommen. »Aber da waren die Kontrollierten wirklich völlig verklemmt und verkrampft.« Wengoborski gab aber auch zu bedenken: »Wir wissen inzwischen, dass von den Sportlern regelrechte Abwehr- und Vertuschungskonzepte entwickelt werden, um bei unangemeldeten Kontrollen nicht erwischt zu werden. Viele dieser Konzepte kennen wir inzwischen, eines davon ist die bewusste Verzögerung der Urin-Abgabe.« Prof. Wilhelm Schänzer, der Leiter des Anti-Doping-Instituts in Köln, erläuterte auf meine Anfrage, welche Manipulationen bei einer Verzögerung der Urinabgabe von etwa vier Stunden vorgenommen werden könnten: »Die gebräuchlichste Methode ist der Urinaustausch. Der Kontrolleur erhält anstatt des geforderten Eigenurins sauberen Fremdurin.«

Franziska van Almsick war danach erneut ins Gerede gekommen. So wie schon 1994, als die Unterlagen der deutschen Dopingkontrolleure eindeutig bewiesen hatten, dass die Berliner Schwimmikone im Jahr ihres WM-Triumphes über 200 Meter Freistil nicht in allen Trainingslagern – mithin also keineswegs lückenlos – kontrolliert worden war. Damals arbeitete sie noch mit Trainer Dieter Lindemann zusammen, der zu DDR-Zeiten im sogenannten »Steueraktiv« des SC Dynamo Berlin auch für die Planung und den Einsatz von Dopingmitteln mitverantwortlich war. Trotz allem – Franziska van Almsick sieht ihre berufliche Zukunft noch immer beim Fernsehen. »Für die Zukunft«, vertraute sie *Bild* an, »möchte ich nichts ausschließen.«

Das Fernsehen, der Sport, das Dopinggeschehen und die Wirklichkeit – zwar unterhalten mittlerweile sowohl ARD als auch ZDF in ihren Sportredaktionen Fachabteilungen für Doping, doch die werden offensichtlich nicht immer gefragt. Überaus erschrocken soll jedenfalls der frühere ZDF-Chefredakteur Nikolaus Brender reagiert haben, als ihm zu Gehör kam, die Boxabende seines Senders – hauptsächlich von den Profis des Hamburger Unternehmers Hans-Peter Kohl bestritten – hätten so gut wie nichts mit den Anti-Doping-Richtlinien des deutschen Sports zu tun. Das ZDF stieg 2010 vor allem deshalb aus diesem quotenträchtigen mitternächtlichen Geschäft aus, die ARD hingegen schloss am 22. März 2012 für 30 Millionen Euro einen neuen Zweijahresvertrag mit Sauerland Event in Berlin ab. Es ist der einzige deutsche Boxstall, der mit der Nationalen Anti-Doping-Agentur in Deutschland einen Vertrag unterhält und der unangemeldete Trainingskontrollen erlaubt. Bei allen anderen Boxställen wird zwar auch getestet, meist von anderen Organisationen, doch die Boxer werden vorgewarnt und können zum Beispiel über einen Katheter vor der Kontrolle ihre Blase mit dopingfreiem Fremdurin füllen. Auf derartige Tricks wollte sich die ARD nicht einlassen – aber dennoch Boxen im Programm behalten. Schließlich beschert ein jeder dieser Boxabende – auch wenn er mit unbekannten Akteuren bestritten wird – einen Marktanteil von 20 Prozent. Mindestens. Auch dann, wenn unbedeutende Wettbewerbe zu bedeutsamen WM- oder zumindest zu EM-Kämpfen aufgemotzt werden. Der frühere Berliner Weltmeister Graciano Rocchigiani sagte dazu im Januar 2012 im Gespräch mit *Welt Online*: »Das Boxen ist deshalb nicht besser geworden. Es gibt WM-Kämpfe, die lächerlich sind. Und es gibt andere Pseudo-Titel, die genauso lächerlich sind. Deswegen verliert alles andere an Wert. Eine Europameisterschaft zählt doch heute nichts mehr, weil es zu viele Weltmeisterschaften gibt.« Die Frage, warum die Akteure keinerlei Kritik üben würden, beantwortete Rocchigiani so: »Die müssen ja auch verdammt gut aufpassen, was sie sagen. Es gibt überall Schleimer, weil es so gewünscht wird. Bloß nicht anecken, sonst gibt es Ärger. Überall werden angepasste Typen rangezogen, auch im Boxgeschäft. Klar sind mehr Titelkämpfe auch gut. Für die Boxer ist es gut, weil sie so von ihrem Job leben können. Aber dafür müssen sie den Veranstaltern zu Munde reden, zu allem ja und amen sagen. Und manche Kämpfe sind eben einfach Schrott.«

»Der Begriff Korruption wird im Sportbetrieb häufig und manchmal auch ungenau verwendet«, schrieb Hans Leyendecker einmal in der *Süddeutschen Zeitung*. Korruption im Sport? Ist Sport denn nicht noch immer ein Synonym für Fairness? Von wegen! Warum sollte es im Sport und im Sportjournalismus anders zugehen als andernorts? Typische Beispiele dafür lieferten gleich zwei frühere ARD-Sportchefs: Jürgen Emig vom Hessischen Rundfunk (HR) und Wilfried Mohren vom Mitteldeutschen Rundfunk (MDR). »Die Abhängigkeit zwischen Sport und Geld als Synonym für Medien, Markt und Werbung sind oft nur schwer durchschaubar«, schrieb Emig einst in seiner Doktorarbeit mit dem Titel *Barrieren eines investigativen Sportjournalismus*. Im Oktober 2008 verurteilte das Frankfurter Landgericht den Herrn Dr. Emig zu zwei Jahren und acht Monaten Haft. Der Sportredakteur – jahrelang als »Stimme des Radsports« (HR-Eigenwerbung) in der ARD gefeiert – habe zwischen 2001 und 2004 mehr als 300.000 Euro in die eigene Tasche gewirtschaftet, allein dadurch sei dem Sender ein Schaden von mindestens 285.000 Euro entstanden. Emigs Extrahonorar kam zustande, weil er Geschäftspartner und Sponsoren bevorzugt ins Bild gerückt und dafür kassiert haben soll. Hauptsächlich beim Tanzsport, beim Marathon und beim Triathlon – einer ganz besonders dopinggefährdeten Sportart. Abgewickelt wurden diese Geschäfte über die Agentur seiner Frau Atlanta, einer früheren Mitarbeiterin der HR-Sportredaktion.

Als diese Geschäfte reibungslos liefen, Emig spülte der ARD und dem Hessischen Rundfunk von 1987 bis 2004 immerhin an die 20 Millionen Euro in die Kassen, gehörte der einstige Sportlehrer zu den bekanntesten Gesichtern des deutschen Fernsehens – vor allem als Dauergesprächspartner des ehemaligen Radstars Jan Ullrich. Noch bekannter war – intern – im ARD-Senderverbund jedoch das verblüffende »System Emig«: das gewinnbringende Eintreiben sogenannter »Beistellungsgelder« von Verbänden, Vereinen und Sponsoren, um Sportsendungen zu finanzieren. Deshalb bescheinigte der Frankfurter Richter Christopher Erhard Emig zwar ein »erhebliches Maß an krimineller Energie«, rügte zugleich aber, der Hessische Rundfunk habe diese »Beistellungen« bei seinen Sendungen niemals erwähnt.

Der Bundesgerichtshof bestätigte zwar 2009 das Landgerichtsurteil, doch damit war die Sache für die ARD noch lange nicht ausgestanden. Denn Emigs früherer Geschäftspartner Harald Frahm, einst Präsident der deutschen Tanzsportler, habe nicht nur Emig, sondern auch Wilfried Mohren, ehedem Sportchef des Mitteldeutschen Rundfunks in Leipzig, bestochen. Im Juli 2005 war Mohren wegen des Verdachts der Bestechlichkeit festgenommen worden. Sieben Wochen lang saß er in Untersuchungshaft. Der MDR kündigte ihm. Im September 2009 wurde Mohren in Leipzig wegen Vorteilsannahme, Steuerhinterziehung und Betruges zu zwei Jahren

Haft auf Bewährung und einer Geldstrafe von 8.250 Euro verurteilt. Weil Mohren geständig war und rund 380.000 Euro Schadenersatz an den MDR zahlte, kam er nicht ins Gefängnis.

Mohren soll – der Leipziger Staatsanwaltschaft zufolge – zwischen 1997 und 2005 rund 150.000 Euro als Gegenleistung für die Ausstrahlung bestimmter Sportsendungen erhalten haben. Sogar von Hans-Ludwig Grüschow, dem früheren Präsidenten der ebenso unabhängigen wie selbstlosen Stiftung Deutsche Sporthilfe. Solche und ähnliche pikante Details werden wohl auch künftig noch vor Gericht ausgebreitet. Heute arbeitet Mohren beim privaten Fußballradio 90elf und als Sprecher des unterklassigen Fußballvereins FC Rot-Weiß Erfurt. Und Emig? Er musste seinem früheren Sender in Frankfurt 1,1 Millionen Euro Schadenersatz zahlen.

Geschäfte unter der Hand abwickeln, doch Reizthemen wie Doping oder Stasi-Verstrickungen aussparen – das scheint, bis auf wenige Ausnahmen, im deutschen Sportjournalismus (fast) zur Regel geworden zu sein. Regeln, die in erster Linie vom *Spiegel*, von der *Süddeutschen Zeitung*, der *Frankfurter Allgemeinen Zeitung*, dem *Deutschlandfunk* und dem *Westdeutschen Rundfunk* mit seiner Sendereihe »sport inside« durchbrochen werden. Meist aber wandern diese Themen, wie bei der ARD, in die politischen Magazine ab, dort, wo sie den gemeinen Sportfan bei seiner Heldenverehrung nicht stören. Dass Kollegen von »Report«, »Panorama« oder »Monitor« prekäre Themen aufgreifen, versuchen ARD-Sportredakteure zwar gelegentlich zu verhindern, doch das klappt nicht immer. Dass es aber stets aufs Neue versucht wird, wurde vor allem bei der Biathlon-WM 2004 im thüringischen Oberhof deutlich, als den »Monitor«-Reportern Recherchen über Stasi-belastete WM-Funktionäre von Sportredakteuren erheblich erschwert wurden. Klar, das große Biathlon-Geschäft mag sich eben niemand vermasseln lassen. Das hat schon Michael Antwerpes deutlich gemacht. Schließlich gehören überwiegend deutsche Unternehmen zu den Werbepartnern der Internationalen Biathlon-Union (IBU). Dass sich mittlerweile gleich sechs deutsche Sportvermarkter um die besten deutschen Biathleten kümmern, ist bei deren sportlichen Erfolgen kaum verwunderlich. Wobei es nicht nur um die pure Vermarktung, sondern auch um Internetauftritte, Fanclub-Betreuung und hauptsächlich um Imagebildung geht. Deshalb wohl hat die Europäische Rundfunkunion auch mit der Internationalen Biathlon-Union einen Fernsehvertrag bis 2014 abgeschlossen.

Doch was wäre, wenn es – wider Erwarten – einen deutschen Dopingfall gäbe? ARD-Mann Michael Antwerpes: »Wir würden bei belegbaren Fakten sofort sagen: ›Das war's mit dem Biathlon, vielen Dank!‹« Wolfgang Filbrich, Chef des Olympiastützpunktes Oberhof, ergänzt: »Dann bricht das ganze System auseinander.« Was schlimm wäre, weil bisher fast nur deutsche Firmen als Werbepartner bei Weltcupveranstaltungen und bei Weltmeisterschaften auftreten. Wegen dieser heiklen Lage schauen sich internationale Sportagenturen vorsorglich bereits im Ausland nach Werbekunden um. Es ist ja immerhin nicht auszuschließen, dass die Wiener Soko Doping doch noch den einen oder anderen deutschen Biathleten als Klienten der früheren österreichischen Blutbanken überführen würde. Dann wären ausländische Werbekunden der letzte Ausweg.

7. KAPITEL

FREIBURGER SCHOKOLADE

»Sport ist der Bruder der Arbeit.«
José Ortega y Gasset (1883–1955), spanischer Philosoph

In der alten Bundesrepublik war jedermann davon überzeugt – und es ist wohl noch heute: Die westdeutschen Sportler waren die »Guten« und die ostdeutschen – na ja, eben nicht. Und musste doch mal ein schwarzes Schaf aus der lammfrommen westdeutschen Herde aussortiert werden, dann nur in Verblendung ostdeutscher Erfolge, dem es – mit unfairen Mitteln, versteht sich – nacheifern wollte. Ein bedauerlicher Einzelfall, was sonst?

Ist es wirklich so gewesen? Keineswegs! Und es war auch nicht erst die medikamentöse Aufrüstung des DDR-Sports in den 1960er-Jahren, die in der Bundesrepublik gezwungenermaßen die Dopingforschung ausgelöst hat – nein, nein! Denn nach den Wurzeln der »Freiburger Schule« muss man viel tiefer graben und weiter zurückgehen, bis in die Weimarer Republik, und wenn man ganz gründlich sein möchte, sogar noch davor. Richtig losgegangen ist es mit der Dopingforschung in Deutschland aber in der Nazizeit und verstärkt bei den Vorbereitungen für Hitlers monströse Show der Olympischen Spiele 1936 in Garmisch-Partenkirchen und Berlin. Schon in jener Zeit war oft die Rede von einer Leckerei, die später – als »Fliegerschokolade« verharmlost – übermüdete deutsche Piloten im Krieg wach rütteln sollte. Der frühere Bundespräsident Walter Scheel (1974 bis 1979 im Amt) erzählte immer noch gern, wie er einst seine Einsätze als Bordfunker eines Nachtjägerverbandes durchgehalten hat: mit eben diesen »Stuka-Pillen«. Der braunen Machthaber braune Muntermacher enthielten nämlich das Aufputschmittel Pervitin, das, so wurde es in Freiburg notiert, bei austrainierten Sportlern die Leistung um bis zu 23,5 Prozent gesteigert haben soll. Der Freiburger Sportmediziner Prof. Herbert Reindell wandte dieses Mittel nachweislich bereits Anfang der 1950er-Jahre bei dem Luxemburger Josy Barthel an – und zwar überaus erfolgreich. Denn dieser krasse Außenseiter gewann bei den Olympischen Spielen 1952 in Helsinki vollkommen überraschend den 1500-Meter-Lauf. Er lag noch vor Werner Lueg aus Wuppertal-Barmen, der einen Monat zuvor in Berlin mit damals sagenhaften 3:43,0 Minuten auf dieser Strecke noch einen Weltrekord aufgestellt hatte, in Helsinki aber nur Bronze ergatterte. Barthel besiegte sogar den Engländer Roger Bannister, der als Topfavorit und »Wunderläufer« (*The Times*, 1954) galt. Denn Bannister hatte 1954 in Oxford als erster Mensch die englische Meile (1609 Meter) in weniger als vier Minuten zurückgelegt: in 3:59,4 Minuten.

Wie konnte ein solches Ergebnis bei den Olympischen Spielen 1952 in Helsinki möglich werden? Der spätere luxemburgische Sportminister Josy Barthel lüftete das Geheimnis, denn er sprach in den 1970er-Jahren durchaus über das, was wir heute als Doping anprangern würden. Und es amüsierte Barthel bei unseren damaligen Gesprächen, die durch Vermittlung des luxemburgischen Weitspringers und Journalisten François Mersch, einem intimen Kenner der Szene, zustande gekommen waren, dass Reindell und dessen Freund Woldemar Gerschler sich »übermütig« als »Firma für Weltrekorde« feierten. Der aus Dresden stammende Gerschler hatte im Dritten Reich Adolf Hitlers Lieblingsläufer Rudolf Harbig zu wahnwitzigen Weltrekorden über 400 (46,0 Sekunden) und 800 Meter (1:46,6 Minuten) geführt. Die Dienste dieser Freiburger »Firma« wurden kurz nach dem Krieg, als deutsche Sportler noch nicht überall willkommen geheißen wurden, zunächst von ausländischen Stars in Anspruch genommen, zum Beispiel von Rekordjäger Roger Moens aus Belgien – er brach 1955 im altehrwürdigen Bislett-Stadion in Oslo mit 1:45,7 Minuten ausgerechnet Harbigs Weltrekord über 800 Meter; vor allem aber Gordon Pirie aus England hatte es den Freiburger Weltrekord-Fabrikanten angetan. Dem 1991 mit nur 61 Jahren einem Krebsleiden erlegenen Pirie gelang mit Freiburger Hilfe 1956 sogar gleich drei Weltrekorde: zweimal über die nicht olympische Strecke von 3000 Metern (7:55,6 und 7:52,8 Minuten) und dann sogar auf der äußerst prestigeträchtigen olympischen Fünf-Kilometer-Distanz (13:36,8 Minuten). Pirie stieg zur Läuferlegende auf und gilt noch heute als einer der bedeutendsten Langstreckler der gesamten Sportgeschichte.

Doch zurück zu Joseph Barthel aus Luxemburg, den alle (Sport-)Welt nur »Josy« nannte. Warum sprach der 1992 verstorbene Olympiasieger, wenn auch nur im kleinen Kreis, aber dort ohne jede Scheu, über das Medikament Pervitin? Als Barthel nach seinem überraschenden Olympiasieg in Finnland damals, in den 1950er-Jahren, zu den besten Mittelstreckenläufern der Welt aufgerückt war, gab es noch keine Dopingkontrollen. Und es gab eigentlich auch nichts zu verheimlichen. Es sei denn, man wollte die Konkurrenz hinters Licht führen. Aber nicht nur Barthels Hinweise deuteten damals in Richtung Doping, es gab auch die Doktorarbeit des späteren Radiologen Oskar Wegener mit dem Titel: *Die Wirkung von Doping-Mitteln auf den Kreislauf und die körperliche Leistung.* Diese wurde von dem Mittelstreckler aus Kiel zwischen 1952 und 1954 – ja, wo wohl? – ausgerechnet an der Universität Freiburg verfasst. Somit war in Freiburg der Begriff Doping frühzeitig aktenkundig geworden und auf diese Weise auch ganz offiziell aufgetaucht. Was diese Auszüge aus Wegeners Vorwort aber mehr als nur illustrieren: »Trainer Gerschler und der Sportarzt Dr. Prokop [gemeint ist der Wiener Sportwissenschaftler und erklärte Dopinggegner Ludwig Prokop; Anm. d. Autors] berichteten, dass selbst auf der Olympiade die Mannschaftsbetreuer einiger Länder mit geheimnisvollen Mittelchen angereist kamen, die sie dann ihren Schützlingen vor dem Start eingaben.« Wegener, ganz und gar penibler Wissenschaftler, stellte dabei fest, jene Mittel seien aber keineswegs für alle Sportler »gleich bekömmlich« gewesen, »so dass einige nicht ihre gewohnte Form fanden. So wurde einem Leichtathleten, wie Trainer Gerschler berichtete, auf der Londoner Olympiade (1948) nach der Gabe eines solchen Mittels so schlecht, dass er Mühe hatte, die Krämpfe auf seiner Laufstrecke zu überstehen. Vier Jahre später errang er – nach gründlicher körperlicher Vorbereitung – die Goldmedaille.«

Pervitin galt in jener Zeit buchstäblich als ein Synonym für Erfolg im großen Sport. Es war in den 1940er- und 1950er-Jahren das Dopingmittel Nummer eins – nicht nur in Deutschland. Seit 1938 in den Marburger Temmler-Werken hergestellt, wurde es anfangs vor allem als Aufputschmittel eingesetzt, um die Ausdauer deutscher Soldaten im Krieg zu steigern. Besonders während der Blitzkriege gegen Polen 1939 und Frankreich 1940 wurde das Methamphetamin-Präparat aus den damaligen Temmler-Produktionsstätten in Berlin millionenfach eingesetzt. Aber die hochwirksame Stimulans wurde auch zu der Zeit bereits im Sport benutzt. Wobei die Anwendung nicht ungefährlich war. Aus einer 1947 in Erlangen erstellten Dissertation zitiert der Berliner Sportwissenschaftler Erik Eggers nämlich die folgenden äußerst bemerkenswerten Sätze eines namenlosen Doktoranden: »Ich selbst habe einen Fall erlebt, wo ein Langstreckenläufer unter der

Wirkung des Pervitins spielend einfach die Gegner abschüttelte und, nachdem er mit weitem Vorsprung den Sieg erzwungen zu haben glaubte, plötzlich erschöpft zusammenbrach. Das Pervitin wirkte in diesem Falle wohl im Sinne eines Dopingmittels.« Ein deutlicher Hinweis. Aber kein Hinweis auf die gefährlichen Nebenwirkungen des Pervitins, dessen Konsum schnell zur psychischen Abhängigkeit führen kann. Auch die Aggressivität konnte, was wohl beabsichtigt war, durch Pervitin gesteigert werden.

Pervitin, *das* Wundermittel! Nur wenige Jahre nach dem Krieg, 1951, wurde es bereits an der Deutschen Sporthochschule in Köln getestet, und zwar an gesunden Probanden. 1954 ergab dann eine, allerdings danach erst einmal fünf Jahre lang unter Verschluss gebliebene Testreihe an Freiburger Sportstudenten jene durch Pervitin ermöglichte und in der wissenschaftlichen Literatur oft zitierte Leistungssteigerung von 23,5 Prozent.

Mitte der 1950er-Jahre wurde auch bekannt, dass die in der Presse und in Dokumentarfilmen hymnisch verklärte Erstbesteigung des gern als »Schicksalsberg der Deutschen« bezeichneten Nanga Parbat im Westhimalaya allein durch die Einnahme von Pervitin möglich geworden war. Denn am 3. Juli 1953 erklomm der österreichische Extrembergsteiger Hermann Buhl erstmals ohne künstliche Sauerstoffversorgung den Gipfel des 8152 Meter hohen Berges. Das brachte ihm weltweite Bewunderung ein. Verschwiegen wurde jedoch, dass Buhl diese Leistung nur mit Hilfe des Aufputschmittels Pervitin schaffen konnte – und zwar auf allen vieren kriechend.

Pervitin, ein Präparat für Erfolgreiche? Für Olympiasieger, Gipfelstürmer – auch für selbsternannte »Führer«? *Der Spiegel* berichtete am 11. Februar 1980, Adolf Hitlers stets verschwiegen gebliebener Leibarzt Theodor Morell habe dem »großen Staatenlenker« (Morell) an jedem späten Vormittag, wenn dieser schlaftrunken auf der Bettkante hockend seinen depressiven Gedanken nachhing, Pervitin intravenös injiziert. Doch gegenüber Hitler, dessen heimlicher Lebensgefährtin Eva Braun und dem gesamten Stab habe Morell das verabreichte Medikament stets als »Vitamin A« bezeichnet. Das Hamburger Nachrichtenmagazin stützte sich dabei auch auf Untersuchungen des amerikanischen Psychiaters Leonard Heston, der darauf hingewiesen hat, wie quicklebendig und zugleich aber auch redselig Hitler sich nach diesen Injektionen stets gegeben habe. Doch dieser aufputschenden Wirkung kann schnell Lethargie und sogar Depression folgen.

Trotz allem wird Pervitin noch heute gehandelt, wobei die Tschechische Republik sowohl bei der – illegalen – Herstellung wie auch beim Handel unter der Hand seit 2010 einen Spitzenplatz in Europa einnimmt. Auch wenn hin und wieder jemand dabei erwischt und anschließend bestraft wird, wie im Juni 2010 ein kundiger Apotheker. Ihn hat das Stadtgericht Prag zu acht Jahren Gefängnis unter verschärftem Vollzug verurteilt. Außerdem musste der geschäftstüchtige Pharmakologe 118.000 Euro Strafe zahlen, und seinen Beruf darf er bis 2020 obendrein nicht mehr ausüben.

Die Untersuchungen des amerikanischen Psychologen Leonard Hestons zeigen übrigens zugleich auf, was auch von Albert Speer bestätigt wurde, dass die Freiburger wie auch die Kölner Dopingprojekte nach 1945 nicht etwa im braunen Sumpf versunken sind, sondern darin jahrzehntelang weiterbetrieben wurden – und wie es scheint offenbar bis heute. Dabei hat Freiburg bis in die heutige Zeit hinein den Nährboden für Doping in Westdeutschland gebildet. Von Freiburg aus hat sich nicht nur das praktische Wissen verbreitet, sondern auch jene Mentalität, die den Sport und vor allem die Sportmedizin in vielen Teilen der alten Bundesrepublik bis auf den heutigen Tag prägen. Auch, wenn hierzulande durchaus ernstzunehmende Wissenschaftler eine kontinuierliche

Fortsetzung des Dopingprogramms aus der NS-Zeit allenfalls zögerlich andeuten, sie war nun einmal vorhanden und sie ist es in Teilen sogar noch immer. Wobei das Hantieren mit leistungssteigernden Präparaten, bei Lichte betrachtet, sogar noch viel weiter zurückreicht, nämlich bis in die Zeit von Wilhelm II., dem letzten deutschen Kaiser.

Weil man derartiges in deutschen Landen offenbar als historisch bedingt und somit als selbstverständlich ansah, inszenierte bereits 1952 ein gewisser Dr. Martin Brustmann den ersten handfesten deutschen Dopingskandal. Der damalige Chefarzt des Deutschen Ruderverbandes mochte sich nie allein auf Talent und Training verlassen. Georg von Opel, NOK- und IOC-Mitglied sowie Vizepräsident des Deutschen Ruderverbandes, hatte in Brustmann wohl einen Bruder im Geiste gefunden und protegierte diesen nach Kräften. Der Berliner Brustmann, ein ehemaliger Sportlehrer kaiserlicher Hoheiten aus dem Hause Hohenzollern, hatte sich schon zeitig als hervorragender 100-Meter-Sprinter (1906: 10,8 Sekunden!) empfohlen, aber auch als Spezialist pharmazeutischer »Betriebsstoffe für Willensanstrengung« (Brustmann), wie er gemeinhin das bezeichnete, was alle Welt unter dem Namen Doping kannte. Bereits 1905, also noch zu Zeiten des letzten deutschen Kaisers, entwickelte der damalige Medizinstudent Brustmann »eine Mixtur aus Schokolade, phosphorsauren Salzen und schwachen Alkalien« (Der Spiegel). Die von ihm mit diesem Wundermittel versorgten Leichtathleten holten insgesamt 36 deutsche Meistertitel und stellten darüber hinaus noch sechs Weltrekorde auf. Kurz vor den Olympischen Sommerspielen 1952 in Helsinki hatte Brustmann, der 1936 noch einer der führenden Ärzte des deutschen Olympiateams in Berlin war, dem renommierten »Opel-Achter« der Rudergemeinschaft Flörsheim-Rüsselsheim nicht nur strikte sexuelle Enthaltsamkeit auferlegt, sondern diesen Athleten auch noch das von den Schering-Werken hergestellte natürliche männliche Sexualhormon Testoviron verpasst. Es habe, so notierte Brustmann damals zufrieden, die kräftigen Männer noch ein ganzes Stück mehr »vermännlicht«. Dennoch verloren Brustmanns so prächtig präparierte menschliche Kraftmaschinen 1951 die Olympiaausscheidung gegen den Achter des RV Köln 1877. Und Brustmann? Er wurde danach auch noch wegen der Verabreichung »leistungsbeeinflussender Präparate« vom Deutschen Ruderverband Knall auf Fall geschasst. So ging man damals mit Dopingfällen um …

Das von Brustmann 1951 verabreichte Muskelpräparat Testoviron können Sie übrigens auch heute noch – und zwar ohne ärztliche Beratung und ohne Rezept, versteht sich – beim Discounter im Internet bestellen. Bei der Abnahme von Großpackungen, zum Beispiel für Fitnessclubs, lohnt sich das durchaus. Da bekommen Sie dann nämlich bis zu 20 Prozent Rabatt; wenn Sie zuvor clever verhandeln, vielleicht sogar noch ein bisschen mehr. Dieser Hinweis soll natürlich kein Aufruf zur illegalen Beschaffung von Dopingmitteln sein. Es soll nur als Beispiel dafür dienen, was in diesem traditionsreichen Geschäft auch heute noch alles möglich ist. Und zwar mit traditionellen und erprobten Präparaten.

Doch kehren wir zurück in die tiefbraune Vergangenheit: Man fragt sich heute, wie eigentlich jemand wie der überzeugte Alt-Nazi Dr. Martin Brustmann in der neuen Bundesrepublik zu einer zwar kurzen, aber überaus steilen Karriere ausholen konnte. Möglicherweise wäre es ja mit Brustmann noch jahrelang so weitergegangen. Dabei konnte dessen nationalsozialistische Gesinnung und vor allem dessen NSDAP-Laufbahn weder dem Deutschen Ruderverband noch dem Deutschen Sportbund verborgen geblieben sein.

Doch schon 1950 dachte man in Westdeutschland ähnlich wie 40 Jahre später nach dem Berliner Mauerfall: Fachleute braucht das Land – auch im Sport. Und ohne sich zu lange mit der Vergangenheit aufzuhalten – Partei hin, Partei her.

Brustmann war schon 1932 der NSDAP beigetreten und sogleich dort tätig geworden, immerhin auf Anhieb als Bannführer eines Sanitätsverbandes der SA. Ab 1934 stieg der umtriebige Medikus sogar zum Gauführer des Bezirks Berlin innerhalb des Deutschen Verbandes der Sportärzte auf. Aber damit nicht genug, Brustmann machte sich auch als Hausarzt Reinhard Heydrichs einen Namen. Er war damit an der Seite jenes Mannes unabkömmlich, der von Hitler zur »Endlösung der Judenfrage« bestimmt worden war. Was sich für Brustmann zweifellos ausgezahlt hat, denn 1938 wurde er in die SS aufgenommen, und zwar sofort als SS-Standartenführer, was im Dritten Reich immerhin dem Offiziersrang eines Oberst entsprochen hat und der zweithöchste Offiziersrang war. Doch damit hatte Brustmann seine unaufhaltsame Karriere im faschistischen Machtgefüge noch lange nicht beendet. Kaum zum SS-Standartenführer avanciert, gehörte er auch schon zum Beraterstab des Reichsführers SS, Heinrich Himmler. Auch das reichte Dr. Brustmann noch nicht, und so beriet er neben Himmler noch weitere Angehörige der Reichsregierung. Nach Ausbruch des Zweiten Weltkrieges arbeitete er als SS-Arzt für das Reichssicherheitshauptamt (RSHA) und für das Deutsche Institut für psychologische Forschung und Psychotherapie (auch als Göring-Institut bezeichnet) in Berlin.

Alles das hatte in der neuen Bundesrepublik niemand gewusst? In Bonn verhielt man sich still, als Brustmann und andere zu einer erneuten Karriere ansetzten. Zumal Bundeskanzler Konrad Adenauer damals von Hans Globke beraten wurde, jener Person, die zuvor als Kommentator der Nürnberger Rassegesetze im NS-Innenministerium tätig war. Hans Globke stieg in der Bundesrepublik dann zur rechten Hand Adenauers auf. Und die Universitätsklinik Freiburg? Ganz besonders deren sportmedizinische Abteilung hatte sich tief im Nationalsozialismus verstrickt. Da gab es zum Beispiel den 1980 verstorbenen Wolfgang Kohlrausch, der als »Vater der deutschen Krankengymnastik« gefeiert wurde. Das klingt verdienstvoll und harmlos. Er leitete von 1935 bis 1941 in Freiburg die sportmedizinische Fakultät – aber nicht nur, weil er als Spezialist für die Erforschung von Leistungsgrenzen bei Jugendlichen galt, sondern auch, weil er seit 1937 NSDAP-Mitglied war. Seine Parteifreunde, auch das ist überliefert, haben Kohlrauschs Fachwissen ebenso wie dessen Linientreue geschätzt, besonders wegen der »Produktion von Spitzensportlern« und, wie es damals hieß, wegen der »Wehrhaftmachung der Jugend«. Kohlrauschs Freiburger Forschungen galten dafür als Arbeit von zentraler Bedeutung, denn Militär und Sport verschmolzen schon Mitte der 1930er-Jahre immer mehr miteinander. So wurde beispielsweise das militärische Geradestehen von Kohlrausch nicht nur als »die beste Sportübung« bezeichnet, sondern musste von den Studenten auch fleißig exerziert werden.

In dieser Tradition schien auch der nach Kriegsende neu gebildete Verband der (west-)deutschen Sportärzte – heutiger Amtssitz: Hugstetter Straße 55, in 79106 Freiburg – zu stehen. Zu dessen ersten Vorsitzenden nach Ende des Dritten Reiches avancierte 1950 ausgerechnet ein Olympiaarzt der Spiele von 1936: Frohwalt Heiss. Seine Professur hatte Heiss noch während der Nazizeit erhalten, nämlich 1942. Er agierte unter den braunen Machthabern nicht gerade zurückhaltend, sondern als erster Assistent des berüchtigten Karl Gebhardt, dem er keineswegs nur beruflich, sondern auch privat überaus freundschaftlich verbunden war. Karl Gebhardt? Dieser Mann galt als einer der Ideengeber der 1920 gegründeten Deutschen Hochschule für Leibesübungen, der späteren Reichsakademie in Berlin – und Vorbild der jetzigen Deutschen Sporthochschule in Köln. Dort agierte Gebhardt als Chef des medizinischen Instituts, auch noch unter den Nationalsozialisten, bei denen er, wie auch sein Adlatus Frohwalt Heiss, emsig Karriere machte. Für die Olympischen Sommerspiele 1936 in Berlin –

der großen Propagandafeier der Nationalsozialisten – wurde Gebhardt zum Chefmediziner der deutschen Olympiamannschaft berufen. Aber Frohwalt Heiss' Ziehvater war nicht nur als Sportarzt gefragt, er diente außerdem einem der höchsten, vor allem aber einem der furchtbarsten Nazis als beflissener Leibarzt: Heinrich Himmler, dem Reichsführer SS. Und Gebhardt steuerte auch die furchtbaren Menschenversuche im Konzentrationslager Ravensbrück. Im Nürnberger Ärzteprozess wurde er zum Tode verurteilt und am 2. Juni 1948 in Landsberg am Lech hingerichtet.

Von Gebhardts unmenschlichen Forschungen – ob in den Konzentrationslagern Ravensbrück und Auschwitz oder in der berüchtigten Klinik Hohenlychen – wollte dessen Freund, Zögling und Assistent Frohwalt Heiss zu keiner Zeit etwas mitbekommen haben. Und so wurde ihm auch nicht der Prozess gemacht. Im Gegenteil: Im Jahr 1952 begleitete Heiss sogar die deutsche Olympiaauswahl als deren verantwortlicher Mediziner zu den Spielen nach Helsinki, und niemand störte sich daran. Im Gegenteil: Die braune Tendenz unter den westdeutschen Sportärzten hielt auch nach der Ära Heiss an. Denn zu dessen Nachfolger wurde 1957 Hans Grebe gekürt, der einst dem KZ-Arzt Josef Mengele assistiert hatte. Doch während sich Mengele, der »Todesengel von Auschwitz«, nach 1945 nach Südamerika absetzen konnte, wo er 1979 einem Schlaganfall beim Schwimmen erlegen sein soll, setzte der Frankfurter Grebe nach dem Krieg seine Karriere in Westdeutschland fort. Und das, obwohl er 1944 zum Direktor des Instituts für Erbbiologie und Rassenhygiene in Rostock berufen worden war. Niemand störte sich daran, auch nicht, als Grebe, wie einst dessen Vorbild Adolf Hitler, besonders dem Boxen – »Es ist von hohem erzieherischen Wert« – zugewandt war, und zwar von 1958 bis 1976 als Präsident der Ärztekommission des Deutschen Amateur-Box-Verbandes, also sogar als westdeutscher Verbandsarzt.

Und wie sah es mit Freiburg aus, der Wiege des deutschen Dopingübels? 1942, also im Dritten Reich, hatte Herbert Reindell die Leitung der Sportmedizin an der dortigen Universität übernommen; ab 1963 amtierte er auch noch zwei Jahrzehnte lang als Chef der westdeutschen Sportärzte – er war somit in dieser Führungsposition des bundesdeutschen Sports bereits der dritte Mediziner mit nachweisbarer NS-Vergangenheit. Hans Joachim Teichler, bis 2011 Professor für Zeitgeschichte des Sports in Potsdam, analysierte einmal den ost- und westdeutschen Sport in den 1960er-Jahren folgendermaßen: »Der Westen bekam das Personal und der Osten das System.« Wie wahr! Und wie weitsichtig!

Während Reindell als westdeutscher Olympiaarzt zwischen 1952 und 1972 – mithin 20 Jahre lang – in Freiburg auch die (Doping-)Wurzeln für sportliche Erfolge aus der Nazizeit wiederbelebte und weiterentwickeln ließ, kam es 1969 im ostdeutschen Sport zur Gründung des Leipziger Forschungsinstituts für Körperkultur und Sport (FKS). An diesem Institut, nach der Vereinigung wegen seiner Erfolge als gesamtdeutsche Einrichtung übernommen, wurden jedoch nicht nur neue Trainingsmethoden ausgetüftelt und getestet, sondern auch bis dahin unbekannte Dopingtricks in Auftrag gegeben und ausprobiert. Aus den Aufgabenbereichen »Entwicklung der Kraftfähigkeit« sowie »Verbesserung der Lernprozesse« entstanden im FKS Leipzig im Jahr 1975 – als man in Freiburg schon seit 20 Jahren entsprechend werkelte – die ersten Aufträge für den VEB Jenapharm und das Arzneimittelwerk Dresden.

Dabei ging es zuerst einmal um die Erforschung, Entwicklung und Herstellung anaboler Steroide für Hochleistungssportler. In der FKS-Arbeitsgruppe »Lernprozesse« wurden diese Steroide dann an Sportlern getestet. Im Jahr 1978, so lässt sich in einem Stasi-Bericht aus Leipzig nachlesen, sei bei Jenapharm endlich »ein neues Anabolikum entwickelt« worden. Eines, mit dem sich vielleicht auch eine gewisse Wirkung erzielen lasse. Den Erinnerungen älterer Wissenschaftler zufolge habe der Westen, vor allem unter der Führung der Freiburger Sportmediziner und der Deutschen Sporthochschule in Köln, bis Mitte der 1970er-Jahre in der Dopingforschung gegenüber der DDR die Nase vorn gehabt und sei der Konkurrenz aus dem Osten ziemlich deutlich überlegen gewesen.

Um diesen Vorsprung aufzuholen, wurden im ostdeutschen Sport in Sachen Dopingentwicklung im Jahr 1977 gleich vier »Kooperationspartner« eingespannt: das Zentralinstitut für Kernforschung in Dresden-Rossendorf, die Militärmedizinische Sektion der Ernst-Moritz-Arndt-Universität in Greifswald, außerdem der Direktor des Bereichs Medizin an jener Universität sowie das Institut für organische Chemie in Berlin-Adlershof. Nach außen hin galt jedoch nur der VEB Jenapharm als Auftragnehmer des FKS in Leipzig – und zwar unter dem wohl ganz bewusst nichtssagenden Namen »Komplex 08«. Diese Bezeichnung fasste alle Institute, Universitäten, Labore und Betriebe zusammen, die zur Leistungsförderung des ostdeutschen Hochleistungssports eingespannt wurden. Alles, was erforscht und angewandt wurde, hatte seine politischen Grundlagen in den jeweiligen Leistungssportbeschlüssen des Zentralkomitees (ZK) der Sozialistischen Einheitspartei Deutschlands (SED). Dabei ging es hauptsächlich um zwei Ziele: um die innenpolitische wie auch die außenpolitische Wirkung. Schließlich wollte die SED – mit sportlichen Erfolgen auf internationaler Bühne – dem Volk die Überlegenheit des sozialistischen Systems gegenüber dem Westen demonstrieren. Außenpolitisch ging es darum, mit der Aufnahme in internationale Sportverbände und olympische Gremien die Anerkennung der DDR als einen selbständigen zweiten deutschen Staat voranzutreiben.

Es war ein steiniger Weg, den die DDR-Wissenschaftler beschreiten mussten. Sie konnten kaum auf wissenschaftliche Hintergründe und noch weniger auf Geld zurückgreifen. Ganz im Gegensatz zur Bundesrepublik, wo man auf der Grundlagenforschung aus der NS-Zeit und von davor aufbauen konnte. Für eine solche Weiterentwicklung stand, wie Prof. Teichler beschrieb, von Anfang an das entsprechende erfahrene Personal zur Verfügung. Das geistig-ideologische Rüstzeug für die sportliche Aufrüstung der Bundesrepublik lieferte Carl Diem, und zwar als Leiter der bereits 1947 als Nachfolgeeinrichtung der Deutschen Hochschule für Leibeskultur in Berlin gegründeten Kölner Sporthochschule. Sie wurde damit sogar zwei Jahre vor der Bundesrepublik Deutschland ins Leben gerufen. Der Freiburger Sportmediziner Wolfgang Kohlrausch, so wird aus den 1950er-Jahren überliefert, habe seinerzeit – jubelnd – begrüßt, dass die Standesorganisationen in Sport und Sportmedizin »im neuen Deutschland« von einer außerordentlichen personellen Kontinuität geprägt seien – vom Kaiserreich bis hinein in die neue Bundesrepublik.

Doch das wird mittlerweile von so manchem Historiker in Frage gestellt. Um Carl Diem, den vielfach immer noch hochgepriesenen Organisator der Olympischen Sommerspiele 1936 in Berlin und damals auch des ersten olympischen Fackellaufs, tobt nämlich seit 1984 ein nicht enden wollender Streit. Während die immer kleiner werdende Schar der Anhänger Diems ungebrochen und, durchaus mit Recht, darauf verweist, ihr angebeteter Meister sei während des Dritten Reiches zu keiner Zeit Mitglied der NSDAP gewesen, schilderte Reinhard Appel, ZDF-Chefredakteur von 1976 bis 1988, seine ganz persönlichen Erinnerungen an den selbsternannten Chefideologen des bundesdeutschen Sports im Nachkriegsdeutschland. Appel hatte nämlich als Hitlerjunge miterlebt, wie Diem am 18. März 1945 in Berlin – als freiwilliger Volkssturmoffizier – ein Bataillon der Hitlerjugend mit einer fanatischen Durchhalterede auf den Endkampf vorbereitete. Appels Ausführungen trafen den Deutschen Sportbund und das Nationale Olympische Komitee für Deutschland wie Keulenschläge.

Ein wissenschaftlicher Beirat des späteren Deutschen Olympischen Sportbundes (DOSB) sollte deshalb klären, ob man hierzulande Schulen, Straßen und Plätze überhaupt noch nach Carl Diem benennen könne. Der DOSB zog sich aus der Affäre, indem er leisetreterisch zu dem Schluss kam, man solle sich in der Causa Diem doch künftig bitte »geschichtspolitisch« verhalten – was immer das auch bedeuten mag. Erklärt wurde es jedenfalls nicht. Nur so viel: Gründe zur Umbenennung von Schulen, Straßen und Plätzen gäbe es allerdings nicht. Dem hielt der angesehene Historiker Frank Becker, Professor für Neuere und Neueste Geschichte an der Universität Duisburg-Essen, 2011 in einem Gespräch mit der *Zeit* entgegen: »Es ist heutzutage nicht erträglich, jemanden zu ehren, der in seinem Leben viele antisemitische Äußerungen getätigt, der im Nationalsozialismus engagiert mitgetan und kurz vor Kriegsende eine Durchhalterede vor Hitlerjungen gehalten hat. All diese Dinge sind inakzeptabel und man kann sie durch Verdienste nicht aufwiegen.«

Die »Freiburger Schule« und deren ideologischer Überbau in Köln – das hängt noch immer unmittelbar zusammen. Reindells Nachfolger in Freiburg, Prof. Joseph Keul, wurde schon zu Lebzeiten eine ständige Nähe zum Doping nachgesagt. Der Wiener Sportwissenschaftler Ludwig Prokop machte deshalb einst sogar lautstark publik, Keul habe über diverse Kanäle versucht, neue Anti-Doping-Bestimmungen des Internationalen Leichtathletik-Verbandes (IAAF) nachhaltig zu hintertreiben. Eine Behauptung, die István Gyulai, der 2006 verstorbene IAAF-Generalsekretär, in Gesprächen mit dem Autor dieses Buches zu keiner Zeit widersprochen hat.

Doping in den 1920er-Jahren, Doping bis heute – gab es zu keiner Zeit Anti-Doping-Kämpfer in Deutschland? Es gab viele, und es gibt noch immer eine ganze Reihe davon. Zu den ersten gehörte wohl der Breslauer Pharmakologe Otto Riesser, der bereits Ende der 1920er-Jahre zu den weitsichtigsten Dopinggegnern gezählt hat. 1930 hielt er auf einer Fortbildungsveranstaltung des Deutschen Ärztebundes zur Förderung der Leibesübungen in Berlin einen Vortrag über das Thema »Ist medikamentöse Beeinflussung im Sport möglich?«. Er warnte darin bereits eindringlich vor den Versuchen, irgendwelche Leistungssteigerungen im Sport mit Hilfe pharmazeutischer Mittel herbeizuführen. Eine wichtige Warnung, wie wir heute wissen, doch leider schon damals ein aussichtsloser Versuch, den Sport vor Schlimmerem zu bewahren.

8. KAPITEL

KALTER KRIEG IN DER TURNHALLE

»Im Westen gab es ja nicht die besseren Menschen als im Osten.«
Prof. Michael Krüger, Westfälische Wilhelms-Universität Münster

Es geschah am 22. Juni 1974, als der Kalte Krieg zwischen Ost und West auf seinem Höhepunkt angelangt war. Im Vorrundenspiel der Fußball-Weltmeisterschaft trafen im Hamburger Volksparkstadion die Mannschaften der DDR und der Bundesrepublik aufeinander. Zwei Monate zuvor ist in der damaligen Bundeshauptstadt Bonn Günter Guillaume, der persönliche Referent des SPD-Bundeskanzlers Willy Brandt, unter dem Verdacht der Spionage für die DDR festgenommen worden. Als das deutsch-deutsche WM-Spiel in Hamburg angepfiffen wurde, war Brandt bereits mehr als fünf Wochen lang nicht mehr Kanzler der Bundesrepublik Deutschland. Das Verhältnis der beiden deutschen Staaten war eisiger denn je.

Nicht aber das der Bürger in Ost- und Westdeutschland. »Tausche 100 Rodel-Medaillen gegen einen WM-Titel im Fußball.« Diesen Spruch hatte an jenem Tag entweder ein westdeutscher Spaßvogel, der über die selbsternannte Rodelweltmacht DDR spotten wollte, oder ein frustrierter ostdeutscher Fußballfan auf ein Plakat gemalt. Ich bat meinen damaligen Ressortchef, eine Glosse darüber schreiben zu dürfen. Doch der herrschte mich nur ungehalten an: »Zählen Sie gefälligst die Tore, die wir diesen Kommunisten reinhauen werden.« So war damals der Umgangston in manchen westdeutschen Redaktionen. Und zu zählen gab es ohnehin nichts, denn gewonnen hat damals die DDR, mit 1:0 – durch ein denkwürdiges Tor in der 78. Minute, erzielt von dem Magdeburger Jürgen Sparwasser. Die DDR jubelte, wenngleich Sparwasser noch heute sagt: »Für uns war es nur ein Spiel, nichts Politisches.« Die DDR jubelte aber auch mit, als die westdeutsche Elf – unter Führung ihres sächselnden Bundestrainers Helmut Schön aus Dresden – im Münchner Weltmeisterschaftsfinale die Holländer mit 2:1 bezwang.

Dass sich die Menschen aus Ost- und Westdeutschland durch ihr gemeinsames Interesse am Fußball miteinander verbunden fühlten, sah die politische Führung der DDR allerdings gar nicht gern. Denn auf dieser Ebene lief Unkontrollierbares ab. Die Sporthistorikerin Dr. Jutta Braun von der Universität Potsdam erklärte dieses Phänomen in einer wissenschaftlichen Abhandlung so: »Hier gibt es gerade in den Stasi-Akten auch ganz interessante Erkenntnisse, wenn man zum Beispiel sieht, dass ostdeutsche Fans Plakate malten, wie zum Beispiel *Chemnitz grüßt den FC Bayern München*, dass diese Fans beobachtet wurden und dass bei Spielen diese Plakate heruntergerissen wurden. Da wird einem deutlich, als welche Bedrohung man diese deutsch-deutsche Sympathie im Fußball betrachtete.«

Der Sport im Kalten Krieg, besonders der deutsch-deutsche Sport, sollte nach dem Willen der DDR-Führung ausschließlich ein Spiegel der ideologischen Systemkonkurrenz zwischen Ost- und Westblock bilden. Und da galt es, besser als der Westen zu sein. Vor allem in den medaillenträchtigen olympischen Sportarten. Doch der Westen wusste sich zu wehren, schickte seine Agenten gen Osten und ließ diese den Staatsdopingplan 14.25, beschlossen am 14. Juni 1974, der

DDR ausspionieren. »Man darf ja nicht glauben, dass wir lediglich Gebete gen Himmel geschickt haben«, erinnert sich Hansjörg Kofink, von 1970 bis 1972 Bundestrainer der westdeutschen Kugelstoßerinnen, im Februar 2012 in der *Stuttgarter Zeitung*. Dazu kann die Potsdamer Sporthistorikerin Dr. Jutta Braun erklären: »Auch die Bundesrepublik betrieb bald eine intensive Leistungssportförderung und hat sich hier sehr stark am DDR-Modell orientiert. Man muss sich ja vorstellen, dass die Bundesrepublik 1968 einen sportlichen Sputnik-Schock erlebte, als die DDR bei den Olympischen Spielen von Mexiko-Stadt besser war als die Bundesrepublik. Da hat man sich natürlich im bundesdeutschen Sport gefragt: Wie konnte das denn passieren? Und man hat sich ganz genau angesehen, wie die DDR ihr System betrieb.«

Dabei diente die Entwicklung des Hochleistungssports in der DDR in erster Linie politischen Zielen. Jahrelang hatte die DDR bereits um internationale Anerkennung als Staat gebuhlt und gekämpft, was den deutsch-deutschen Beziehungen im Kalten Krieg alles andere als förderlich gewesen war. Denn die Bundesrepublik wehrte sich hartnäckig gegen die Anerkennung eines zweiten deutschen Staates und verbot sogar das Hissen der DDR-Flagge bei sportlichen Wettbewerben auf westdeutschem Territorium. Und wenn möglich, auch noch im Ausland. Mit ihrer Hallstein-Doktrin manifestierte die Regierung in Bonn schon sehr zeitig, nämlich 1955, ihren deutschen Alleinvertretungsanspruch und drohte deshalb jedem Staat, der diplomatische Beziehungen mit der DDR aufnahm, mit dem Abbruch aller Verbindungen. Dennoch wurde die DDR ausgerechnet in jenem Jahr schon ins Internationale Olympische Komitee aufgenommen. Ein wichtiger Schritt, um auf quasi diplomatischem Pfad seine Anerkennung voranzutreiben. 1959 erklärte die DDR dann die schwarzrotgoldene Fahne mit den Symbolen Hammer, Zirkel und Ährenkranz zu ihrer Staatsflagge. In Westdeutschland reagierte man empört; postwendend wurde die sogenannte »Spalterflagge« als verfassungsfeindlich eingestuft – und prompt verboten.

Ich erinnere mich noch an die Olympischen Sommerspiele 1960 in Rom, denen schon aus diesen Gründen ein regelrechter deutsch-deutscher Flaggenkrieg vorausging, obendrein einer, der sich gewaschen hatte. Denn in Rom sollten auf einmal Athleten aus Ost und West unter dem gemeinsamen Kürzel GER starten. Doch jeder der beiden deutschen Staaten bestand von vornherein darauf, im Falle einer Siegerehrung zur eigenen Flagge zu greifen. Beim IOC sprach man alsbald nur noch von den »irren Deutschen«. Hinter den dicken Türen des IOC, so hieß es damals, wurde – ob der Hartnäckigkeit des deutschen Verlangens – gar schon darüber gesprochen, die beiden Staaten Deutschlands, die in Rom als gesamtdeutsche Mannschaft auftraten, nicht einfach von den Spielen auszuschließen. Dann hätte man wenigstens seine Ruhe, und der olympische Friede wäre gewahrt! Vielleicht hatte man davon in Ostberlin und Bonn Wind bekommen, denn als das IOC vorschlug, man möge doch als gemeinsame deutsche Flagge die olympischen Ringe auf schwarzrotgoldenem Untergrund akzeptieren, einigten sich beide Parteien auf diesen salomonischen Schlichterspruch – so friedfertig, als wären sie längst schon selbst darauf gekommen.

Vor diesem Hintergrund und dem des Kalten Krieges, der vor allem zwischen den USA und der Sowjetunion tobte und der nach einigen heißen Stellvertreterkriegen in Südostasien und Afrika im Oktober 1962 schließlich in der Kubakrise mündete, in der die Welt wirklich für einige Stunden am Abgrund stand, ist auch die Entwicklung der Sportsysteme in Ost und West zu betrachten. Erschwerend kam für die Deutschen jedoch hinzu, dass die angestrebte internationale staatliche Anerkennung der DDR von Anfang an eines der wichtigsten Ziele der Ostberliner Außenpolitik bildete. Und für die Erreichung dieses Ziels wurde an erster Stelle der Sport eingesetzt. Er war schließlich der einzige dauerhafte Premiumartikel, den die DDR anzubieten hatte. Doch große Begeisterung weckte das in der DDR nicht durchgehend, jedenfalls nicht 40 Jahre lang. Am 29. November 1978 schrieb ich deshalb in der Tageszeitung *Die Welt*: »Goldmedaillen bereiten dem DDR-Bürger nur noch Verdruss. Schließlich beträgt der Preis für eine Goldmedaille runde 30.000 Ost-Mark an Entwicklungskosten. Das Durchschnitts-Bruttoeinkommen eines DDR-Arbeitnehmers liegt jedoch bei 860 Ost-Mark.« Das wusste in der DDR so gut wie niemand und war natürlich auch im Westen nicht bekannt. Schon aus diesem Unwissen heraus wuchs die Begeisterung für die sportlich immer erfolgreicher werdenden Schwestern und Brüdern aus dem armen Osten Deutschlands. Mitunter hatte diese Begeisterung geradezu anbetungswürdige Züge angenommen.

In der damaligen ZDF-Sendereihe »Sportspiegel« gab es einen Bericht, in dem sogar der Sportmedizinische Dienst der DDR über den grünen Klee gelobt wurde. Dabei wusste man damals im Bundesinnenministerium ebenso wie im Deutschen Sportbund und vor allem im Nationalen Olympischen Komitee für Deutschland längst um die eigentlichen Aufgaben dieses Dienstes – also um dessen Aufbauarbeit im Bereich Staatsdoping. Man wusste auch längst über die Abschirmtechniken Bescheid, die das Ministerium für Staatssicherheit in Sachen Doping vornahm. Doch das ZDF wusste das alles natürlich nicht – oder tat nur so – und führte seine Zuschauer in einen sportpolitischen Irrgarten.

Der Münsteraner Sporthistoriker Michael Krüger, einer der Mitautoren der wissenschaftlichen Studie *Doping in Deutschland* (2011), hat 2012 in einem Gespräch mit der Berliner *tageszeitung* den Unterschied zwischen Doping in Ost- und Westdeutschland deshalb noch einmal klipp und klar erläutert: »Den Begriff Staatsdoping, wie in der DDR, verwenden wir in Münster nicht. Es gab Doping begünstigende Umstände und Strukturen. Im Westen gab es ja nicht die besseren Menschen als im Osten. Auch hier gab es Zwänge, die zu Dopingfällen führten, sogar zu Todesfällen.« Was ein Praktiker wie der ehemalige Kugelstoß-Bundestrainer Hansjörg Kofink bestätigt. Auf die Frage, ob man ihn in den Zeiten des Kalten Krieges denn seitens seines Verbandes gebeten habe, seine Athletinnen zu dopen, erinnert sich Kofink: »So deutlich ist das nicht gesagt worden. So wurde vielleicht zwischen dem Innenministerium, dem Bundesausschuss für Leistungssport und Verband gesprochen, aber nicht den Trainern gegenüber. Aber man hat von uns Ergebnisse verlangt, die nur mit Doping möglich sind – und das wusste jeder. Es wurde ja flächendeckend gedopt.« Der Mann verwendet also das Wort »flächendeckend«, eine Vokabel, die bislang immer nur in Verbindung mit dem Staatsplandoping der DDR verwandt worden ist.

Aber man bedenke dabei bitte, dass die ehemalige Diskuswerferin Brigitte Berendonk bereits 1969 in einem *Zeit*-Artikel provozierend gefragt hatte: »Züchten wir Monstren?« Denn der Betrug, das bewies die Sportlerin und engagierte Anti-Doping-Kämpferin schon damals, war zu jener Zeit bereits westdeutscher Sportalltag. Dafür gibt es zahlreiche Belege. Vor den Leichtathletik-Europameisterschaften 1974 in Rom haben westdeutsche Ärzte, vorwiegend jene aus der Universitätsklinik Freiburg, die westdeutschen Athleten eindringlich vor Dopingkontrollen gewarnt. Und im Olympiajahr 1976 veröffentlichte Prof. Manfred Steinbach, der ehemalige Acht-Meter-Weitspringer und spätere Sportwart des Deutschen Leichtathletik-Verbandes, in einem österreichischen Ärzteblatt einen Fachartikel über die Absetzungsfristen von Anabolika – wer also demgemäß im Training verfuhr, kam ohne Probleme durch die Dopingkontrollen des IOC in Montreal. Hansjörg Kofink: »Es galt, alles auszureizen, was möglich ist oder möglich sein könnte. Mit den richtigen Worten und den richtigen Anreizen wurde an den Ehrgeiz entsprechender Ärzte appelliert, siehe Joseph Keul und die Sportmedizin der Universität Freiburg. Freiburg war eine der westdeutschen Antworten auf den Staatsplan 14.25 der DDR.«

Das ist starker Tobak, und so deutlich hat sich sonst niemand geäußert. Doch die beiden Sporthistoriker Michael Krüger (Universität Münster) und Giselher Spitzer (Berlin) brachten 2011 auch noch ans Licht, dass in den 1970er- und 1980er-Jahren die Verantwortung des Bundesinnenministeriums über den westdeutschen Hochleistungssport – und damit zugleich auch über den Einsatz verbotener und gesundheitsschädigender Dopingmittel – von Mal zu Mal gravierender und zugleich entschiedener wurde. Denn mitten im Kalten Krieg spielte das Konkurrenzverhältnis zwischen den beiden deutschen Staaten zusätzlich eine ganz besondere und von Jahr zu Jahr bedeutsamere Rolle. Deshalb wurde zwar Doping in Westdeutschland – indirekt, also unter vorgehaltener Hand und augenzwinkernd – freigegeben, doch die Auflagen, die das Bundesinnenministerium damals an seine interne Aufforderung heftete, liefen allesamt unter einem Vorbehalt: Alles, was intern und ungesetzlich im westdeutschen Hochleistungssport zur Leistungssteigerung und Medaillenausbeute unternommen werde, dürfe auf keinen Fall gegen die Regeln des IOC verstoßen. Ein solcher Hinweis öffnete natürlich alle möglichen Interpretationsspielräume, und so wurde den Ärzten und Wissenschaftlern an der Universität Freiburg und an der Sporthochschule Köln auch niemals so richtig auf die Finger geschaut. Weder dem ehrenwerten Prof. Keul in Freiburg noch dem uneigennützigen Prof. Donike in Köln. Möglicherweise hat es damals auch keinen der Eingeweihten stutzig gemacht, dass ausgerechnet das 1970 ins Leben gerufene Bundesinstitut für Sportwissenschaft (BISp) in Köln schon im Gründungsjahr – als die Dopingforschung in der DDR zwar auf Hochtouren lief, doch nichts richtig Hochtouriges zuwege brachte – eine von ihm in Auftrag gegebene Studie über »Forschungen mit Anabolika, Testosteron und anderen für Doping-Zwecke geeigneten Substanzen« koordiniert und überwacht hat.

Hätte irgendjemand nachgefragt, hätte man ihm wohl geantwortet, wie man in solchen Fällen immer antwortete: Wir tun das alles nur, um den schlimmen Betrügern aus Ostdeutschland auf die Schliche zu kommen. Doch wollte auch die westdeutsche Presse nichts wissen? Die hatte damals mit Doping so gut wie gar nichts am Hut. Die meisten Kolleginnen und Kollegen fanden dieses Thema damals wie heute eher lästig, sperrig und schwer vermittelbar. Sport hatte ja etwas Fröhliches, Frisches und Aufbauendes. Also wurde in erster Linie neutralisiert, relativiert und vor allem sehr viel bagatellisiert. Wer also heute versucht, aufzuarbeiten, was damals geschehen ist, kommt schon deshalb nur überaus mühsam voran, weil es in Westdeutschland, im Gegensatz zur DDR, kein zentralisiertes Dopingsystem gegeben hat.

Informative aufhellende Datensätze wie in der einst in der DDR sind im Westen allenfalls als gut verstecktes Stückwerk vorhanden – und bedürfen nach ihrer Freilegung neben Fachkenntnissen auch noch einer plausiblen Interpretation sowie einer geschichtlichen Einordnung. Die DDR-Zeitschrift *Theorie und Praxis der Körperkultur* hatte bereits 1958 die Richtung vorgegeben: »Der Sport ist seinem Wesen nach politisch. Das Gerede vom angeblich ›unpolitischen Sport‹ muss als größte Zwecklüge der modernen Sportgeschichte, als Heuchelei der Bourgeoisie bezeichnet werden.« Leitsätze, die sehr früh und schnell in die Praxis umgesetzt wurden. Obwohl in der DDR erst »seit 1966 massiv gedopt wurde und spätestens seit 1969 in fast allen Olympia-Sportarten«, wie der Sporthistoriker Hans-Joachim Teichler akribisch aufgezeichnet hat, wurde bereits vorher die sportliche Leistungsfähigkeit künstlich beeinflusst. Pannen blieben dabei nicht aus.

Bei den Rad-Weltmeisterschaften 1961 in Bern war ein Amateurfahrer aus der DDR mit Vergiftungserscheinungen zusammengebrochen. So etwas ließ sich nicht vertuschen, und die Untersuchung dieses Sportlers ergab den Nachweis, dass er Medikamente aus der Reihe besonders gefährlicher Amphetamine zu sich genommen hatte, aus einer Reihe, zu der auch das kreuzgefährliche Pervitin gehört. Ob dieser Radfahrer wusste, wie gefährlich er gelebt hat? In der DDR, das haben schließlich auch verschiedene Gerichtsprozesse bewiesen, wussten Sportler oft gar nicht, dass sie dopen oder gedopt wurden.

Und so wussten und wissen viele ehemalige DDR-Sportler bis auf den heutigen Tag auch nicht, welche Spätfolgen das für sie noch haben kann. Oder ob es sogar vererbbar ist. Ich habe mich deshalb seit den späten 1990er-Jahren oft mit der Hamburger Journalistin Catherine Menschner getroffen. Im einst flächendeckenden Dopingsystem der DDR gehörte die gebürtige Dresdnerin zu den »Versuchskaninchen« (*Tagesspiegel*, 2006), zu jenen, die verschlissen wurden, um genaue Anhaltspunkte für das Doping ausgesuchter Medaillenkandidaten zu erhalten. Im Falle Menschner ging es um Schwimmerinnen. »Ich war – ohne es als Kind und Heranwachsende offiziell zu wissen – in einer Experimentierklasse der Dresdner Sportschule. Ich war das Versuchskaninchen für die spätere Olympia-Siegerin Rica Reinisch«, erklärte sie mir. Für »Honeckers Goldfisch«, wie damals die dreimalige Siegerin der Olympischen Spiele von 1980 in Moskau genannt wurde. Woran Menschner schon früh bemerkt habe, dass es – im Gegensatz zu ihrer Freundin Rica Reinisch – bei ihr nicht um die große Sportkarriere gehen würde? »Bei uns ging es doch nie darum, aufs Siegerpodest zu kommen. Wir hatten viel Training und sehr wenig Wettkämpfe – und die ausschließlich in der DDR.« Aber ständig gab es Tabletten; Vitamintabletten, wie es hieß. »Habe ich nicht geglaubt.« Catherine Menschner war noch keine 16 Jahre und bereits ein Sportkrüppel, Ausschussware im Fluss der sozialistischen Medaillenschwemme.

Sie plagten lähmungsähnliche Schäden im Lendenwirbelbereich. Dresdner Ärzte versuchten, dem Übel mit einer ausgedehnten Spritzentherapie beizukommen. Als dann das Herz nicht mehr richtig mitmachte, als der Kreislauf zusammenbrach und die Lunge verrücktspielte, bekamen es die Ärzte der Medizinischen Akademie mit der Angst zu tun. Sie wussten keinen Rat mehr. Man hatte ihnen nicht gesagt, was Trainer und Sportärzte mit der Patientin zuvor angestellt hatten. Also nahmen sie Kontakt mit dem berüchtigten Sportmedizinischen Dienst der DDR auf, mit jener Abteilung, die das flächendeckende Doping leitete und mit Hilfe der Stasi streng überwachte. Die Dresdner Ärzte drängten auf Akteneinsicht, wenigstens auf knappe Hinweise, um ihrer Patientin helfen zu können, um zu erfahren, welche Medikamente sie geben können und welche nicht. Die Doper vom Sportmedizinischen Dienst schwiegen und händigten keine Informationen aus, gaben nicht einen einzigen Tipp. Das System durfte keine Löcher bekommen. Bis heute nicht.

Und wie war es im Westen? Da wussten die Athleten, was sie nahmen. Jedenfalls die meisten. Das erzählte mir jedenfalls 1976 der Hammerwerfer Uwe Beyer. Der Europameister des Jahres 1971 in Helsinki, der ehemaliger Weltrekordler und von den Frauen umschwärmte Siegfried-Darsteller eines *Nibelungen*-Schinkens. Wir hatten uns damals ganz privat getroffen. Nicht in einer Redaktion, auch nicht in einem Restaurant, wo er nur aufgefallen wäre. Wir trafen uns in meiner damaligen Wiesbadener Wohnung. Was etwas Verschwörerisches hatte, doch daran hatten wir gar nicht gedacht. Der blonde blauäugige Hüne aus Kiel erschien mit einer Flasche hervorragenden Weißweins unterm Arm; Uwe arbeitete zu jener Zeit in einem Bernkasteler Sanatorium als allseits beliebter Krankenpfleger und kannte meine Vorliebe für prickelnde spritzige Moselweine. Doch an jenem Abend ging es nicht um Wein, sondern er berichtete en détail von seinem Dopingkonsum, auch von den damit verbundenen, geradezu gruseligen Nebenwirkungen. Aber warum ausgerechnet er so etwas getan habe, fragte ich ihn ehrlich enttäuscht, und Beyer antwortete schmunzelnd: »Ich hatte mir doch bewusst eine positive Grundtendenz nach dem Muster zurechtgelegt: Die anderen nehmen es ja auch alle.« Ob er wirklich keine Skrupel gehabt habe, fragte ich weiter. Nein, denn er habe ja sofort gespürt, wie die Anabolika auf seinen Körper gewirkt haben, und zwar für einen Hammerwerfer extrem günstig: Statt der üblichen 107 brachte Beyer schon nach kurzer Zeit 120 (!) Kilogramm auf die Waage. Aber das Mittel setzte ihm, dem scheinbar Unerschütterlichen von der Küste, psychisch zu. Saß er allein in seinem Krankenpflegerzimmer in Bernkastel, übermannte ihn das Gefühl, in einem Gefängnis eingesperrt zu sein und nicht ausbrechen zu können. Er habe das dem Freiburger Sportmediziner Prof. Joseph Keul geschildert, der ihm geraten habe, das Mittel schleunigst abzusetzen. Stattdessen hätte ihm Keul auf einem Privatrezept das an Nebenwirkungen ärmere Deca-Durabolin verschrieben.

Als ich Keul im März 1977 deshalb am Telefon zur Rede stellte, distanzierte er sich energisch von Beyers Aussage, dieser habe ein Rezept über ein verbotenes Anabolikum von ihm erhalten. Keul behauptete damals im Brustton der Überzeugung, er habe Beyer zu keiner Zeit behandelt, ihm allenfalls etwas Literatur mit auf den Heimweg nach Mainz gegeben – aber sonst? Wer hatte nun gelogen: Beyer oder Keul? Alles deutet auf Keul, denn in einem Anwaltsschreiben vom 14. Februar 1992 an die Anti-Doping-Kämpferin Brigitte Berendonk aus Heidelberg bestätigte Keul seine zuerst angeblich nicht ausgestellte Anabolika-Rezeptur mit dem Hinweis auf jene Nebenwirkungen, die Beyer mir viele Jahre zuvor in Wiesbaden beschrieben hatte. Und über die er in Telefonaten mit mir auch dann noch klagte, als er das neue Mittel längst nahm.

Am 15. April 1993 starb Uwe Beyer bei einem Tennismatch in der Türkei an einem Herzinfarkt. Am Tag zuvor war er 48 (!) Jahre alt geworden. Ich befragte damals Prof. Wildor Hollmann, der in jenen Jahren zum Präsidenten des Weltsportärzteverbandes aufgestiegen war, für die Hamburger Zeitschrift *Sportbild*. Ich wollte von ihm wissen, ob Uwes plötzlicher Tod vielleicht etwas mit dessen Konsum von Anabolika zu tun gehabt haben könnte, denn dieser trainierte gerade wieder für die Senioren-Weltmeisterschaft, die er zwei Jahre zuvor noch gewonnen hatte. Hollmann beantwortete meine Frage ausweichend: »Noch nie wurde bei Menschen ein Todesfall nachgewiesen, der eindeutig auf Anabolika-Einnahme zurückzuführen war.«

Ich rief Hans-Joachim Walde an, den Olympiazweiten im Zehnkampf von 1968, der damals die Nordseeklinik in Senden leitete, und konfrontierte ihn mit meiner These, Uwe Beyer sei womöglich das Opfer übersteigerten Anabolika-Missbrauchs geworden. Walde explodierte regelrecht: »Es ist absoluter Blödsinn, Uwes Tod in irgendeiner Weise mit Doping in Verbindung zu bringen. Es war der Tod eines Endvierzigers, wie er in diesem Alter leider häufig auftritt.« Zyniker, Heuchler, Verharmloser – und ein toter Athlet, der immer nur an seine Weltkarriere geglaubt hatte. Auch, als die längst schon den Bach hinuntergegangen war.

Im Herbst 2011 erinnerte die *Badische Zeitung* an einen sensationellen Weltrekord im Hammerwerfen, der sich 40 Jahre zuvor im badischen Lahr ereignet hatte. Es geschah am 4. September 1971, als Walter Schmidt in seiner Heimatstadt Lahr das 7,257 Kilogramm schwere Gerät auf sagenhafte 76,40 Meter schleuderte. Was in der Eloge von 2011 auf den starken Mann verschwiegen wird: Schmidt hatte schon in jenem für ihn so erfolgreichen Jahr zuvor fleißig Dopingmittel geschluckt. Das erzählte mir seinerzeit überraschend der Freiburger Sportmediziner Prof. Armin Klümper. Schmidt hat das dann später – in einem persönlichen Gespräch im Konferenzraum des nicht mehr existierenden *Darmstädter Tagblatts* – gegenüber mir auch selbst zugegeben. Es geschah unter Zeugen, und Schmidt hatte bei seinem Geständnis Tränen in den Augen. Der große starke Mann! Auch in späteren Gerichtsverhandlungen gestand er seine Dopingkuren. 1976 gehörte er dann, nach langen, quälenden Vorgesprächen, die er auch mit mir führte, zu den ersten westdeutschen Athleten, die damals mit ihren Dopinggeständnissen an die Öffentlichkeit gingen. In der Sendung »Hormonathleten« des Südwestfunks, ausgestrahlt im Herbst 1976, erzählte Schmidt dann auch vor einem breiten Publikum, wie er von dem heute in Südafrika lebenden Klümper mit Anabolika behandelt worden ist. Klümper hat das in jener Sendung auch bestätigt. Schmidt aber vertrat noch 1977 die Meinung, ohne künstliche Muskelmacher im internationalen Vergleich nicht mithalten zu können. Heute lebt er, unbehelligt vom Sport und den Massenmedien, als Studienrat in der Nähe von Frankfurt am Main. Walter Schmidt hatte mir 1972 bereits gestanden: »Wenn du schon zehn Jahre im Hochleistungssport stehst, kannst du einfach nicht einsehen, dass du hinter den Sportlern aus dem Osten zurückstehen sollst.« Also hat er nachgeladen und die Anabolika-Dosen erhöht, um wenigstens bei den Olympischen Spielen 1976 in Montréal Fünfter zu werden.

Es war eine schlimme Zeit. Die 40 Jahre Kalter Krieg hinterließen vor allem im deutsch-deutschen Sport Wunden, die bis heute nicht vernarbt sind. Überall. Auch dort, wo es niemand vermutet hätte, zum Beispiel beim Kunstturnen der Frauen. »Der große Sport beginnt da, wo die Gesundheit aufhört«, hatte schon Bertolt Brecht erkannt, nachdem er zuvor ein Semester Medizin studiert hatte. Das mussten vor allem die westdeutschen Turnküken bei ihrem erfolglosen Wettstreit gegen die Kolleginnen aus dem anderen Teil Deutschlands schmerzhaft erfahren. Die strikte unmenschliche Kasernierung der 15- bis 17-Jährigen in den 1970er-Jahren in der nach außen hermetisch abgesicherten Turnschule in Frankfurt am Main verstieß in ihrer Rigorosität bereits gegen die Gesetze. Wenn die Eltern dieser Mädchen dagegen etwas unternommen hätten – Trainer und Funktionäre hätten vor Gericht gemusst. Denn hinter den Mauern der Turnschule kam es zu Gelbsuchtanfällen, zu magersuchtähnlichen Zuständen und zu seelischen Zusammenbrüchen. Das alles passierte im sogenannten freien Westen.

Am 17. März 1984 reiste deshalb die beste westdeutsche Kunstturnerin Yvonne Haug kurzfristig aus der Turnschule ab, um daheim in Berlin ihre Gelbsuchterkrankung auszukurieren. Einige Tage später trat sie, psychisch und physisch vollkommen ausgelaugt, vom Leistungssport zurück. Im April 1984 sprach ich für die damalige Kölner *Sport-Illustrierte* mit ihr in einem Berliner Restaurant. Sie erklärte mir: »Ich habe etwas dagegen, wenn Funktionäre über unseren Kopf hinweg entscheiden. Wir sind es doch schließlich, die sich quälen müssen, um die Leistung am Gerät zu bringen, nicht die Herren im blauen Blazer. Aber als Turnerin kommt man sich manchmal wie eine Schachfigur vor, die hin- und hergeschoben wird, ohne sich dagegen wehren zu können.« Oder man schmeißt hin, trotz seines großen Talentes. Wie Yvonne Haug, die damals noch anfügte: »Kalter Krieg in der Turnhalle – nein, das muss ich wirklich nicht haben.«

9. KAPITEL

MIT DEM KLASSENFEIND ZUM KLASSENZIEL

»Ernten, wo man nicht gesät hat.«
Lukas 19, 21–22

V on der Sowjetunion lernen, heißt siegen lernen.« So
lautete in der DDR das allgegenwärtige Motto der
Gesellschaft für Deutsch-Sowjetische Freundschaft (DSF), einer Massenorganisation, der sich kaum ein Bürger entziehen
konnte. Diesen Leitsatz verordnete die SED-Führungsriege
ihrem Volk zugleich auch stets als reales Planziel. In der Forschung, in der Produktion, vor allem aber im Sport. Und wie
betrachtete der Klassenfeind im Westen Deutschlands die
Bemühungen unter diesem fragwürdigen Leitsatz? »Wir wissen genau, wie es in der DDR gemacht wird. Nur wurden unsere Anregungen leider nicht immer angenommen«, ärgerte
sich schon 1976 – und zwar unter ständigem Verweis auf die
hervorragend funktionierende Sportförderung in Ostdeutschland – ein gewisser Helmut Meyer. Der stämmige Ostwest-
fale war von 1970 bis 1989 Chef des Bundesausschusses für
Leistungssport (BAL) – der westdeutschen Lenkungszentrale
aller Medaillenschmieden, von Leverkusen bis Tauberbischofsheim, von Ratzeburg bis Freiburg. Er war *der* eigentliche
Chef des bundesdeutschen Sports. Meyer, wegen seiner un-
sportlich-rundlichen Figur in aller Öffentlichkeit von den

Athleten als »BAL(L)-Meyer« verspottet, wusste genau, um was es ging: Er konnte deshalb gerade in den Zeiten des Kalten Krieges von keiner Regierung und keiner Partei als fünftes Rad am Wagen behandelt werden. Und so verfolgte Meyer auch überaus aufmerksam die Anstrengungen um die internationale Anerkennung der DDR auf ihrer Ochsentour durch die internationalen Sportgremien.

So gehörte zum Beispiel Klaus Huhn, der Sportchef des Ostberliner SED-Zentralorgans *Neues Deutschland*, von 1976 bis 1993 zum Vorstand des Europäischen Sportjournalistenverbandes (UEPS). Zuletzt übte er seinen nicht gerade unbeträchtlichen Einfluss als UEPS-Vizepräsident und als dessen Generalsekretär aus. Was schon deshalb gut ankam, weil die DDR im Sport erreicht hatte, was ihr ansonsten – bis zum Schluss – meist verwehrt blieb. Doch im Sport bestimmte nicht etwa das große sowjetische Vorbild, auch nicht die reichen USA mit ihrem phantastischen Hochschulsportangebot und erst recht nicht das ambitionierte Westdeutschland das Weltniveau, sondern die kleine, längst verarmte DDR. Sie führte vor allem in den über viele Jahre hinaus berechenbaren olympischen Sportarten, im Sommer in der Leichtathletik und im Winter vor allem im Eisschnelllauf. Die DDR sammelte auf diese Weise Medaillen über Medaillen, und irgendwann hatte sie im internationalen olympischen Sport dann auch das Sagen. Weltweit.

Das ließ der Konkurrenz in Westdeutschland keine Ruhe. Denn es ging schließlich nur vordergründig um sportliche Erfolge, in erster Linie aber um politische Ziele, und damit um nichts weniger, als um den deutschen Alleinvertretungsanspruch, der sich nach außen hin so bescheiden gebenden Bonner Republik. Damit man im Sport nicht allzu sehr ins Hintertreffen geriet, kupferte man ab, wo man nur konnte; man umwarb Trainer und Sportler, vor allem aber Mediziner und Wissenschaftler aus der DDR oder tauschte sich – unter der Hand, versteht sich – von Angesicht zu Angesicht miteinander aus. Das alles lief jahrzehntelang und von der Öffentlichkeit unbemerkt ab.

So wie bei den Nordischen Ski-Weltmeisterschaften im Jahr 1974 im schwedischen Falun geschehen. Damals suchten die ratlosen Trainer aus dem Westen händeringend den Rat ihrer erfolgreichen ostdeutschen Kollegen. Und so trafen sich die Spitzentrainer, die Ärzte und Funktionäre beider deutscher Verbände heimlich in der schwedischen Idylle von Dalarna und tagten eine ganze Nacht lang miteinander. Unter den DDR-Trainern befanden sich damals bereits weltbekannte Koryphäen: Hannes Braun (Langlauf), Dieter Neuendorf (Skispringen) und Dr. Gotthard Trommler (Nordische Kombination); auf westdeutscher Seite saßen unter anderem Helmut Weinbuch, der spätere allgewaltige Cheffunktionär des Deutschen Ski-Verbandes (DSV), und der legendäre Sprungtrainer Ewald Roscher. Dr. Heinz Wuschech, einer der damaligen Ostberliner Olympiaärzte, notierte über dieses Treffen: »Zunächst herrschte eine recht kühle Atmosphäre, weil Dr. Jäger [gemeint ist der ehemalige DSV-Sportchef Horst Jäger; Anm. d. Autors] uns mit Verdächtigungen konfrontierte, die Siege mit medizinischen Mitteln manipuliert zu haben. Korrekterweise sagte er wenigstens, anders könne er sich diese Mannschaftsleistung nicht erklären.«

Diese Mannschaftsleistung war in der Tat auch schwer erklärbar, denn das DDR-Team hatte in Schweden mit fünf goldenen und drei silbernen Medaillen nicht nur die auf unbedingten Erfolg getrimmten Russen, sondern auch die erfolgsverwöhnten Skandinavier überflügelt; die westdeutsche Crew wurde hingegen zur Bedeutungslosigkeit degradiert, sie platzierte sich in keiner einzigen Disziplin unter den besten sieben Nationen. Doch fairerweise – auch zur Ehrenrettung Horst Jägers – muss heute ergänzt werden, dass der Thüringer Gerhard Grimmer, in Falun zweimal Weltmeister der Langläufer, dazu einmal noch WM-Zweiter, ausgerechnet gemäß den Unterlagen von Wuschech, bereits im Jahre 1971 bei den olympischen Testwettkämpfen im japanischen Sapporo »ein orales Anabolikum für fünf Tage« verabreicht bekommen hatte. Außerdem, so lässt sich Wuschechs Aufzeichnungen entnehmen, »erhielt der Sportler Grimmer ein Anabolikum mit Depotwirkung« sowie »für 8 Tage ein Neurodynanikum zur Stabilisierung des vegetativen Nervensystems«. Natürlich streitet Gerhard Grimmer bis heute jegliches Doping ab …

Aber zurück zu Wuschechs Aufzeichnungen aus dem geheimen Treffen während der Ski-Weltmeisterschaften 1974 im wunderschönen und geschichtsträchtigen Falun: »Dr. Jäger fragte wieder, ob wir Erfahrungen mit anabolen Steroiden hätten … Wir verneinten guten Gewissenzs. Unsere Erfahrungen in der Vorbereitung auf Štrbské Pleso [Wuschech meint damit das slowakische Vysoké Tatry, wo 1970 die Weltmeisterschaft stattgefunden hat; Anm. d. Autors] behielten wir für uns. Und wir redeten auch nicht darüber, dass wir nach der Weltmeisterschaft 1970 am Sprungsimulator herausgefunden hatten, dass Anabolika das Reaktionsvermögen, die Schnellkraft und das Koordinationsvermögen stören.« Doch als der Morgen graute, lenkte Wuschech ein und gab zu: »Auf keinen Fall steht der Begriff ›unterstützende Mittel‹ schlicht für Anabolika. In den letzten Jahren haben besorgte Eltern talentierter Kinder der unterschiedlichsten Disziplinen die Frage an mich gerichtet, was man mit ihrem Kind ärztlich machen könnte, da eine Knochenaufbaustörung vorläge? Hätte ich ihnen als Arzt raten sollen: ›Geht nach Hause und spielt Schach?‹« Womit Wuschech, wenn auch indirekt, zugegeben hatte, dass im DDR-Sport mit pharmazeutischer Unterstützung kräftig nachgeholfen wurde. Was einer wichtigen Empfehlung für die ratlosen Kollegen aus der Bundesrepublik gleichkam – ohne dabei das (sozialistische) Gesicht verloren zu haben.

Aber die deutsch-deutsche Kungelei funktionierte auch ganz alltäglich. »Know-how gegen zuverlässige anabole Steroide aus dem Westen«, prahlte schon 1976 der Münchner Wurftrainer Christian Gehrmann, und zwar völlig unverhohlen in aller Öffentlichkeit. Ein Mann, der die Kugelstoßerinnen Eva Wilms (1977 Sportlerin des Jahres in der BRD) und Claudia Losch (Olympiasiegerin 1984 in Los Angeles) ohne jegliche Dopingskrupel in die Weltspitze geführt hatte; ein Mann, zu dem die besten Werfer aus Schweden, wie der im Jahr 2011 mit 64 Jahren früh verstorbene Ricky Bruch, und aus den USA, wie der 70-Meter-Werfer Mac Wilkins, an den bayerischen Ammersee pilgerten. Im Oktober 1976 unterstellte der Düsseldorfer Marathonläufer und Sportjournalist Manfred Steffny Eva Wilms und ihrem Trainer Christian Gehrmann, sie würden verbotene Muskelpillen benutzen. Ich erinnere mich, wie Steffny dabei vor laufenden Kameras und eingeschalteten Mikrophonen auf einmal mit einem 1000-Mark-Schein herumwedelte. Diesen Betrag, viel Geld seinerzeit, wollte der Olympiasiebzehnte von 1968 der Jugendabteilung des Wilms-Vereins ESV Neuaubing bei München stiften, falls die eloquente westdeutsche Rekordhalterin und ihr »schillernder Trainer« (so Steffny) öffentlich versichern würden, keine Anabolika angewandt zu haben. Eva Wilms bot im Gegenzug eine eidesstattliche Erklärung an, in der stehen sollte, sie habe »noch nie verbotene Mittel (Anabolika)« geschluckt. Doch dazu kam es nicht. »Die Einigung scheiterte an der Formulierung«, erläuterte damals *Der Spiegel*. Der Trainer bestritt nicht, dass die von ihm beratenen Athleten sich regelmäßig an einem ganzen Arsenal von Präparaten stärken würden – »aber es ist kein verbotenes Mittel darunter«, so Gehrmann.

Doch wir wollen nicht vorpreschen, also alles schön der Reihe nach. Kaum hatte der Bundestag am 16. Mai 1974 den Hamburger SPD-Abgeordneten Helmut Schmidt zum fünften Kanzler der Bundesrepublik Deutschland gewählt, erreichte eine Akte des Bundesnachrichtendienstes (BND) aus Pullach dessen Bonner Büro. Deren geheimer Inhalt: die Grundzüge des DDR-Hochleistungssports – Daten, Fakten, Perspektiven. Eine penible Arbeit. Wir wissen bis heute nicht, ob Schmidt diese Vorlage jemals selbst gelesen hat oder ob er sie nur lesen ließ. Doch wie auch immer, als man in der Ostberliner Normannenstraße von der Existenz dieser BND-Akte erfuhr, schrillten beim Ministerium für Staatssicherheit (MfS) die Alarmglocken. Schließlich handelte es sich nicht etwa um ein Gerücht, das aus Bonner Regierungskreisen nach Ostberlin durchgesickert war, sondern um einen detaillierten Bericht eines zuverlässigen Stasi-Spitzels aus Westdeutschland; eines überaus zuverlässigen und umsichtigen Mannes, der hieb- und stichfest geliefert hatte, was die Genossen um Stasi-Minister Erich Mielke bis ins Mark erschütterte. Die westdeutsche Regierungsspitze, auch Bundeskanzler Helmut Schmidt, so vermeldete der Maulwurf vom Rhein zuverlässig aus dem Lager des Klassenfeindes, sei über Anwendung und Wirkung des in Jena entwickelten anabolen Steroids Oral-Turinabol – das heute noch in Dopingkreisen als äußerst beliebter Bestseller kursiert – sowie über das später nicht mehr im Hochleistungssport der DDR eingesetzte Steranabol bis ins kleinste Detail unterrichtet. Möglicherweise untermauerte der BND seinerzeit die ausspionierten Erkenntnisse mit den fachkundigen Analysen des einstigen stellvertretenden Direktors des Sportmedizinischen Dienstes der DDR, denn Paul Wenzkat hatte sich 1974 aus Ostberlin in die Bundesrepublik abgesetzt.

Zu Zeiten des zweiten sozialdemokratischen Kanzlers mochte fast niemand so recht wahrhaben, dass der BND über die Verteilung der Dopingpräparate in der DDR Bescheid wusste, dass er sogar sorgsam geführte Listen besaß. Aber es war so. Der Bundesnachrichtendienst spionierte das DDR-Sportsystem gründlich und nachhaltig aus. Und die westdeutsche Presse, wie reagierte sie auf solche meist verdeckten Hinweise? Derartiges, ob früher oder später, interessierte fast nur den *Spiegel*, die *Frankfurter Allgemeine Zeitung*, die *Süddeutsche Zeitung*, den Deutschlandfunk und mitunter auch mal *Die Zeit*. Der Boulevard aber, vornweg Springers *Bild*, mochte derart komplizierten Lesestoff seinen Lesern nicht zumuten, denn schon damals wusste man: Doping schmälert die Quote im Fernsehen und mindert die Auflage der Zeitungen. Und so hielt man fast überall, landauf, landab, still. Obwohl Dr. Hansjörg Geiger, einst Staatssekretär im Bundesjustizministerium, der von 1996 bis 1998 sogar als Präsident des BND in Pullach bei München fungierte, während einer öffentlichen Anhörung in Bonn am 21. Juni 1993 über das Thema »Die Rolle des Sports in der DDR« referierte. Dabei antwortete er auf die Frage nach der angeblich engen Verbindung – man staune! – zwischen MfS und BND: »Das war wohl ein großes Missverständnis. Das MfS ist auf die Spur gekommen, dass der BND über Informationen verfüge, in der DDR werde gedopt. Und dem MfS ist es gelungen, wie wir inzwischen wissen, bei den guten Leistungen im geheimdienstlichen Bereich, an das Material, das der BND erarbeitet hatte, heranzukommen und seinerseits Gegenmaßnahmen zu ergreifen. Hier hat man also gegeneinander gekämpft. An dieser Stelle will ich keine Details sagen, aber das war keine Frage der Doppelspionage, sondern das war etwas anderes. Das MfS hatte eben jemanden an guter Stelle sitzen. Der BND hatte aus anderen Quellen Informationen.« So weit das damalige Protokoll, aus dem klar hervorgeht, was bis heute von amtlicher Seite ausdauernd abgestritten wird: Der BND hat den Hochleistungssport in der DDR ausspioniert, und das MfS hat emsig und überaus professionell dagegengehalten.

Natürlich wird das noch heute von damaligen MfS- und früheren BND-Mitarbeitern gern ins Reich der Fabel verbannt. Denn schon im Juli 1993, also einen Monat nach Geigers öffentlichen Bonner Erörterungen, darauf angesprochen, entgegnete Ministerialdirektor Erich Schaible, der bereits 1974 im Bundesinnenministerium für den gesamten westdeutschen Sport zuständig war, es habe in Sachen Sport zu keiner Zeit BND-Nachforschungen in der DDR gegeben. Eine solche Unterstellung sei empörend! Er selbst kenne einen solchen Bericht nicht und besitze ihn deshalb auch nicht. Als einige Journalisten intensiv nachbohrten, gab Schaible immerhin zu, er könne sich erinnern, es habe immer mal wieder sogenannte Verschlusssachen gegeben, in denen berichtet worden sei, wie der Staat in der DDR auf den Sport Einfluss genommen und wie er ihn auch benutzt haben könnte. Schaible blieb sehr vage!

Und dann kam urplötzlich doch noch so etwas wie ein Eingeständnis: Die Reaktion der Bundesrepublik auf derartige Erkenntnisse sei möglicherweise auf die Unterstützung des Institutes für Dopinganalytik von Prof. Manfred Donike in Köln zurückzuführen. Warum man so etwas der unwissenden Öffentlichkeit aber über Jahrzehnte hinweg verschwiegen habe? Schaible im Jahr 1993: Die Information der Öffentlichkeit über solche Vorgänge habe nun einmal nicht im Aufgabenbereich seines Ministeriums gelegen. Punktum.

Also nahmen wir zwangsläufig die Spur zu Manfred Donike auf, der mir schon im Herbst 1989 eine Liste jener niederländischen Ärzte an die Hand gegeben hatte, die – aufgrund diverser Dopingverstrickungen – nicht mehr im Radsport tätig sein durften, weder in den Niederlanden noch andernorts. Donike, ehedem selbst Sechstage-Profi, hatte aus Holland Hinweise erhalten, diese Herren – einige davon machten schon seit Jahren mit Wissenschaftlern und Trainern in der DDR, intern versteht sich, gemeinsame Sache – würden nun, mehr oder weniger verdeckt, in den Eisschnelllauf und in die Leichtathletik abgewandert sein. Ob ich sie für ihn nicht aus-

Annäherung in Hamburg: Am 15. August 1971
empfing NOK-Chef Willi Daume (r.) Moskaus
Sportminister Sergej Pawlow (m.).

I

1987 trafen sich die Sportführer Manfred Ewald
(DDR) und Hans Hansen (BRD) in Hamburg,
im ältesten Turnverein der Welt.

Malente, 30. Mai 1975: Persönliche Kontakte –
Adi Dassler passt Franz Beckenbauer und
Uli Hoeneß die neuen WM-Schuhe an.

9. Juni 1984, Zehnkampf-Weltrekord in
Mannheim: Da strahlten Jürgen Hingsen und
(Doping)-Arzt Armin Klümper um die Wette.

IV

Tokio, 30. April 1991: So stürmte die Neubrandenburgerin Katrin Krabbe über 200 Meter zum Weltmeistertitel – dopingfrei?

Sechsmal Gold für die Leipzigerin Kristin Otto bei Olympia 1988 in Seoul. Im Jahr darauf wurde ihr Dopinggebrauch nachgewiesen.

Lächelnd über Doping hinwegsehend: ZDF-Frontpaar Kristin Otto und Wolf-Dieter Poschmann feiern 2005 die »Sportler des Jahres«.

Dieter Baumann am 6. Juli 1992: fünf Kilometer lang zum Olympiasieg gequält, am 19. Oktober 1999 des Dopings beschuldigt.

25. Februar 1994: Da war die Welt der Baumanns noch in Ordnung, als Ehefrau Isabell ihrem Mann Blut für einen Laktattest abnahm.

I. Februar 2007, Jan Ullrich in Hamburg:
Alles weglächeln, sogar den bitteren Rücktritt –
und nie ein Wort über Doping.

Manfred Donike: Der Dopingpapst, der
niemanden in seine Papiere blicken ließ,
auch nicht auf dem Ärztetag 1977 in Kiel.

Ein unheimliches Duo: Dopingcoach Dieter
Lindemann mit seiner Meisterschülerin
Franziska van Almsick bei Olympia 1996.

Alles klar? Der Freiburger Professor Joseph
Keul mit einer Urinprobe auf einer Tagung
am I. März 2000 in Frankfurt am Main.

Trotz Anabolika wurde Edwin Klein deutscher
Meister am 27. August 1974 in Hannover,
und nicht Europameister Uwe Beyer.

I. Februar 2002, Salt Lake City: Unter schwarzroter Perücke jubelt Claudia Pechstein über den Olympiasieg im 5000-Meter-Rennen.

Sorgenvoll: Claudia Pechstein und Coach Joachim Franke. Ohne Medaille endete im Februar 2008 für sie die Heim-WM in Berlin.

Frank Ullrich behält noch immer den Durchblick:
einst als Biathlon-Coach am Schießstand, jetzt
als Langlauf-Bundestrainer.

Sport in Österreich ohne den Berliner Dopingarzt Bernd Pansold (l.)? Sogar beim Tennis-
turnier 2001 in Sankt Pölten ist er mit dabei.

Oft hilft ein kräftiger Schluck aus der Redbull-Pulle: US-Skistar Lindsay Vonn beim Weltcup im März 2012 in Schladming.

2008, das Erfolgstrio in Barcelona: Redbull-Gründer Dietrich Mateschitz (l.), Marketingmann Burghard Hummel, Sebastian Vettel.

findig machen könne? Es würde dabei doch auch eine brand-heiße Story für meine Zeitung *Die Welt* herausspringen. Klang verlockend, aber von wegen. Als ich das erste Türchen geöffnet hatte, knallten alle anderen zu, bevor ich mich ihnen auch nur sichtbar genähert hatte. Der übliche Doping-Domi-no-Effekt. Meine verdeckten Recherchen führten also nicht zu jenen Resultaten, die Donike und ich uns gewünscht hat-ten. Doch nun wusste ich wenigstens besser über dessen ei-gentliche Rolle Bescheid. Denn Donike war nicht nur ein brillanter Analytiker, er galt im In- und Ausland auch als Dreh- und Angelpunkt in diesem Geschäft. Mancher Kollege, ob in den Niederlanden oder in der damaligen Tschechoslo-wakei, nannte ihn auch unverblümt den »Paten«.

Sein Wissen um die Dopingvorgänge in Ostdeutschland beschreibt der Dresdner Chemiker Dr. Dietrich Behrendt, einst im Kreischaer Kontrolllabor der DDR beschäftigt, denn auch so: »Er war sich darüber im Klaren, dass locker vom Hocker gedopt wurde, mit Testosteron und auch mit Oral-Turinabol. Er war sich auch darüber im Klaren, dass vor den Ausreisen Kontrollen gemacht wurden.« Das klingt einleuch-tend, denn der ehemalige Radprofi Manfred Donike – in den 1960er-Jahren selbst des Amphetamin-Dopings überführt – galt sowohl national wie auch international als bestens ver-netzt. Seit 1975 leitete er das Institut für Biochemie an der Deutschen Sporthochschule Köln – seine ureigene Basis. Als Dopingbeauftragter der Bundesregierung hatte er jedoch zu-gleich Einblick in die Planungen der einzelnen deutschen Sportverbände und auch in die des für den Sport zuständigen Bundesinnenministeriums. Er wusste genau, welche EM-, WM- und Olympianormen der westdeutschen Verbände oh-ne unterstützende Dopingmittel gerade noch erreichbar wa-ren und welche unter Anwendung von verbotenen Medika-menten erkämpft werden mussten. Darüber schwieg er – eisern. Denn als Mitglied der medizinischen Kommission des Internationalen Leichtathletik-Verbandes sowie als Mitglied der Subkommission »Biochemie und Doping« der medizinischen Kommission des Internationalen Olympischen Komitees hatte er schließlich einen besseren Überblick über alle Dopingtätigkeiten in Ost und West als jeder andere Analytiker weltweit …

Donike wusste ebenso Bescheid über das, was in der DDR vorging, wie auch Willi Daume, der langjährige Präsident des Nationalen Olympischen Komitees für Deutschland (von 1961 bis 1992). Daume wurde in sogenannten vertraulichen BND-Infos aus Pullach stets brühwarm und aktuell ins Bild gesetzt. Auch Willi Weyer, der stellvertretender Ministerpräsident des Landes Nordrhein-Westfalen und seinerzeit Präsident des Deutschen Sportbundes, war stets bestens informiert. Warum aber weder Daume noch Weyer oder Donike, als einer der wichtigsten Dopinganalytiker weltweit geschätzt, trotz ihres Wissens zu keiner Zeit etwas gegen die gedopten Sportlerinnen und Sportler aus Ostdeutschland unternommen haben? Warum werden die schmutzigen Sachen von damals von Amts wegen noch immer unter Verschluss gehalten? Weil es den Westdeutschen nie darum gegangen ist, die von ihnen öffentlich als skrupellos bezeichneten Praktiken des DDR-Sports aufzudecken, offenzulegen oder gar zu verurteilen? Weil es ihnen stets darum gegangen war – und noch immer darum geht –, die Erkenntnisse der Experten aus Ostdeutschland in die eigene Praxis umzusetzen. So etwas mag man offenbar – auch über 20 Jahre nach dem Mauerfall – nun wirklich nicht zugeben. Das würde den Sportbegeisterten im vereinten Deutschland jegliche Hoffnung rauben.

In ihrem vorzüglichen Buch *Anklage: Kinderdoping* kommentieren die Berliner Autoren Hans-Joachim Seppelt und Holger Schück (2009 verstorben) dieses Verhalten deshalb so: »Es war ein Pakt der Kollaborateure. Was die gemeinsame Strategie des Verschweigens und Lügens betrifft, gab es auf dem Sektor des Sports schon lange vor der Zusammenführung beider deutscher Staaten ein einig Vaterland.« Ein Punkt, den der 1995 verstorbene Manfred Donike – wenngleich nur indirekt – auch bestätigt hat, als er Ende der 1970er-Jahre in einem unserer vielen Gespräche durchsickern ließ, Helmut Meyer habe als damaliger leitender Direktor des Bundesausschusses für Leistungssport sogar interne Dopingkontrollen für westdeutsche Athleten vor Auslandseinsätzen gefordert, damit diese nicht »irgendwo draußen« (Meyer) erwischt würden, »und zwar wenn, dann nach DDR-Muster, denn das scheint mir wirklich zuverlässig zu sein« (Donike). Drucken wollte diese Aussage damals keine Redaktion.

Woher kannten Donike, Daume, Weyer und Meyer dieses hoch geheime »DDR-Muster«, nach dem sie nun so sehr strebten, weil es doch so überaus wirkungsvoll sein sollte? Offiziell wusste man über die sporttreibenden Schwestern und Brüdern jenseits der Elbe so gut wie gar nichts. Natürlich berief man sich auf die hochgeheimen BND-Papiere – und auf jene Sportmediziner, die sich aus der DDR nach Westdeutschland abgesetzt hatten; vor allem auf Dr. Alois Mader (1974) und Dr. Hartmut Riedel (1987). Mader, von 1965 bis 1974 Arzt an der Sportmedizinischen Hauptberatungsstelle des Bezirks Halle an der Saale, zählte auch nach seinem Wechsel in den Westen Deutschlands zu den klaren Befürwortern eines staatlich zu fördernden Anabolika-Dopings, sogar bei Frauen, was in Fachkreisen allerdings einige Bedenken hervorrief. Doch Mader plädierte deshalb, wie auch so mancher Wurftrainer in der Leichtathletik, für eine Korrektur des gängigen Schönheitsideals: »Auch ohne anabole Stereoide haben Sportlerinnen und auch untrainierte Frauen einen mehr oder weniger ausgeprägten virilen Habitus.« Ein wenig mehr an Vermännlichung mit Hilfe von Anabolika, wollte er damit sagen, kann doch nicht schaden, oder? Und wenn sich ein Arzt der gängigen Dopingpraxis verschließe, so Mader damals, »dann ist das nach meiner Meinung vordergründige Drückebergerei«. Das sind westdeutsche Thesen aus den 1970er-Jahren.

Wenn in jenen Jahren der ehemalige Olympiasieger im Rudern und spätere Karlsruher Philosophieprofessor Hans Lenk deshalb verzweifelt klagte, der »Flächenbrand Doping« habe ganz offenbar »in jedem Winkel dieser Republik jegliches Gefühl für Fairness verdorren lassen«, so ist eine solche Erkenntnis im westdeutschen Sport auch auf derartige Mabuse-ähnliche Figuren wie den hochverehrten Alois Mader aus der alten Universitätsstadt Halle an der Saale zurückzuführen. In einer öffentlichen Anhörung vor dem Deutschen Bundestag durfte Mader im Jahr 1977 – ohne dass ich damals hörbare Empörung notiert habe – vorbehaltlos und mit Verve für Anabolika-Doping werben. Originalton Mader, 1977 notiert: »Wenn man wissenschaftliche Forschung auf diesem Gebiet betreiben will, so muss man entsprechend Leistungsportlerinnen Anabolika geben. Wenn man das von vornherein moralisch verurteilt – das ist durchaus richtig –, darf man diese Forschung nicht machen. Das heißt, man wird nie Bescheid darüber wissen. In einer wissenschaftlich-technischen Zivilisation ist der Mensch aber auf das Experiment angewiesen; er kann nicht darauf verzichten.« Wer wollte sich schon dem Fortschrittsglauben verschließen?

Dabei kam es noch dicker. Niemand konnte damals auch nur ahnen, dass 1980 über die verschlungenen Wege des DDR-Wirtschaftsfunktionärs und Devisenbeschaffers Alexander Schalck-Golodkowski, ein sogenannter Gas-Chromatograph aus dem Westen ins DDR-Dopingkontrolllabor Kreischa geliefert wurde. Ein Gerät, das angeblich im Westen – bis heute – nie eingesetzt worden ist, ermöglichte also fortan eine genaue Vorkontrolle der DDR-Athleten, damit diese im Ausland und somit auch nicht auf Veranstaltungen in der Bundesrepublik als gedopt entlarvt wurden. Die fälligen 475.000 D-Mark sollen 1980 mit den westdeutschen Zahlungen für freigekaufte politische Häftlinge verrechnet worden sein. Drei Jahre später führte der trickreiche Schalck-Golodkowski die erfolgreichen Verhandlungen mit dem bayerischen Minister-präsidenten Franz Josef Strauß über einen westdeutschen Milliardenkredit an die DDR. Als Finanzjongleur zwischen Ost und West trat aber auch der omnipotente Fechtbundes-trainer Emil Beck aus Tauberbischofsheim auf. Als Chef der Trainerkommission des gesamten westdeutschen Sports ver-mittelte der 2006 verstorbene Beck in den wilden Wendezei-ten ausgerechnet Mielkes Stasi-Club Dynamo Berlin, zu dem er sich geradezu hingezogen fühlte – »Wissen Sie, das hat Struktur, das hat etwas!« –, eine Mercedes-Flotte und dazu 200.000 D-Mark in bar auf die Hand. Wovon in Ostberlin aber nur 50.000 angekommen sein sollen, weil Beck den Rest als Provision für die Vermarktungsfirma seines westdeut-schen Fechtzentrums einbehalten habe. Dort, so können sich frühere Dynamo-Funktionäre noch heute erinnern, habe es – laut Beck – sogar ein eigenes Dopingvorkontrollsystem ge-geben. Eine solche Einrichtung, soll Beck damals den »Fach-leuten« aus Ostberlin angeboten haben, müsste doch auch den einen oder anderen Mediziner oder Wissenschaftler aus der DDR reizen. Das hat es sicher auch, doch angebissen hat trotzdem niemand. Ansonsten aber flutschte es richtig zwi-schen Ost- und Westdeutschland, und es hätte auf ewig so weitergehen können, wäre da nur nicht die Wende und mit ihr auch noch die Republik Österreich ins Spiel gekommen. Die meisten Erfolgstrainer der ehemaligen DDR gingen näm-lich nach der Wiedervereinigung nicht nach Westdeutsch-land, sondern nach Österreich – aber nicht nur der Sprache wegen. Die praktische Folge: Im österreichischen Sport – das ist international bekannt und bei der Welt-Anti-Doping-Agentur in vielen Akten festgehalten – wird seit etwa 25 Jah-ren überaus hemmungslos mit Medikamenten experimen-tiert.

So arbeitete recht bald nach dem Mauerfall die Crème de la Crème der Trainer und Sportärzte aus der DDR in Österreich: der ehemalige Biathlon-Cheftrainer Kurt Hinze, dem sie in Heidelberg Jahre zuvor den Dopingprozess gemacht hatten, der ehemalige DDR-Cheftrainer für Leichtathletik, Werner Trelenberg, dessen Kollege Helmut Stechemesser, der Bobtrainer Klaus Bonsack, die Radfachleute Günter Lux und Gerd Müller, die Kanu-Experten Wolfgang Lange und Rüdiger Heim, der Biathlonspezialist Bernd Kummer, der Volleyballtrainer Wolfgang Kipf, der Judo-Coach Hans Müller-Deck, der Handballtrainer Paul Tiedemann, der 1989 seine Karriere beendete, aber weiterhin in Österreich lebt, und der inzwischen verstorbene Schwimmtrainer Rolf Gläser.

Die renommierte Wiener Tageszeitung *Der Standard* bekräftigte noch 2009: »Österreich wurde nach dem Fall der Mauer zum größten Auffangbecken für DDR-Trainer. Sie kamen, weil sie keine Sprache lernen mussten, billig waren und man von ihrem Fachwissen profitieren wollte.« Helmut Donner, der frühere Präsident der österreichischen Leichtathleten, stellte – laut *Standard* – dem ehemaligen DDR- und späteren österreichischen Cheftrainer Trelenberg obendrein dieses Zeugnis aus: »Er hat gewusst, dass und wie gedopt wurde, war aber selbst sicher nicht beteiligt. Und bei uns war er unter Garantie sauber.« Heilige Einfalt!

Aber nicht jeden Hochkaräter aus der ehemaligen DDR konnten die Österreicher abfangen, wenngleich sie alles versucht haben. 1987 reiste beispielsweise Dr. Hartmut Riedel zu einem internationalen Leichtathletik-Sportfest nach Österreich. Von dort aus kehrte der Chefarzt des Deutschen Verbandes für Leichtathletik der DDR (DVfL) und Forschungsdirektor des Dopinglabors in Kreischa nicht in die DDR zurück. Er blieb aber auch nicht in Österreich, sondern tauchte, nachdem er kurzzeitig verschwunden war, erst in der Bundesrepublik wieder auf, und zwar an der Universität von

Paderborn. Dort traf Riedel auf Prof. Heinz Liesen, der »unterstützenden Maßnahmen«, wie die Verabreichung leistungsfördernder Medikamente in der DDR genannt wurde, nicht allzu fernstand.

Liesen war von 1985 bis 1990 auch Verbandsarzt des Deutschen Fußball-Bundes und vertrat damals die These, um einen Sportler umfassend zu betreuen, gehöre es auch dazu, »festgestellte Defizite, die wir immer wieder beobachten, substituieren zu können, um hier den Menschen auch wirklich im Hochleistungssport komplex entwickeln zu können, damit er die Möglichkeit hat, das Pensum, das heute im Training erforderlich ist, um international bestehen zu können, gesund und ohne Schaden für sein weiteres Leben bewältigen zu können.« Umständliche Sätze für ein einfaches Wort: Doping!

Riedel, der als einer der perfidesten Manipulationsforscher der früheren DDR gilt, kam den Machern des westdeutschen Hochleistungssports wie gerufen, und so kam er 1988 auch an der Universität Bayreuth unter, ohne dass er eine Habilitationsschrift vorlegen musste. Die internen Protokolle der Berufungskommission in Bayreuth legen jedoch den dringenden Verdacht nahe, dass allen Beteiligten Riedels Anabolika-Experimente in der DDR bekannt gewesen sein müssten. In der Bayreuther Akte findet sich der verräterische Satz: »Mit originellen diagnostischen Verfahren erarbeitete er wesentliche Erkenntnisse auf dem Sektor der anabolen Hormone.« Unterstellen wir einmal, dass man gerade das wollte, erstaunen im Nachhinein die damaligen Ausreden. Prof. Joseph Keul von der Universitätsklinik Freiburg sagte mir zum Beispiel, er kenne den Satz aus der Bayreuther Akte durchaus, aber, »mein lieber Blume«, doch nicht mit dem Adjektiv »anabole«. Wenn es dieses wirklich gebe, habe man es ihm unterschlagen. Und weil das auch andere westdeutsche Sportmediziner ähnlich sehen wollten, konnte am Ende sogar die hohe Politik nichts gegen Riedels Professur an einer bayerischen Universität einwenden. Zumal das Bayreuther Institut für Sportwissenschaft einem Experten wie dem Anabolika-Spezialisten Riedel erstklassige Forschungsmöglichkeiten bot.

Institutsleiter Rolf Andresen, ein Schwager des damaligen bayerischen Ministerpräsidenten Max Streibl, wie der Zufall eben so spielt, sorgte denn auch geräuschlos für Riedels entsprechende C3-Professorenstelle, die eiligst und in aller Stille für den Dopingexperten aus Ostberlin geschaffen wurde. Sie wurde durch jenen Rolf Andresen ins Leben gerufen, der später auch noch als Direktor des Bundesausschusses für Leistungssport (BAL) von Staats wegen all jene Normen für die Leistungen von westdeutschen Athleten forderte, nach denen deren Kaderzugehörigkeit und somit auch deren finanzielle Sportförderung eingestuft wurde. Normen, die über die Existenz der Sportler entscheiden konnten.

10. KAPITEL

DIE DREIGESTREIFTE WELT

»Ich war der Überzeugung, dass der Posten des
IOC-Präsidenten nicht käuflich sein sollte.«
Lord Killanin, von 1972 bis 1980 sechster Präsident
des Internationalen Olympischen Komitees

Damit selbst im Kalten Krieg niemals Sand ins Ge-
triebe der deutsch-deutschen Sportkumpanei geraten konnte, bedurften deren empfindliche Rädchen stets eines zuverlässigen Schmiermittels: Geld! Im Klartext: Devisen,
vor allem jene aus Westdeutschland, waren in der DDR stets
sehr willkommen. Um Devisen ging es auch 1986 während
eines wunderschönen Spätsommertages in einem Büro am
Berliner Schlossplatz. Auf dem Schreibtisch des DDR-Staats-
ratsvorsitzenden Erich Honecker lag am 25. August jenes
Jahres ein Bericht, den das Ministerium für Staatssicherheit
zuvor mit dem Vermerk »Streng vertraulich« versehen hatte.
Er umfasste sieben engbeschriebene DIN-A4-Seiten und behandelte nur ein einziges Thema: Juan Antonio Samaranch.
Der sorgfältig abgefasste Bericht aus der Normannenstraße
offenbarte sich als äußerst spannende Lektüre: Der erste
Mann des Weltsports, stand dort geschrieben, führe als Präsident des Internationalen Olympischen Komitees sein erlauch-
tes, bislang unabhängiges, weil selbstbestimmtes Gremium
»wie ein Börsenmakler«, und zwar dank einer kleinen Clique,

»die über Macht und Geld« verfüge und alle Möglichkeiten ausnutze, »um mit Hilfe des Geldes ihren Einfluss noch zu vergrößern«.

Was Honecker da erstaunt las, war nicht nur überaus sorgfältig recherchiert, sondern bezog sich obendrein auf eine Quelle, die in der DDR ebenso angesehen war wie in der Sowjetunion – und wie in der westlichen Welt: auf Berthold Beitz, Aufsichtsrat des Hauses Krupp in Essen und Vizepräsident des nunmehr mit fester spanischer Hand rüde geführten IOC. Das Dossier bezog sich auf ein kurz zuvor in Ostberlin mit Beitz geführtes internes Gespräch, in welchem sich der Topmanager aus dem Westen ohne jegliche diplomatische Zurückhaltung darüber ausließ, wie »selbstherrlich« der katalanische Grande Samaranch über große Summen entscheiden würde, ohne zuvor die Finanzkommission zu befragen. Also jene IOC-Kommission, als deren maßgebliches Mitglied auch Berthold Beitz agierte. Aussagen, die noch heute deshalb erstaunen, weil es in der deutsch-deutschen Sportpolitik im August 1986 nicht gerade zum Besten stand. Kennern der olympischen Szene, ob in Moskau oder Madrid, schienen die deutsch-deutschen Beziehungen ausgerechnet in jenem Sommer 1986 ganz besonders gespannt zu sein. Und so las Honecker, wie berichtet wurde, recht verblüfft, dass ausgerechnet Samaranchs Stellvertreter in Sachen olympischer Finanzpolitik die Linie seines Chefs »nicht länger verantworten könne«.

Beitz, so kommentierte damals der MfS-Beamte »Möwe« in besagtem Dossier, fordere deshalb von den DDR-Funktionären massive Unterstützung im Kampf gegen Samaranch. Honecker soll an dieser Idee durchaus Gefallen gefunden haben, wie mir im Frühjahr 1990 der DDR-Sportführer Manfred Ewald anvertraute, und musste damals, in seiner Eigenschaft als Präsident des Nationalen Olympischen Komitees der DDR einen entsprechenden Bericht für das SED-Politbüro anfertigen. Dieses Papier landete bereits nach sechs Tagen, und trotz dieser kurzen Zeitspanne wurde es überaus penibel ausgeführt, in Honeckers Büro – doch Samaranch blieb im Amt. Nichts rührte sich gegen ihn. Weder in Ost- noch in Westdeutschland oder andernorts.

Ob es an Moskau gelegen hat, wo man den früheren spanischen Attaché ganz besonders zu schätzen gelernt hatte und wo man ihm einst auch dabei behilflich gewesen war, den IOC-Thron zu erklimmen – wer weiß? Vielleicht bediente man sich beim Aufbau eines Schutzwalls für Samaranch auch eines westdeutschen Landsmannes von Berthold Beitz, eines Mannes, der damals überall seine geschickten Hände im Spiel zu haben schien: Horst Dassler aus dem kleinen Herzogenaurach, der allgewaltige und überaus finanzstarke Chef des fränkischen Sportartikelherstellers Adidas.

Doch im Sommer 1986 fragte man sich nicht nur im Westen: Wie soll ausgerechnet so jemand zu Geld gekommen sein? Ein Schuhmacher, der nicht einmal richtige, sondern nur Turnschuhe fabriziert? Reine Hirngespinste! Von wegen. »Nicht Samaranch, sondern Dassler ist heute der Lenker des weltweiten Sports«, schrieb schon damals der stets ausgezeichnet informierte Stasi-Mitarbeiter »Möwe« in seinem vertraulichen Bericht an Erich Honecker. Und heute? Ohne Adidas geht eigentlich gar nichts im internationalen Sport. Vor allem nicht hinter der Bühne. Und was tut sich davor, offiziell? Bis zum Jahr 2015, so Vorstandschef Herbert Hainer, soll der Konzernumsatz – mit Hilfe von rund 48 000 Mitarbeitern in aller Welt – auf 17 Milliarden Euro gesteigert werden. Im steten Zweikampf mit dem amerikanischen Weltmarktführer Nike, der 2015 sogar Umsätze zwischen 28 und 30 Milliarden Dollar erzielen möchte. Doch ob man nun die Nummer eins oder die Nummer zwei ist, das bereitet in Herzogenaurach offenbar niemandem Kopfschmerzen. Denn die hohe Nachfrage nach Sportartikeln, auch nach jenen mit den drei Streifen, bleibt seit Jahren ungebrochen. Das erklärt der Verband der deutschen Sportfachhändler auch mit dem gestiegenen Gesundheitsbewusstsein der Verbraucher. Bei vielen, von Kindern bis zu Senioren, gehöre regelmäßiger Sport mittlerweile zum ganz normalen Tagesablauf. Vor allem in Westeuropa, Skandinavien und Nordamerika. Natürlich schaue man dabei auch auf die Spitzensportler, besonders auf jene im Massensport Fußball. Sie hätten durchaus eine verkaufsfördernde Vorbildfunktion. Deshalb stattete Adidas bei der Fußball-EM 2012 in Polen und in der Ukraine auch gleich sechs Teams aus, neben Titelverteidiger Spanien wie immer die Mannschaft aus Deutschland, und, nach vorn blickend, auch die des Gastgebers Ukraine. Adidas sieht aber neben Westeuropa, Skandinavien und Nordamerika, die bisherigen Absatzgebiete, vor allem in China einen neuen riesigen Markt und wird deshalb in den nächsten Jahren im Reich der Mitte zusätzlich 2500 Geschäfte eröffnen, um dann nicht nur wie bisher in 550, sondern künftig in 1400 chinesischen Städten und mittelgroßen Orten vertreten zu sein. Denn die Marke boomt. Nach Aussage des Vorstandsvorsitzenden Herbert Hainer, der bereits 2005 in Deutschland zum »Unternehmer des Jahres« gekürt wurde, habe Adidas derzeit einen weltweiten Bekanntheitsgrad von 98 Prozent erreicht! Damit ist die Marke der fränkischen Schuhmacher mittlerweile ähnlich bekannt wie US-Präsident Barack Obama und sogar ein bisschen bekannter als der aus Bayern stammende Papst Benedikt XVI.

Ein Image, das mit Geld kaum aufzuwiegen ist, auch deshalb regt man sich über die Umsätze des amerikanischen Konkurrenten Nike nicht sonderlich auf. Doch was würde geschehen, wenn einer der großen Adidas-Stars urplötzlich des Dopings überführt würde? Oder zumindest wegen möglichen versuchten Dopingbetrugs jahrelang öffentlich in die Bredouille und damit in die Schlagzeilen geriete? Wie zum Beispiel der ehemalige Radprofi Jan Ullrich? Damals, im schlimmen Jahr 2006, als er wegen des Dopingverdachts urplötzlich von der Tour de France ausgeschlossen wurde, hatte sich Adidas sofort von dem einzigen deutschen Tour-de-France-Sieger (1997) getrennt. Das hat in jenen Tagen zum Teil ganz erstaunliche Reaktionen hervorgerufen. Hainer erinnert sich: »Es gab damals eine Schlagzeile: ›Adidas lässt Jan Ullrich fallen.‹« Daraus habe er geschlossen, dass es viele Menschen geradezu als Gemeinheit gesehen haben, dem Olympiasieger des Jahres 2000 nach dessen belegbarer Verwicklung in die Dopingaffäre um den umstrittenen Madrider Arzt Eufemiano Fuentes die einst vertraglich zugesicherten Adidas-Millionen vorzuenthalten. Womit Adidas freilich nicht viel anders handelte als andere Sportartikelhersteller es in solchen Situationen tun. Ob Nike oder das ebenfalls in Herzogenaurach ansässige deutsche Unternehmen Puma. Herbert Hainer lässt keinerlei Zweifel aufkommen: »Bei Doping ist ein Vertrag sofort beendet, da gibt es keine unterschiedliche Auslegung.« Während sich also Adidas in Sachen Doping, zumindest nach außen hin, sehr deutlich erklärt – »Wer dopt, verstößt gegen die Regeln der Menschlichkeit« (Herbert Hainer) –, beantwortete dessen Kollege vom fränkischen Konkurrenten Puma die Dopingfrage weitaus gelassener.

Als dessen Chef Jochen Zeitz 2009 von der Wochenzeitung *Die Zeit* zum möglichen Doping des jamaikanischen Puma-Sprinters Usain Bolt befragt wurde, schloss er einen entsprechenden Worst Case nicht aus. Zeitz' Antwort: »Natürlich sollte man niemals nie sagen; aber sollte es dennoch passieren, passiert es eben.« Was im Umkehrschluss nichts anderes heißen kann als: Wenn es passiert, ist es zwar schlimm, aber man muss sich in einem Dopingfall nicht gleich so rigoros gebärden, wie Adidas es einst in der Causa Jan Ullrich getan hat. Denn Dopingfälle, so hat man beim amerikanischen Branchenriesen Nike hinreichend gelernt, haben bisher weder dem Image, noch dem Umsatz geschadet, ganz gleich ob es nun die olympischen oder eine der beiden amerikanischen

Nationalsportarten, Football oder Baseball, getroffen hatte. Die spektakulären Dopingfälle der amerikanischen Supersprinterin Marion Jones – die sogar zu einer Haftstrafe verurteilt wurde – oder ihres Landsmannes Justin Gatlin hätten den Konzern nicht einmal tangiert. Auch als dem zweimaligen Olympiasieger und fünfmaligen Weltmeister Maurice Greene unter anderem der Dopingmissbrauch mit EPO und Wachstumshormonen nachgewiesen wurde, hatte das keinerlei Auswirkungen auf die Umsatzzahlen seines Ausrüsters. Allerdings ist man bei Nike – im Gegensatz zu Adidas und Puma – auch nicht bereit, ausführlich mit Journalisten über das Thema Doping zu diskutieren.

Das ist erstmals massiv bei den Leichtathletik-Weltmeisterschaften 2001 im kanadischen Edmonton praktiziert worden. Damals wurden die Journalisten darauf hingewiesen, derartige Fragen auf Pressekonferenzen gefälligst zu unterlassen, weil diese ohnehin nicht beantwortet würden. Was sollte Nike auch sonst öffentlich zum Thema Doping sagen? Es berührt dessen Manager nun einmal nicht. Angeblich haben sogar die in der National Football League (NFL) vorgekommenen Dopingskandale Nike nicht in Image- oder gar Verkaufsschwierigkeiten gebracht, obschon die Fans in den Stadien riesige Anti-Doping-Plakate zeigten. Trotz allem hat Adidas den Lizenzvertrag seiner amerikanischen Tochter Reebok mit der finanzstarken, aber dopingverseuchten NFL vor geraumer Zeit nicht wieder verlängert, sondern das Feld, gewissermaßen kampflos, Nike überlassen.

Auch, wenn man damit den deutschen Superstar der NFL als Zugpferd für die USA verloren hat: den Düsseldorfer Sebastian Vollmer, ein Footballprofi, der bei den New England Patriots unter Vertrag steht. Man weiß bei Adidas überdies, dass der Kontrakt zwischen Nike und der NFL in Nordamerika, schon aus Imagegründen als Jahrhundertdeal gilt. In Europa aber nimmt so etwas kaum jemand zur Kenntnis, doch in den USA ist das ganz und gar anders. American Football, das Spiel um Landgewinn, spiegele schließlich wie keine andere Sportart das amerikanische Nationalbewusstsein wider. Dennoch bleibt Adidas-Chef Hainer dabei, wohl auch wegen der Dopingfälle in der NFL: »Doping ist Vertragsbruch – und damit ein Verlustgeschäft.«

Es geht hier übrigens nicht darum, eine Lobeshymne auf Adidas anzustimmen. Es geht ausschließlich darum, aufzuzeigen, wie eng das Geschäft der Sportartikelriesen mit dem Business der großen Verbände verzahnt ist – und zwar bis hinauf zum Internationalen Olympischen Komitee. Man sollte bedenken, dass bei den Olympischen Spielen im Sommer 2012 in London Adidas Sportlerinnen und Sportler in 27 von 28 olympischen Kategorien ausgerüstet hatte. Nur in der Reiterei, wo es andere Traditionslieferanten gibt, waren die Franken nicht dabei. Dafür rüsteten sie aber bereits bei den Olympischen Spielen 1936 in Berlin vorausschauenderweise den damaligen Superstar aus Amerika, den legendären Jesse Owens aus. Der schwarze Mann aus Alabama rannte und sprang damals nämlich – vor dem entsetzten Adolf Hitler – in fränkischen Sportschuhen zu seinen vier Goldmedaillen. Womit das damalige NSDAP-Parteimitglied Adolf »Adi« Dassler – nach ihm wurde die Marke Adidas benannt – bereits im Dritten Reich Sportpolitik gemacht hat.

Doch kehren wir beim Stichwort Sportpolitik erst einmal zu jenem Dossier zurück, das im August 1986 in Erich Honecker zwar revolutionäre Aufwallungen wachgerüttelt haben soll, das aber trotz dieser Begeisterung als Rohrkrepierer endete. Wer in den penibel geführten Unterlagen des Ministeriums für Staatssicherheit der DDR auch heute noch zwischen den Zeilen zu lesen vermag, kann sich des Eindrucks nicht verschließen, Adi Dasslers Sohn Horst – er führte damals den Konzern – habe bei der Errichtung sturmfester Brandmauern um den IOC-Präsident Samaranch nur allzu kräftig mitgeholfen. Horst Dassler ging es nämlich nicht nur um die Verpflichtung weltbekannter Sportstars, es ging ihm in erster Linie darum, Sportpolitiker und -funktionäre von Rang und Einfluss aus Ost und West in die »Adidas-Familie« (Firmenslogan) einzugliedern. Und zwar aus Ost und West. Die deshalb sorgfältig gewobenen Vernetzungen bildeten die Grundlagen fast aller erfolgreichen Geschäfte – und zwar in aller Welt.

Greifen wir hierfür ein Beispiel aus dem Jahr 1985 heraus, an dem sich zugleich auch die deutsch-deutsche Sportkumpanei schön dokumentieren lässt. Wie weit Horst Dasslers langer Arm damals gereicht hat, beweist ein Gespräch zwischen ihm und dem Ostberliner Karl-Heinz Wehr, geführt im Juni 1985. Der millionenschwere Westdeutsche eröffnete dem in internationalen Boxerkreisen hochangesehenen Ostdeutschen, er, Dassler, habe ihn als künftigen Generalsekretär des Internationalen Amateurbox-Verbandes (AIBA) vorgesehen. Wehr müsste nur ja sagen, alles andere würde er, Dassler, dann schon deichseln. Und so geschah es dann auch. Wobei Horst Dassler den von ihm auserkorenen Ostberliner Wehr nur deshalb wählen ließ, um durch dessen Verbindungen genügend Stimmen aus dem sozialistischen Lager für die Wahl eines dem Hause Adidas genehmen AIBA-Präsidenten zu gewinnen. Wie viel Geld dabei unter dem Tisch als Bestechung geflossen ist, lässt sich heute nicht mehr feststellen, aber es ging damals immerhin um den Adidas-Mitarbeiter Prof. Anwar Chowdhry aus Pakistan. Die Wahl ist dann auch noch im Sinne von Adidas verlaufen. Allerdings war dieser Coup schon etwas teurer. Damals sollen allein um die Wahlparty in Bangkok so auszurichten, auf dass der Adidas-Mann auch gewinnen konnte, etwa rund 200.000 D-Mark im Umlauf gewesen sein. Alkohol, Strichjungen, Prostituierte – alles wurde aufgeboten, und alles war vom Besten, um die AIBA-Delegierten kirrezumachen. Am Ende waren alle so handzahm, dass sie Chowdhry sogar die Füße geküsst hätten, wenn er das gewünscht hätte. Horst Dassler war zufrieden und hatte sein Ziel erreicht. Denn dank seiner intensiven Einflussnahme auf internationale Sport-Fachverbände – ob Boxen oder Leichtathletik oder wo auch immer sonst – konnte er endlich selbst das IOC kontrollieren und zeitweilig sogar massiv unter Druck setzen. Als Anwar Chowdhry im Juni 2010 mit 87 Jahren das Zeitliche segnete, wurde dazu nur allzu gern dessen Generalsekretär Karl-Heinz Wehr zitiert, und zwar mit dem treffenden Satz: »Chowdhry ist charakterlich ein absolutes Schwein gewesen, unaufrichtig, hinterhältig und verschlagen.« Ein Satz, den man rund um die Welt hat lesen können.

Chowdhrys Ziehvater Horst Dassler, bescheinigte indes der Münchner Graphologe Kurt-Ingolf Meyer, neben »kräftiger Ichhaftigkeit« und »begrenzter Gemütsfähigkeit« einen »Schuss Genialität«. Und zwar schon in dessen jugendlichem Alter von gerade einmal 19 Jahren. Und wie hat sich das ausgewirkt? 1986 beschrieb Leonardo Servadio, Chef der Sportbekleidungsfirma Ellesse, die Adidas-Geschäftsphilosophie dann so: »Sie besteht schlicht darin, die gesamte Welt zu kaufen.«

Selbstredend auch die Welt der Journalisten, und mit ihnen die Welt der TV- und Rundfunkanstalten sowie die der Zeitungs- und Zeitschriftenverlage; auch vor den internationalen und mitunter sogar regierungsamtlichen Nachrichtenagenturen osteuropäischer Staaten machten Dasslers Mannen damit nicht halt. Auf das dort nur das verbreitet, veröffentlicht und gesendet würde, was dem Hause Adidas nützen und der Konkurrenz, ob nun Puma oder Nike oder den Kontrahenten in Asien, schaden könnte. Die ehemalige IOC-Direktorin Monique Berlioux, einst eine der mächtigsten Frauen in der Welt des Sports, glaubt, der Aufstieg des Hauses Adidas »zum wirklichen Boss des Welt-Sports« sei zum großen Teil auch über diese Wege erfolgt.

Vieles wurde dabei so fein gesponnen, dass vor allem der Endverbraucher eines Sportschuhs oder eines Trainingsanzugs zwischen Werbung und journalistischer Berichterstattung gar nicht mehr unterscheiden konnte und kann. Vielen deutschen Konsumenten, das brachte 2012 eine ARD-Dokumentation an den Tag, erscheinen die drei Adidas-Streifen längst nicht nur als sportgerechtes, sondern sogar als zeitgemäßes Synonym für Bekleidung schlechthin. Ähnlich wie zum Beispiel der Markennamen Tempo als Synonym für das Papiertaschentuch verwendet wird. Aber zurück zur speziellen Rolle der Journalisten im Umfeld des fränkischen Konzerns Adidas.

Eine besondere Rolle spielt dabei seit Jahrzehnten der ehemalige Chefredakteur der nicht mehr erscheinenden Münchner *Sport-Illustrierten*: Karl-Heinz Huba. Mit seinem Insidermagazin *sport intern*, das so geheim ist, dass es auf keiner Webseite auftaucht und früher, als es das Internet noch nicht gab, weder zu kopieren, noch per Fax verteilbar war, wurde schon immer emsig Sportpolitik betrieben. Und wie es Brancheninsidern schien, auch stets im Sinne von Adidas und des IOC – mitunter auch im Sinne beider Geschäftspartner. Vor allem, wenn dabei raffiniert über Bande gespielt wurde. Und ganz besonders eindrucksvoll zu Juan Antonio Samaranchs glorreichen Zeiten. In diesem Meinungsmacher der wirklich realen Sportszene kann der Sportfunktionär und der gehobene Sportjournalist erfahren, wann welcher Sportpolitiker irgendwo auf dieser Welt künftig gekippt oder befördert wird und aus welchen Gründen. Aber auch, warum so etwas geschieht. Adidas, so hieß es zu Horst Dasslers Zeiten, versorge stets im Interesse eigener sportpolitischer Ziele, sprich: eigener Verkaufsstrategien, Huba stets mit den erforderlichen exklusiven Informationen; zugleich habe er Huba einen stattlichen Teil seiner Auflage abgekauft, die dann an die, nennen wir sie die »Adidas-Familie«, verteilt wurde.

Wie kann ein einzelner Publizist, also Karl-Heinz Huba, die internationale Sportpolitik derart beeinflussen? Sie erinnern sich vielleicht noch an die mit Pauken und Trompeten durchgefallene Salzburger Olympiabewerbung für die Winterspiele des Jahres 2014. Auch Huba gehörte seinerzeit zu jenen, die den hoffnungsfrohen Österreichern vor allem gewinnbringende Verbindungen zu ganz besonders einflussreichen IOC-Mitgliedern offerierten. 60.000 Euro soll Huba dafür 2009 aus dem Salzburger Bewerbungsfonds erhalten haben. Solch einen Betrag für ein paar Gespräche, für etwas Plauderei mit einigen älteren Herren? »Das waren Abo-Gebühren«, erklärte Huba 2010 auf Nachfrage der *Frankfurter Rundschau* sein Honorar, und zwar für was? Für den Bezug von *sport intern*, so Huba. Wie das? Wer Hubas Magazin lesen will, in IOC-Kreisen ist es seit Jahrzehnten äußerst gefragt, muss dafür stolze 190 Euro pro Jahr hinlegen. Huba will sein Blatt im Vorfeld der gescheiterten Salzburger Bewerbung an »vielleicht 1200 Adressen« (Huba) verteilt haben. Das hätte ihm, summa summarum, erkleckliche 228.000 Euro beschert, doch der Fuchs aus dem hessischen Lorsch wiegelt ab: »Wir haben extreme Rabatte gewährt.«

Extreme Rabatte gewährte Adidas von Anfang an auch allen halbwegs wichtigen Sportjournalisten. Nicht nur in Deutschland, auch andernorts, aber vor allem in Europa. Allerdings reichte das nicht, um die Redakteure gefügig zu machen, und so gingen die Sportartikelhersteller noch einen ganzen Schritt weiter. Es lässt sich zwar bis heute nicht in allen Fällen stichhaltig nachweisen, doch so mancher Redakteur oder TV-Moderator stand und steht nicht nur auf der Lohnliste seines Verlags oder seiner Sendeanstalt, sondern – im Stillen, versteht sich – zusätzlich auch auf der Payroll eines großen Sportartikelproduzenten. Auf dass er entsprechend berichte und auf diese Weise das Image seines heimlichen Partners ins beste Licht setze. Was auch geschieht, denn zu diesem Zweck wird er schließlich von seinem internen Partner mit entsprechendem Material versorgt, zum Beispiel mit exklusiven Interviews weltbekannter Sportstars, an die sonst niemand herankommt, oder mit internen Hintergrundinformationen über Dopingaffären aus dem Lager der Konkurrenz. Oder über deren Sexleben. Alles schon da gewesen. Business as usual. Und weil es den Informantenschutz gibt, kommen die wirklichen Drahtzieher solcher Geschichten auch meistens ungeschoren davon. Sie bleiben stets im Hintergrund, wo sie wirken und wirken und wirken …

Bei großen Sportveranstaltungen wie Europameisterschaften, Welttitelkämpfen oder Olympischen Spielen gibt es für solche und ähnliche Aktivitäten zusätzlich den Adidas- oder auch den Puma-Club. Oder ähnliche Treffs der Sportartikelindustrie. Dort können die vor Ort akkreditierten Journalisten bei freien Getränken und kostenlosem Verzehr deutscher und landesüblicher Köstlichkeiten auf Wunsch den jeweiligen Star des Hauses zum Interview treffen. Was ansonsten bei derartigen Veranstaltungen so gut wie unmöglich geworden ist. Zum einen, weil sich die Verbände dagegen sperren und auf ihre stets unergiebigen Pressekonferenzen verweisen; zum anderen, weil die immer massiver gewordenen Sicherheitsvorkehrungen kaum noch individuelle Gespräche zwischen Athleten und Reportern zulassen. Daheim, wo die Chefredaktion die branchenübliche Kungelei zwischen Sportartikelindustrie und ihrem Reporter meist nicht einmal im Ansatz vermutet oder aber geflissentlich darüber hinwegsieht, werden die Kollegen bei ihrer Rückkehr dann für ihre scheinbar so feinen Journalistennasen vor versammelter Mannschaft gefeiert. Wer in den anderen Ressorts, in der Wissenschaft oder in der Kultur weiß denn schon, wie es bei einer Fußball-EM oder bei den Olympischen Spielen wirklich zugeht? Also läuft alles wie geschmiert.

Bei ARD und ZDF galt es lange Jahre als ganz und gar normal, mit einem der großen Sportartikelhersteller zu kungeln, um dort – nebenher – den einen oder anderen Tausender als zusätzliche Einnahme zu bekommen. Was heißt denn hier, auf diese Weise werde die hochgeachtete journalistische Unabhängigkeit konterkariert und gehe vor die Hundewürde? Diese Methode gilt doch in Zeiten, in denen sogar Parteien angesehene, nach außen hin scheinbar unabhängige Publizisten vor ihren Karren spannen, auf dass die von ihnen ferngelenkten Ergüsse dann als deren eigene Recherche gedruckt werden, längst als zeitgemäß. Mit der (sport-)journalistischen Moral war es jedoch schon in den letzten Jahren nicht mehr so weit her. Warum auch? Werner Zimmer, einst stellvertretender Chefredakteur des Saarländischen Rundfunks, durfte, zum Beispiel, sein ganz und gar nicht schmales Salär schon vor Jahrzehnten durch öffentliche Auftritte für Adidas emsig aufbessern. Immerhin zählte der Radsportexperte und »Sportschau«-Moderator aus Saarbrücken jahrelang zum engsten »Familienkreis« der Dasslers. An die 10.000 D-Mark pro Auftritt soll es für Zimmer schon seinerzeit durchaus gegeben haben.

Oder da gab es – man erinnere sich – den smarten Bernd Heller, von 1980 bis 1993 13 (!) Jahre lang Moderator des »Aktuellen Sportstudios« im ZDF, eine Sendung mit besonders hohem Anspruch und auch bemerkenswert hohen Einschaltquoten. Als Adidas 1985 zum Marketingunternehmen des Jahres gekürt wurde, moderierte der ehemalige Stabhochspringer und gelernte Jurist die Feierlichkeiten des dreigestreiften Weltkonzerns. Er tat das nicht etwa im neutralen Nadelstreifenanzug, nein, sondern im Firmenhemd des Hauses Adidas. Bernd Heller, ein im ganzen Land bekanntes Aushängeschild des mit Steuergeldern finanzierten öffentlichrechtlichen ZDF! Ging alles – und es geht auch heute noch!

Dieses schmutzige Spiel hatte Horst Dassler erfunden. Schon in den 1970er-Jahren überzog er die Welt mit seinem

Netz aus korrupten Marionettenfunktionären und devoten Journalisten. Es gab bei Adidas, wahrscheinlich auch bei Puma und heutzutage, wenn auch abgestritten, sicher auch bei Nike, Karteien über Spitzensportler, über jeden halbwegs wichtigen Funktionär und selbstverständlich auch über Sportjournalisten. In solchen Unterlagen sind natürlich nicht nur Körper- und Schuhgröße vermerkt, in solchen Unterlagen sind vor allem die besonderen Vorlieben und Abneigungen der unter die Lupe genommenen jeweiligen Person notiert. Zum Beispiel der bevorzugte Frauen- oder auch Männertyp. »Besser sortiert als früher beim KGB«, glaubte vor einigen Jahren ein ehemaliger sowjetischer Deutschlandkorrespondent bei seinen entsprechenden Recherchen erfahren zu haben.

Einer, der dieses Geflecht ganz genau kennen muss, weil er einst bei Adidas zum innersten Zirkel gehört hat, steht als Präsident des Deutschen Olympischen Sportbundes nun an der Spitze des hiesigen Sports: Thomas Bach. Als Vizepräsident des Internationalen Olympischen Komitees steht der Rechtsanwalt aus Tauberbischofsheim zudem kurz davor, auch noch die Führung im Weltsport zu übernehmen. Von Adidas ist der Fecht-Olympiasieger von 1976 für solche Führungsaufgaben einst bestens präpariert worden. Denn 1985 wurde Bach von dem fränkischen Konzern zum Direktor für internationale Beziehungen bestellt. Für mehrere Hunderttausend D-Mark jährlich, schätzte damals Karl-Heinz Hubas stets gut informierter Branchendienst *sport intern*. Widerspruch regte sich nicht. Der damals 31-jährige (!) Bach wurde dabei auch vom seinerzeit wichtigsten deutschen Sportpolitiker protegiert, von Willi Daume. Warum Daume geradezu einen Narren an Bach gefressen hatte? Über die Schiene Bach, so philosophierte der alte Daume seinerzeit mir gegenüber in einem Gespräch, könne man endlich den Amateurparagraphen »liberalisieren«. In meinen damaligen Notizen findet sich in diesem Zusammenhang der folgende Satz: »Man kann dem

Sportler nicht die Philosophie von Armut, Keuschheit und Enthaltsamkeit verkünden, wenn andererseits mit ihrem Können Milliardengeschäfte getätigt werden«. Was Daume damit in praxi wirklich gemeint hat? Das begriffen wir, als wir irgendwann bei den Olympischen Spielen 1988 in Seoul alle auf jener Tribüne saßen, die den olympischen Tenniscourt umrahmte, und unten die Tennismillionärinnen Steffi Graf und Gabriela Sabatini das Racket schwangen. Da war der Traum vom hehren selbstlosen Sportler endgültig ausgeträumt. Es galt, das olympische Gold zu versilbern – was sonst. Thomas Bach hatte als Leiter der Stabsstelle Internationale Beziehungen und Promotions, mit direktem Zugang zum Adidas-Vorstand, also ganze Arbeit geleistet. Daume und Samaranch dankten es ihm überschwänglich.

Als 2011 die amerikanische *Business Week* eine Liste der 25 wichtigsten Persönlichkeiten im Weltsport veröffentlichte, sah diese auf den vier ersten Plätzen so aus: 1. Joseph Blatter, Präsident des Internationalen Fußball-Verbandes (FIFA), 2. Jacques Rogge (Präsident des Internationalen Olympischen Komitees), 3. Bernie Ecclestone (Chef der Formel 1) und 4. Herbert Hainer (Vorstandsvorsitzender von Adidas). Das Nike mehr Umsatz macht, sei dabei zweitrangig, heißt es. Diese Insider meinen auch, die wirkliche Macht im Weltsport würden sich Blatter und Hainer teilen – schließlich sei das historisch nun einmal so gewachsen.

11. KAPITEL

OLYMPISCHE ÖKONOMIE

»Ethik und Moral, was soll das Gebrabbel und Gesabbel, es geht doch um Medaillen.«
Rolf Danneberg, 1984 deutscher Olympiasieger im Diskuswerfen

Hätte sie den Sommer über nicht immer und immer wieder Marmelade einkochen müssen, immerhin sechs delikate Geschmackssorten für Familie und Freunde, was Arbeit genug ist, obendrein nicht alle nasenlang vier quengelige Enkeltöchter hüten und dennoch die verordneten langen Spaziergänge am Ostseestrand absolvieren müssen, ja dann wäre sie auch noch schnell zur Olympiade nach London gefahren. Und hätte dort auch mitgemacht. Wäre gelaufen, gesprungen oder hätte Gymnastik betrieben. Denn Hilde, so nennen wir die pensionierte Studienrätin der Anonymität halber mal, lebte bis vor kurzem wie viele ihrer Mitbürger in dem steten Wahn, die »Olympiade«, wie sie die Spiele am Ende jeder vierjährigen Olympiade falsch nennt, seien ein Mitmach-Sportfest für jedermann. Denn wie so viele, hatte auch Hilde ein Leben lang fest an den vereinfachenden, und deshalb schon falschen Satz geglaubt: »Die Teilnahme ist wichtiger als der Sieg.«

Doch die Wirklichkeit ist viel, viel gnadenloser, denn diese trägt die Bezeichnung: Endkampfchance. Also höher, schneller, weiter – bis die Sehne reißt, die Niere oder der Herzmuskel versagt und die nach vielem Doping darniederliegende Leber von einem Tumor zerfressen wird. Denn vor die Teilnahme haben die alten Damen und Herren aus den olympischen Fachverbänden und dem Internationalen Olympischen Komitee nämlich ihre Hürden aufgestellt. Und auf denen steht, je nach Sportart: Qualifikation oder Norm!

In der Behördensprache des Deutschen Olympischen Sportbundes (DOSB) und des für den hiesigen Sport federführenden Bundesinnenministeriums las sich die für das aktuelle Olympiajahr 2012 herausgegebene Erklärung dann so: »Darüber hinaus hat grundsätzlich der Leistungsnachweis einer begründeten Endkampfchance bei den Olympischen Spielen London 2012 vorzuliegen.« Was heißt das, Endkampfchance? Die Erklärung lautet folgendermaßen, doch klarer wird es dabei auch nicht: »Die Einzelheiten dieses Leistungsnachweises werden in den sportartspezifischen Nominierungskriterien bestimmt, die der Geschäftsbereich Leistungssport des DOSB, der jeweilige Spitzenverband und dessen Aktivensprecher/innen spezifisch für jede Sportart, jedoch unter Wahrung der Chancengleichheit und Vergleichbarkeit für die gesamte Olympiamannschaft gemeinsam erarbeiten; dabei erfolgt keine ausschließliche Orientierung an den Platzierungen in der jeweiligen unbereinigten bzw. bereinigten Weltrangliste.«

So etwas gelte vielleicht für irgendwelche absonderlichen, also exotischen Sportarten, warf Hilde energisch ein, aber doch wohl nicht für so etwas Gewöhnliches wie Fußball. Deshalb seien doch Lukas Podolski und die anderen fabelhaften Jungs aus unserer EM-Elf wohl sicher auch beim olympischen Turnier in London dabei gewesen. »Nein«, enttäuschte ich sie, »die deutschen olympischen Fußballer waren nicht dabei. Denn die hatten sich ebenso wenig für London qualifizieren können wie die deutschen Handballer, Basketballer, Wasserballer oder Volleyballspielerinnen.« Von allen deutschen

Mannschaftssportarten seien am Ende nur die von vornherein chancenlosen Volleyball-Herren und die seit Jahren hervorragenden deutschen Hockeyteams an der Themse dabei gewesen. Bei den Frauen sah es ebenso aus wie bei den Männern. Denn, wie gesagt, vor der Teilnahme standen auch diesmal wieder die erwähnten ziemlich hohen Hürden – Qualifikation oder Normen genannt –, und die anderen deutschen Mannschaften hatten diese schon längst gerissen, als es in London noch gar nicht richtig losgegangen war.

Dann hätten die Hockeymannschaften aber sicher viel, sehr viel Geld von ihren Sponsoren bekommen, warf Hilde ein, die einst die Heranwachsenden mit Mathematik gequält hatte, doch ich widersprach erneut: Der Arithmetik deutscher Sportbeamter sei mit landesüblicher Logik und mit mathematischen Berechnungen schon gar nicht beizukommen. Auch nicht mit mathematisch geschultem Spürsinn. Um diese Sachlage noch deutlicher zu machen, zitierte ich aus einem FAZ-Interview vom 10. April 2012, das mit Hockeybundestrainer Markus Weise geführt worden war. Dort sagte Weise, der zuvor schon zweimal als Trainer Olympiasieger geworden war und für den sich deshalb sogar der Deutsche Fußball-Bund interessiert hat: »Bei uns entscheidet der Deutsche Olympische Sportbund (DOSB) darüber, welche Person für welchen Sport wichtiger ist. Bei der Überlegung kann eine Rolle spielen, dass eine Mannschaft nur eine Medaille gewinnen kann, aber der Kanu-Verband vielleicht zehn. Wir wissen ja, dass der Medaillenspiegel, also die Nationenwertung, allen sehr wichtig ist. Und weil das so ist, geht es immer darum: Wie investiere ich das Geld?«

Wobei anzumerken ist, dass der so gern gedruckte, weil vielgelesene Medaillenspiegel vom Internationalen Olympischen Komitee gar nicht gern gesehen wird, da so etwas wider dem olympischen Geist sei und womöglich den Chauvinismus beflügeln könnte. Wie dem auch sei, aus Steuermitteln, und davon lebt der Weltspitze verkörpernde deutsche Hockeysport in allererster Linie, gab es im Olympiajahr 2012 auch nicht mehr als sonst. Es gab auch nichts von dem, was von allen anderen, an den Olympiahürden gescheiterten deutschen Mannschaften übrig geblieben war. Im Gegenteil, weil durch deren Scheitern die gesamte deutsche Olympiamannschaft kleiner geworden war, wurden auch die Mannschaften hinter den Mannschaften – nach einem komplizierten Personalschlüssel – verkleinert. Es gab also insgesamt weniger mitreisende Ärzte, Masseure, Techniker, Wissenschaftler und Trainer – auch für die erfolgreich qualifizierten Hockeyspieler. Da hätten doch nun wirklich Sponsoren helfen können, warf Hilde ein. »Nein«, entgegnete ich, »das hätte auch nichts geholfen, weil diese privat bezahlten Mitreisenden – ob Ärzte oder Trainer – nicht über den DOSB beim IOC akkreditiert gewesen wären. Sie wären also in keine einzige olympische Sportanlage hineingekommen, geschweige denn zu ihren Athleten ins Olympische Dorf.«

Schließlich sei der internationale Sport, vor allem der olympische, bis aufs allerkleinste Detail durchorganisiert, bekräftigte ich meine Ausführungen. Und das wird von oben nach unten durchexerziert. Auch der gesamtdeutsche Sport wurde nach dem Einigungsvertrag vom 28. September 1990 entsprechend dem Modell des westdeutschen Hochleistungssports durchorganisiert. Das heißt: Über alles, also vor allem über die staatlichen Fördergelder aus Steuermitteln, wacht im Auftrag des Bundesinnenministeriums der Bundesausschuss für Leistungssport. In Absprache mit dem jeweiligen Fachverband verabschiedet dieser auch die festgelegten aktuellen Nominierungsrichtlinien, also die Normen für Olympische Spiele und internationale Meisterschaften. Und diese Normen sind oft sehr viel höher als die vom Veranstalter geforderten Vorleistungen.

Der viermalige deutsche Kugelstoßmeister Gerhard Steines, noch Mitglied der Chefredaktion der *Gießener Allgemeinen Zeitung*, schrieb dazu – aus eigener Erfahrung als Athlet und Journalist – in seinem wunderbaren Internetportal *Anstoß* im Jahr 2009 Folgendes nieder: »Dass in der Bundesrepublik Doping ebenfalls gefordert und gefördert wurde – das wird gern vergessen. Wir waren schließlich die ›Guten‹. Deswegen kehren wir nicht vor der eigenen Tür, sondern lieber unter den Teppich, dass unter letztlicher Verantwortung der Bundeskanzler Brandt und Schmidt und der direkten Zuständigkeit der Innenminister Genscher und Maihofer in den siebziger Jahren des 20. Jahrhunderts der ›Bundesausschuss zur Förderung des Leistungssports‹ (BAL), eine Behörde des Bundesinnenministeriums, in die Sportverbände ›durchregierte‹ und intern drastisch erhöhte deutsche Olympianormen durchsetzte, die nach dem Wissensstand aller Beteiligten nur mit Hilfe von Anabolika erreichbar waren.«

So richtig zum Dopen eingeladen hat das Bundesinnenministerium mit solchen Normen auch gleich, nachdem es mit dem »Durchregieren« des westdeutschen Sports begonnen hatte, also im Jahr 1976. Es ging damals um die monströs aufgeblasenen Olympischen Sommerspiele in Kanada, deren Schulden die Bürger im wunderschönen Montréal noch heute drücken. Mich drücken in der Erinnerung an jenes Jahr vor allem die Kugelstoßnormen der Männer von damals. Das Internationale Olympische Komitee hatte für die Teilnahme eine saisonale Bestleistung von 19,40 Metern gefordert, die westdeutsche Norm aber wurde auf unfassbare 20,60 Meter hochgeschraubt. Um eine solche Weite zu erreichen, brauchte man hin und wieder geradezu irrsinnige Spitzenstöße von über 21 Meter. Wahnsinn! Denn diese Forderung, und das wusste jeder in der Branche, war ohne Anabolika-Konsum auch nicht annähernd erreichbar. In Montréal gewann damals der ostdeutsche Kugelstoßer Udo Beyer mit 21,05 Metern; bei ihm wurden in den Jahren 1983 und 1984 besonders

hohe Dosierungen der Jenaer Kraftpille Oral-Turinabol nachgewiesen. Die westdeutschen Athleten gingen damals leer aus.

Geändert hat sich an diesem Normenirrsinn auch im Jahr
2012 nichts. Im Gegenteil! Für die Sommerspiele in London
zum Beispiel hatte der Bundesausschuss für Leistungssport
gemeinsam mit dem Deutschen Leichtathletik-Verband (DLV)
bereits 2011 die deutsche Norm im Diskuswerfen der Männer
auf beachtliche 65 Meter festgesetzt. Für Weltmeister Robert
Harting aus Berlin keine Hürde, denn er übertraf sie mit
70,66 Metern, gewissermaßen mit links. Ein Mann, der noch
2009 großspurig und öffentlich die Freigabe von Dopingmitteln gefordert hatte und dessen Trainer Werner Goldmann in
jenem Jahr wegen seiner Dopingvergangenheit in der DDR
auf der Abschussliste des Leichtathletik-Verbandes stand.
Ausgesagt hatte zu dessen Lasten der ehemalige DDR-Kugelstoßer Gerd Jacobs, dem 2004 ein Spenderherz eingesetzt
werden musste; ob als Folge vorangegangener Dopingeinnah-
men, bleibt dahingestellt. Was aber ebenfalls zu Goldmanns
Lasten ging: Er hatte in der DDR den – nachweislich – hochgedopten Kugelstoß-Olympiasieger Ulf Timmermann (1988
in Seoul) und die ehemalige Diskus-Weltrekordlerin Irina
Meszynski trainiert (73,36 Meter im Jahr 1984). Wie die Akten der Stasi belegen, hatte sie als Frau noch mehr Anabolika
der Jenaer Marke Oral-Turinabol verabreicht bekommen, als
ihr großgewachsener Kollege Timmermann. Doch wie tief
verkommen das System Hochleistungssport der neuen Bundesrepublik inzwischen geworden ist, bewies 2009 die sogenannte unabhängige Anti-Doping-Kommission des Deutschen Olympischen Sportbundes: Sie sprach sich nämlich für
Werner Goldmann aus, bagatellisierte dessen Dopingvergangenheit und händigte auf diese Weise einem erfolgreichen
Dopingfachmann einen Persilschein für dessen Trainerlauf-
bahn aus! Um es in den Worten Rolf Dannebergs, dem Hamburger Diskus-Olympiasieger von 1984, ebenso trefflich wie

ironisch zu sagen: »Ethik und Moral, was soll das Gebrabbel und Gesabbel, es geht doch um Medaillen.« Eben.

Bei den Diskuswerferinnen zählte 2012 die Hallenserin Nadine Müller zu den Weltbesten. Das Fatale daran: Ihre Würfe streifen schon jetzt jene Zonen, die einst von nachweisbar gedopten Athletinnen beherrscht wurden. Es soll hier niemand mit leichter Hand verdächtigt werden, doch Nadine Müllers erster Trainer war nun einmal ein gewisser Gerhard Böttcher. Dieser hatte zu DDR-Zeiten auch zu verantworten, dass seine damalige Spitzenathletin Silvia Madetzky eine doppelt so hohe Anabolika-Jahresdosis erhalten hat wie der kanadische Superdoper Ben Johnson. Da kannten Ärzte, Wissenschaftler und Trainer nichts. Eigentlich ein Fall für den Staatsanwalt. Doch nichts dergleichen passierte, Böttcher durfte bis zum Erreichen des Rentenalters im Jahre 2009 weiter seiner Arbeit als Trainer nachgehen. Deutsch-deutsche Dopingkungelei! Und über allem thront obendrein der Weltrekordler Jürgen Schult (74,08 Meter; 1984) aus Schwerin. Ein Bundestrainer, dem Brigitte Berendonk schon 1992 in ihrem Buch *Doping-Dokumente* jahrelanges Anabolika-Doping nachgewiesen hat, und zwar besonders hochdosiert in der Zeit zwischen 1981 und 1984. Doch Anne Jacobs, die Anti-Doping-Beauftragte des Deutschen Leichtathletik-Verbandes, ist angeblich bis heute nicht im Besitz von Dopingunterlagen über ihren Super-Bundestrainer. Schult und Doping? Da reagieren alle Funktionäre im DLV auf ein und dieselbe Weise, nämlich äußerst entrüstet: »Aber, ich bitte Sie, wie kommen Sie denn auf solche Märchen!« Stattdessen wurde der »Cheftrainer für Werfen und Stoßen« mit der höchsten Auszeichnung seines Verbandes geehrt: mit dem Rudolf-Harbig-Gedächtnispreis (2001). Zur Erklärung: Der ehemalige Weltrekordläufer Rudolf Harbig aus Dresden galt in den 1930er-Jahren als »Lieblingsläufer des Führers«. Aber das macht nichts, Schult ist ja auch in der DDR für seine zweifelhaften Siege und Rekorde ausgezeichnet worden. Man kann sich seine Ehrungen nun einmal nicht aussuchen …

Das Schlimme an der jüngeren deutsch-deutschen Sport-geschichte: Die messbaren Resultate im Schwimmen und in der Leichtathletik lassen auch im Nachhinein Schlüsse zu, die in anderen Sportarten – bei den Ballspielen, beim Amateur-boxen oder beim Kunstturnen – nicht in diesem Maße zwin-gend logisch sind. Nehmen wir als Beispiel dafür das Olym-piajahr 1988. Damals, im südkoreanischen Seoul, ereignete sich ausgerechnet in der Leichtathletik, der olympischen Königssportart, der Super-GAU schlechthin: Ben Johnson, der kanadische Goldmedaillengewinner über 100 Meter, der schnellste Mann der Welt, wurde mit dem Steroid Stanozolol im Urin erwischt. Gedopt! Olympia war wie nie zuvor und wie nie wieder danach von diesem Dopingfall gezeichnet. Doch dieser Jahrhundertcoup machte den Kölner Dopingex-perten Manfred Donike mit einem Schlag auch bei denen weltberühmt, die bis dato noch nie etwas von Doping und von ihm gehört hatten, bei Wissenschaftlern ebenso wie bei den notorischen Weghörern. Denn Donike hatte kurz vor den Olympischen Sommerspielen in Südkorea in aller Stille die Analytik derart verfeinert, dass Stanozolol – in der Do-pingliteratur oft auch Stromba genannt – erstmals bei einer solchen hochkarätigen Veranstaltung nachgewiesen werden konnte. Da fragt man sich natürlich in Anbetracht der Nor-menpolitik westdeutscher Sportbeamter, was die hiesigen Dopinganalytiker angesichts ihres Wissensvorsprungs über den Gebrauch von Stromba in Ost- und Westdeutschland wussten, und zwar in der Zeit vor den Spielen in Seoul? Wuss-te man viel und hielt gemeinsam dicht? Denn schließlich wurde das Kölner Stromba-Analyseverfahren erst 1990 wissen-schaftlich publiziert, also erst zwei Jahre nach Ben Johnsons Sündenfall. Und zwar vom heutigen Kölner Laborchef Wil-helm Schänzer.

Wichtiger noch: Erst im April 2011 packte der westdeutsche Bahnradfahrer Robert Lechner vor jener »Großen Kommission« aus, die von der Universität Freiburg zur Aufarbeitung der Dopingpraktiken in ihrer sportmedizinischen Fakultät eingesetzt worden war. Eigentlich hatten die Radprofis der Deutschen Telekom den Stein ins Rollen gebracht, doch dabei kam dann auch heraus, dass der Bronzemedaillengewinner im 1000-Meter-Zeitfahren von Seoul bis zum 8. August 1988, also bis sechs Wochen vor seinem Einsatz in Südkorea, die anabolen Steroide Stromba und Andriol sowie das Kortisonpräparat Urbason zu sich nahm – eine Kombination, die in der Radsportszene als »urbi et orbi« bezeichnet wird. Sie wurde damals in eine Mixtur erlaubter Stoffe eingebettet. Auf diese Weise stellte der westdeutsche Radsportverband damals sicher, dass es bei Lechner in Seoul zu keiner Zeit zu einer positiven Probe kommen konnte. Zumal man sich einer Kette erstklassiger Fachleute bediente. Was also wussten die Kölner über die medikamentösen Vorbereitungen der westdeutschen Olympiakandidaten des Jahres 1988? Geklärt ist diese Frage bis heute nicht, weil angeblich die Suche nach entsprechenden Akten ergebnislos geblieben sein soll. Aber bei der Suche nach geheimnisvollen Unterlagen geht es ja ähnlich zu wie beim Aufspüren verborgener Dopingmittel. Man kann nur finden, was man auch wirklich sucht. Um aber finden zu können, muss dort angesetzt werden, wo das Gesuchte – scheinbar unauffällig – im Verborgenen schlummert. Zum Beispiel in den Akten über wissenschaftliche Versuchsreihen …

Höher, schneller, weiter! Am 14. Mai 2012 trat Kalman Konya der Vereinigung Lampis bei, der Leichtathletik-Internetplattform für Werferinnen und Werfer. Dort wird der in Zürich geborene Ungar, einst als ehemaliges Mitglied des baden-württembergischen Spitzenvereins Salamander Kornwestheim, als früherer Kugelstoßer der Sonderklasse gefeiert.

Seine persönliche Bestleistung von 20,61 Metern erzielte er im Jahr 1994. Was Lampis über den studierten Sozialpädagogen und Sportwissenschaftler verschweigt, ist freilich dessen Dopingvergangenheit. Die macht sich auch schlecht bei jemandem, der ein Fitnesscenter betreibt, oder? Also holen wir das nach: Konya stieß die Kugel am 4. Juni 1994 im niederländischen Hengelo zwar 20,61 Meter weit, doch zuvor hatte ihn der ungarische Verband – weil Konya noch flink die ungarische Staatsangehörigkeit angenommen hatte – bereits des Dopings überführt. Also müsste man eigentlich die 20,61 Meter von Hengelo streichen. Doch es kommt noch dicker. Auch in Westdeutschland war ein Dopingfall jenes Spitzenathleten Konya vorausgegangen, was im November 1992 zu seiner Suspendierung durch den Leichtathletik-Verband führte. Man verdächtigte ihn der Vereitelung von Dopingkontrollen. Ich rolle den Fall Konya aber eigentlich nur auf, um auf das Verschwinden oder die Merkwürdigkeiten beim Lagern von Akten zu verweisen. Man sollte ja immer dort suchen, wo man das Verborgene auf keinen Fall vermutet. Entsprechend dieser These lagerte der Beweis für Konyas Dopingverstoß jahrelang unbemerkt im Institut für Sport und Sportwissenschaft der Universität Heidelberg. Und zwar in einer Magisterarbeit, unter deren Titel »Relevanz und Entwicklung ausgewählter Kraftparameter bei Kugelstoßern der nationalen Klasse« kein Mensch eine Dopingspur wittern konnte.

Hätte diese wissenschaftliche Arbeit vom März 1989 nicht den ausdrücklichen und damit höchst verräterischen Vermerk »Nicht auszuleihen – ohne Ausnahme« getragen –, die Sache wäre wohl nie ans Tageslicht gekommen. So aber konnte man in der »Anlage 3« (»Problematik Anabolika«) lesen, wie Kalman Konya für die Olympischen Sommerspiele 1988 in Seoul mit verbotenen Anabolika aufgepäppelt wurde –: mit einer Tageshöchstdosis von etwa 25 bis 30 Milligramm Stromba, oral, und anderen Präparaten. Die durchschnittliche Dosierung an den Tagen der Anabolika-Einnahme betrug etwa 15 bis 18 Milligramm. In jener geheim gehaltenen Studie fand sich auch der Hinweis, dass es »wohl nur noch wenige Sportarten gibt, wo neben anderen motorischen Eigenschaften, jene Kraft entscheidend ist, in welcher kein Anabolika-Abusus herrscht«. Der Bundesausschuss für Leistungssport, die graue Sporteminenz des Bundesinnenministeriums, schaute damals zu – und tut es auch heute noch und entwickelt weiterhin jene Normen, die sie dann »Endkampf-Chance« nennen. Dementsprechend wurde die 1989 verfasste Dopingstudie, die in Heidelberg still vor sich hin lagerte, auch als wissenschaftliche Arbeit getarnt, die nichts, aber auch gar nichts mit den Dopingpraktiken in der alten Bundesrepublik zu tun gehabt hätte. Das sagte einst Prof. Helmut Weicker, der damalige Direktor der Abteilung Sport- und Leistungsmedizin der Heidelberger Universitätsklinik. Weicker spielte, jedenfalls in dieser Causa, eine ähnlich dubiose Rolle wie Manfred Donike, der frühere Leiter des Instituts für Biochemie an der Kölner Sporthochschule. Donike, ein mit allen Dopingpraktiken vertrauter ehemaliger Radprofi (Spezialität: Sechstagerennen), war – hauptsächlich durch den hartnäckig recherchierenden Mainzer Apotheker Horst Klehr – schon 1977 in den Verdacht geraten, Athleten und Trainer bei Berechnungen der Dopingabsetztermine heimlich zu helfen. Auch soll Donike positive Befunde nicht in jedem Fall öffentlich gemacht, sondern unter mindestens sechs Augen mit dem jeweiligen Athleten und dessen Verbandschef besprochen haben. Was meistens zugunsten des jeweiligen Athleten ausging. Das lag vielleicht auch daran, dass seine eigenen Kontrollsysteme nicht immer fehlerlos waren. Im Juli 1991 schickte Klehr beispielsweise zwölf Dopingproben in Donikes Labor. Die zwölfte Probe – durch ordnungsgemäße Dopingprotokolle getarnt – stammte von einem Funktionär des Deutschen Rollsportbundes. Er hatte von Klehr zuvor zwei Aufputschmittel erhalten, die schon seit 20 Jahren auf der Dopingliste standen. Donike fand davon keine Spur und protokollierte: »Das Ergebnis der gaschromatischen hochdruckflüssigkeits-chromatographischen sowie massenspektrometrischen Untersuchungen verlief bei allen Proben negativ.«

Aber Donikes Rolle bis hinein ins Jahr 1995, als er auf einem Flug nach Südafrika urplötzlich einem Herzinfarkt erlag, lässt sich wohl auch mit dem Wort systembedingt erklären. Denn auf der einen Seite wurde er für seine Arbeit als Dopinganalytiker aus öffentlichen Mitteln bezahlt, andererseits waren ihm aber auch Privatliquidationen erlaubt. Und das öffnete natürlich auch Unerlaubtem die Tür. Dass zu Donikes Zeiten das Bundesinnenministerium bei der chemischen Versorgung der westdeutschen Spitzensportler fleißig mitgeholfen hat, beweist aber auch eine Studie der Universitätsklinik Freiburg, die in den späten 1980er-Jahren gemeinsam mit Donikes Kölner Institut angefertigt wurde.

Es handelte sich um eine Studie, die mit öffentlichen Mitteln, also mit Geldern aus dem Steuersäckel der hiesigen Bürger, gefördert worden war, womit das Bundesinnenministerium ins Spiel kam. Die Professoren Joseph Keul (Freiburg) und Manfred Donike (Köln) hatten damals den besten westdeutschen Skilangläufern (vom Schwäbischen Skiverband und vom Schwarzwälder Verein Skizunft Brend) die verbotene Dopingsubstanz Testoviron-Depot von der Firma Schering gespritzt. Sie wollten – auch wegen der festzusetzenden WM- und Olympia-Normen – den Einfluss dieses Präparats auf die Leistungsfähigkeit und das Regenerationsverhalten der Sportler feststellen, so die Ausrede der beiden Wissenschaftler. Mit diesem durchsichtigen Argument hatten Keul und Donike auch die ministerielle Unterstützung beantragt, die – man höre und staune – dann durch die Ethikkommission der Universität Freiburg sehr bereitwillig genehmigt wurde. Als ich Donike darauf ansprach, bestritt er eine Zusammenarbeit mit Freiburger Ärzten und Wissenschaftlern vehement und grundsätzlich und beschimpfte mich – völlig unprofessoral – als »Nestbeschmutzer«. Die angedrohten gerichtlichen Schritte blieben jedoch aus …

Auch 1989 wartete ich gespannt, aber vergeblich auf die angedrohten gerichtlichen Auseinandersetzungen mit den besten deutschen Hochspringern, als ich mich im Auftrag des Nachrichtenmagazins *Der Spiegel* mit Karl-Heinz Radschinsky, dem Olympiasieger im Gewichtheben von 1984 in Los Angeles, getroffen hatte. Ich erinnere mich noch daran, wie ich in Radschinskys Wohnzimmer in einem kleinen abgelegenen Dorf in der Oberpfalz vor einem riesigen grünen Kachelofen stand und der Meisterheber mir eröffnete: »Da, wo Sie jetzt stehen, haben schon alle großen deutschen Leichtathleten gestanden und mit mir über den Kauf von Dopingpräparaten verhandelt. Die meisten waren mit Preis und Lieferung sehr zufrieden.« Ich fragte: »Auch die drei großen deutschen Hochspringer Dietmar Mögenburg, Carlo Thränhardt und Gerd Nagel?« Radschinsky nickte zustimmend und sagte dann: »Ja, alle drei waren hier, und alle haben etwas gekauft.« Wir haben diese Informationen damals deshalb nicht veröffentlicht, weil Radschinskys Angaben nach unseren Gegenrecherchen nicht gestimmt haben konnten. Es war reine Prahlerei gewesen! Gerd Nagel sagte mir noch im Jahr 2012: »Ich habe niemals etwas genommen, und schon gar nicht mit Radschinsky Geschäfte gemacht.« Mit übersprungenen 2,35 Metern (1988) ist Nagel noch immer der viertbeste deutsche Hochspringer aller Zeiten.

Aber zurück zu Radschinsky. Der Besuch bei ihm und die Gespräche vor dem grünen Kachelofen, das stellte sich im Nachhinein heraus, hatten sich trotz der Fehlinformation in Sachen gedopte Hochspringer gelohnt. Denn der Olympiasieger, der 1986 wegen illegalen Anabolika-Handels zu 18 Monaten Haft auf Bewährung und zu einem Bußgeld in Höhe von 35.000 D-Mark verurteilt wurde, erzählte mir immerhin, wie Donikes Anti-Doping-Labor in Köln mit den Dopingproben der deutschen Gewichtheber umging. Und diese Story war auch in der Gegenrecherche hieb- und stichfest. Sie ging so: Der Duisburger Rolf Milser, wie Radschinsky 1984 Olympiasieger in Los Angeles und später Gelegenheitsschauspieler und Bundestrainer, sammelte damals vor allem auf Lehrgängen den Urin der durchweg gedopten deutschen Spitzenheber ein und brachte die Proben zu Donike nach Köln. Der wiederum rief dann Milser an und teilte ihm mit, welche Athleten wann mit dem Absetzen der Dopingrationen beginnen müssten, um beim nächsten Wettkampf als saubere westdeutsche Heber an den Start gehen zu können. Das war ein Mechanismus, der immer funktioniert haben soll. »Zweimal«, so erinnerte sich Radschinsky damals vor seinem grünen Kachelofen, »war ich auch dabei – und es hat prima geklappt.«

Ein weiterer Hinweis Radschinskys beschäftigte sich mit der Person Willi Daume, der als Präsident des Nationalen Olympischen Komitees für Deutschland schon seit Jahrzehnten *die* zentrale Figur des westdeutschen Hochleistungssports verkörperte. Radschinsky vermutete, Daume habe viel mehr über die deutsche Dopingrepublik gewusst, als er jemals zugegeben habe. Also machte ich mir die Mühe und listete auf, was Daume während seiner Amtszeit so alles im westdeutschen Dopingsport nachweislich unter den Teppich gekehrt hatte:

1977 schilderte der Mainzer Anti-Doping-Kämpfer Horst Klehr dem deutschen Ober-Olympier die Zustände im Deutschen Leichtathletik-Verband. Daume fertigte den Aufbegehrenden mit dem Satz ab: »Was glauben Sie, Herr Klehr, was sonst noch alles vor meinem Schreibtisch ausgebreitet wird?« Und verhielt sich weiterhin still.

1984 schilderte der Diskuswerfer Alwin Wagner aus dem oberhessischen Melsungen, ein Hauptkommissar der hessischen Kriminalpolizei, dass bei einem Länderkampf in Italien der Leverkusener Hochspringer Dietmar Mögenburg als Kugelstoßer antreten musste, weil die westdeutschen Kugelstoßer allesamt gedopt waren. Daume nahm dieses Wissen schweigend mit ins Grab.

1988 setzte sich Daume vehement für den bayerischen Biathlon-Olympiasieger Peter Angerer als deutschen Fahnenträger bei den Winterspielen im kanadischen Calgary ein. Empörung machte sich breit. War Angerer nicht bei den Weltmeisterschaften 1986 in Oslo des Dopings überführt worden? Daume argumentierte, nicht Angerer, sondern der Arzt, der ihm ein Grippemittel mit der verbotenen Substanz verordnet habe, trage die Schuld. Und so fand sich denn unter den restlichen 92 deutschen Winter-Olympioniken kein anderer, der die Fahne tragen konnte, als der Dopingsünder Peter Angerer …

Niemals, so ereiferte sich Daume in Kanada, dürfe es in Deutschland ein Dopinggesetz geben, denn niemals dürften Sportler kriminalisiert werden. Ein Wahlspruch, den sich auch Thomas Bach, der heutige Chef des Deutschen Olympischen Sportbundes, aufs Panier geschrieben hat. Egal, wie kriminell Sportler auch handeln.

12. KAPITEL

DIE RHEINISCHE MAFIA

»Es ist natürlich besser, wenn keiner auffällt.«
Heinz Hüsselmann, früherer Cheftrainer des TV Wattenscheid

Warum ist es am Rhein so schön? »Weil dopingfreie Trainingskonzepte hier nicht erwünscht sind«, wusste schon 1993 der damals 43-jährige Ulrich Eicke in einem Gespräch mit dem Münchner Politmagazin *Focus* zu berichten. Der Kanu-Olympiasieger von 1984 leitete in jenen Jahren den Olympiastützpunkt Köln-Bonn-Leverkusen. Dopingfreie Trainingskonzepte im Westen Deutschlands? Das konnte doch nur miese Meinungsmache sein, oder? Von wegen. Keineswegs, denn seit zwei Jahren befinden sich Historiker und Dopingforscher auf der einst von Ulrich Eicke gelegten Spur. Am 28. September 2011 meldete nämlich die in Düsseldorf erscheinende *Rheinische Post*, eine Studie des Bundesinstituts für Sportwissenschaft in Köln verweise deutlich darauf, ganz besonders im tiefen Westen der Bundesrepublik seien einst bis zu 90 (!) Prozent aller Werfer mit Anabolika gedopt worden.

In dieser Studie, die jedoch öffentlich weder Ross noch Reiter nennt, führen dabei viele Spuren ins Rheinland, genauer: ins chemie-graue Leverkusen. Auch nur Stimmungsmache, weil die Kölner den Leverkusenern angeblich nicht den sportlichen Erfolg gönnen? Wohl kaum. Der Berliner Sporthistoriker Giselher Spitzer bewertet zwar in dieser gemeinsamen Forschungsarbeit der Westfälischen Wilhelms-Universität Münster und der Berliner Humboldt-Universität Doping im westdeutschen Spitzensport nicht als »systematisch« wie in ähnlichen Fällen in der ehemaligen DDR, aber immerhin fast so, nämlich als »systemisch«. Spitzer wörtlich: »Es gab keine Signale aus der Politik, macht es anders, als die anderen.« Und so machten sie es, wie sich im Nachhinein belegen lässt, im Westen auch nicht viel anders als im Osten – und ganz besonders intensiv vor allem im tiefen Westen.

Szenenwechsel: Olympische Sommerspiele in München. Auf dem Programm steht am 10. September 1972 das Finale der 4-mal-100-Meter-Sprintstaffeln. Bei den Frauen gilt die DDR mit ihrer kräftigen Schlussfrau Renate Stecher aus Jena als haushoher Favorit. Alle anderen Mannschaften schätzen die Fachleute allenfalls als Staffage ein. Doch dann passiert das Unfassbare, das eigentlich typisch Olympische: Die westdeutsche Staffel, die mit ihrer Darmstädter Ersatzläuferin Christiane Krause startet, auf der Gegengeraden die spätere CDU-Politikerin Ingrid Mickler und in der letzten Kurve auf die flinke Dortmunderin Annegret Richter setzt, befindet sich zum Schluss auf einmal auf Goldkurs. Auf den letzten 100 Metern kommt es zu einem dramatischen Duell zwischen Renate Stecher aus der DDR und der Leverkusener Leichtathletikikone Heide Rosendahl. Das Foto von der mit Brustbreite siegenden Rosendahl ging für die damalige Zeit in geradezu rasender Geschwindigkeit um die ganze Welt und schmückte am Tag darauf fast überall die Titelseiten der Tageszeitungen. Eine Sensation war perfekt. Im Ziel blieben die Uhren bei damals kaum vorstellbaren 42,81 Sekunden stehen – Weltrekord!

39 Jahre später, im Frühjahr 2011, kommt es zu einer heftigen öffentlichen Debatte um die Aufnahme Renate Stechers in die umstrittene »Hall of Fame« des deutschen Sports, eine

Veranstaltung, über die deren Initiatoren von der Stiftung Deutsche Sporthilfe bis heute nicht glücklich geworden sind. Denn Belege des Ostberliner Ministeriums für Staatssicherheit (MfS) aus dem Jahr 1970 belegen, dass die einst schnellste Frau der Welt bereits zwei Jahre vor ihrer olympischen Niederlage im Münchner Staffelrennen mittels Anabolika in entsprechende Form gebracht worden ist. In dieser MfS-Akte ist auch der folgende Satz festgehalten: »... so hat zum Beispiel Dr. Johannes Roth in der Bezirksleitung Gera der SED zum Ausdruck gebracht, dass Renate Meißner [Stechers Mädchenname; Anm. d. Autors] und Wolfgang Nordwig [Olympiasieger 1972 im Stabhochsprung] nicht solche Leistungen vollbracht hätten, wenn er diese nicht mit den entsprechenden Medikamenten versorgt hätte.«

Das wissen wir also. Warum aber war Heide Rosendahl eigentlich schneller als die gedopte Renate Stecher? Die doppelte Olympiasiegerin von München und zwischenzeitliche *Bild*-Beobachterin verbittet sich seit Jahren jegliche Nachfrage zum Thema Doping. Jedenfalls in eigener Sache. Sie war zwar 1972 schneller als Renate Stecher, doch sie hatte, an jenem denkwürdigen 10. September 1972, nun einmal die schnelleren Beine. Noch Fragen? Außerdem, so die Rosendahl, habe man ja erst Mitte der 1970er-Jahre mit dem Doping begonnen, der Höhepunkt sei dann erst rund zehn Jahre später gewesen. Also alles erst nach ihrer Zeit als Superathletin, oder? Da können die Professoren Michael Krüger von der Universität Münster und Giselher Spitzer aus Berlin zutage fördern, was sie wollen und daraus schließen, was sie im Auftrag des Bundesinstituts für Sportwissenschaft ja auch tun – Heide Rosendahl, die unbeirrte Anti-Doping-Kämpferin vom Rhein, bleibt von alldem unberührt, und so saß sie selbstverständlich auch 2009 in jener Kommission des Deutschen Olympischen Sportbundes, die sich mit dem dopingbelasteten Personal dieses Landes befasst hat.

Zu diesem Personal gehörte – natürlich – niemand der über 50 000 Mitglieder jener 27 Sportvereine, die der Pharmakonzern Bayer Leverkusen unablässig und ohne Hintergedanken sponsert. Und das mit mehr Erfolg als jeder andere deutsche Sponsor: 61 Medaillen hat es bisher für Bayer-Sportler bei Olympischen Spielen geregnet; 200 Medaillen bei Weltmeisterschaften aller Art und 100 Titel bei europäischen Championaten – und das alles bereits seit Beginn des 20. Jahrhunderts. Aber Dopingfälle? Doch nicht im tiefen Westen der Bundesrepublik. Oder doch?

Wer in den letzten Jahrzehnten ordentlich Buch geführt hat, stößt nämlich beim Stichwort Leverkusen auch auf den 21. Mai 1978 und unter diesem Datum auf die Namen Hein-Direck Neu und Joachim Krug. Neu feierte Erfolge als Diskuswerfer und agierte zu jener Zeit immerhin als Sprecher der westdeutschen Nationalmannschaft. Krug war damals Kugelstoßer. Die beiden Bayer-Athleten wurden nämlich an jenem 21. Mai in Hannover des Anabolika-Dopings überführt. Die Ausreden waren damals ebenso dämlich wie heute. Neu behauptete beispielsweise 1979 gegenüber dem seriösen Magazin *Bild der Wissenschaft*, das ihm von einem Arzt verabreichte Medikament sei in der bei ihm gefundenen Menge gar nicht leistungsfördernd gewesen, mithin könne man auch nicht von gezieltem Doping reden. Warum er es trotzdem benutzt hat? Diese Frage ließ Neu unbeantwortet. Als die *Rheinische Post* den Abteilungsleiter der Leichtathleten des ruhmreichen Vereins Bayer 04 Leverkusen im Herbst 2011 mit den Ergebnissen jener Studie des Bundesinstituts für Sportwissenschaft konfrontierte, die auf deutliche Dopingspuren im Westen Deutschlands und damit auf Leverkusen verwiesen, watschte er die Journalisten nur kurz ab – und damit war die Sache für ihn ein für allemal erledigt.

»Als Funktionär heute mache ich mir keinen Kopf darüber, was vor 40 Jahren passiert sein könnte. Ich sehe keinen Grund dazu, jetzt eine Position zu beziehen.« Mit diesen Worten reagierte der Jurist Joachim Strauss auf die Studie der Universitäten in Münster und Berlin. Dabei gehörte Strauss in den 1970er-Jahren zu den besten deutschen Mittelstreckenläufern, also zu den Aushängeschildern der Leverkusener Erfolgsathleten – und damit auch zu jenen, die eigentlich wissen müssten, was geschehen ist. Es sei denn, sie haben sich die Ohren zugehalten und die Augen geschlossen.

Vielleicht hätte sich Strauss ja mal bei der Ärztin Heidi Schüller erkundigen sollen. Die ehemalige Leverkusener Weitspringerin hat einst bei den Spielen in München im Namen aller Athleten öffentlich gelobt, »im ritterlichen Geist zum Ruhme des Sports und zur Ehre unserer Mannschaft« fair zu kämpfen. Eine Anti-Doping-Formel gab es damals noch nicht, die wurde erst zur Jahrtausendfeier eingeführt. Im Jahr 2000 gelobte dann die australische Hockeyspielerin Rechelle Hawkes in Sydney: »Im Namen aller Athleten verspreche ich, dass wir an den Olympischen Spielen teilnehmen und dabei die gültigen Regeln respektieren und befolgen und uns dabei einem Sport ohne Doping und ohne Drogen verpflichten, im wahren Geist der Sportlichkeit, für den Ruhm des Sports und die Ehre unserer Mannschaft.« Doch zurück zu Heidi Schüller. Wie es zu jener Zeit wirklich in Athletenkreisen zuging, erzählte die einstige »Ärztin ohne Grenzen« erst viel später, im Jahr 2007, der *Süddeutschen Zeitung*: »Im Trainingswinter vor Olympia habe ich erlebt, dass es in deutschen Leistungszentren einzelne Sportler gab, die im Kraftraum saßen, ihre Taschen aufmachten und Anabolika in großen Plastikdosen herausholten, die sie über schwedische Sportstudenten angeblich aus DDR-Beständen bekommen hatten. Und die sie händchenweise nahmen. Nach dem Motto: Ich nehme drei mehr als du.« Sie selbst habe natürlich schon deshalb nichts genommen, weil sie als Medizinstudentin bereits damals um die Nebenwirkungen der Kraftpille Bescheid gewusst hätte.

Beobachtungen, die 1993 auch Uli Eicke, damals Leiter des Olympiastützpunktes Köln-Bonn-Leverkusen, bestätigt hat. Für die seinerzeit von ihm beobachtete neue Dopingmentalität im westdeutschen Spitzensport seien aber in erster Linie die Trainer und Betreuer verantwortlich. Eicke sagte damals: »Die Athleten können die medizinischen und psychischen Risiken des Dopings nicht einschätzen und entschließen sich, bestärkt durch ihr Umfeld, zum Doping.« Die Mittel und Motive seien ähnlich wie in der DDR gewesen, auch wenn es in Westdeutschland keinen offiziellen Dopingstaatsplan gegeben hat. Günther Lohre, in den 1970er-Jahren einer der besten Stabhochspringer der Welt und jetzt als Vizepräsident Leistungssport einer der wichtigsten Funktionäre im Deutschen Leichtathletik-Verband, erinnert sich: »Man hatte damals das Gefühl, Doping wird politisch gefördert. Die Ansicht war ja, dass man unseren Athleten nicht vorenthalten darf, was der Osten seinen Sportlern gibt.« Und weil obendrein die verbotene Einnahme des Hormons Testosteron sechs Stunden später kaum mehr im Urin nachzuweisen war, galt unter westdeutschen Athleten damals auch der Satz: »Wer dopen will, hat die Nase vorn.«

Der Leverkusener Sprinter Manfred Ommer, 1974 in Rom bei den Europameisterschaften Zweiter über 200 Meter, gab als einer der wenigen rheinischen Spitzenathleten zu, gedopt zu haben. Und warum? Ommer, später auch Vizepräsident des saarländischen Fußball-Zweitligisten FC Homburg: »Weil es damals alle machten.« Schon im Vorfeld der Olympischen Sommerspiele 1976 in Montréal setzte im Westen öffentlich die Debatte über Anabolika-Doping ein. Nach den Spielen verwies die Mainzer Sprinterin Annegret Kroninger darauf, dass unter dem sogenannten legendären Bundestrainer Wolfgang Thiele das Doping der westdeutschen Sprinterinnen mit männlichen Hormonen konsensfähig geworden sei – ausgerechnet unter dem Berliner Thiele, der seiner Erfolge wegen zuvor noch das Bundesverdienstkreuz erhalten hatte. Annegret Kroninger gestand 1977, die westdeutsche 4-mal-100-Meter-Staffel der Frauen hätte sich damals die Silbermedaille mit Dopinghilfe erlaufen. Kroninger blieb mit ihrem Geständnis allein, während sich ihre Mitläuferinnen Elvira Possekel, Inge Helten und Annegret Richter still verhielten. Schließlich waren sie dazu auch verpflichtet worden.

Als die Vorfälle in und um Leverkusen in den Jahren 1994 und 1995 erstmals öffentlich zur Sprache kamen, als Uli Eicke ohne Scheu von einem »rheinischen Doping-Nest« gesprochen und Manfred von Richthofen, der damalige Präsident des Deutschen Sportbundes, von angeblichen »Hinweisen auf Verfehlungen« geredet hatte, gab es statt Einsichten und sachlicher Diskussionen eine einstweilige Verfügung und ein Bußgeld über 15.000 D-Mark für Eicke. Ihm wurde bei Androhung eines Ordnungsgeldes in Höhe von 500.000 D-Mark verboten, seine Dopinganschuldigungen zu wiederholen. Damit war die Sache erledigt! Eicke schied aus dem Olympiastützpunkt aus und blieb dem Sport fortan fern. Heute arbeitet er in Düsseldorf als Schmerztherapeut. Eine bedauerliche Entscheidung gegen den Leistungssport und jammerschade für dessen Entwicklung in diesem Lande. Wer von den Anti-Doping-Kämpfern nicht mit derart brachialen Mitteln mundtot gemacht wurde wie Eicke, wurde drangsaliert und systematisch isoliert, beruflich und damit auch gesellschaftlich. Der Bielefelder Eberhard Munzert trat 1989, eineinhalb Jahre nach dem Dopingtod der Bremer Siebenkämpferin Birgit Dressel und im Anti-Doping-Kampf von allen im eigenen Verband als dessen Präsident alleingelassen, vollkommen isoliert und ganz und gar desillusioniert zurück. Die Leichtathleten bekamen mit Helmut Meyer dann einen Nachfolger, der Doping als Kavaliersdelikt behandelte – und damit überall Anerkennung fand: im Deutschen Sportbund ebenso wie im Bundesinnenministerium. Hans Evers wiederum, zeitweilig

Bürgermeister in Freiburg, focht seit 1991 an der Spitze der gemeinsamen deutschen Anti-Doping-Kommission von DSB und NOK einen ebensolchen aussichtslosen und einsamen Kampf wie Munzert. Ohne dabei jemals ein Blatt vor den Mund zu nehmen. Dass im westdeutschen Hochleistungssport der 1990er-Jahre gedopt werde, was die Ampullen hergaben, war Evers, wie er damals ohne Wenn und Aber sagte, »vollkommen klar«.

Schon damals sagte er, was noch heute uneingeschränkt gilt: »Ich kenne keinen ernsthaften Menschen, der behaupten würde, bei uns wird nicht gedopt. Ich weiß doch, dass Ärzte bei uns Rezepte für Dopingmittel verschreiben.« Auch das lässt sich durch eigene Recherchen aus der Vergangenheit stützen: Ein Apotheker aus dem Rheinland, der ungenannt bleiben muss, wenn er auch weiterhin praktizieren will, hat über einen langen Zeitraum Anabolika-Rezepte bedient, die jeweils für die angeblich kranken Verwandten bekannter und erfolgreicher Ringkämpfer eingereicht wurden. Was auch heute noch, wenn auch andernorts, so gehandhabt wird. Der Betrug bleibt der Zwillingsbruder des Leistungs- und mittlerweile auch des Breitensports. Noch einmal Hans Evers: »Das Problem unserer Olympiastützpunkte ist doch, dass einige Athleten sie deshalb nicht annehmen, weil dort nicht an Dopingmittel heranzukommen ist.« Aber er wisse auch, dass »einige Trainingspläne in Deutschland nur mit Doping rundlaufen«. Man könnte meinen, es seien Erkenntnisse aus dem Jahr 2012! Am 3. März 1999 ist Hans Evers verstorben; seine Gegner können seitdem endlich schalten und walten, wie sie wollen. Auch ganz tief im Westen, in Leverkusen oder auch in Wattenscheid, wo es ein weiteres, geradezu unheimlich erfolgreiches Leichtathletikzentrum gibt.

»Tief im Westen«, röhrt Herbert Grönemeyer schon seit Jahrzehnten und setzt damit auch auf seinen Konzerten in Ostdeutschland dem Malocher im Ruhrgebiet ungebrochen ein musikalisches Denkmal. Tief im Westen, in Grönemeyers hymnisch verklärter Heimatstadt Bochum, gibt es aber nicht nur den ständig auf- und absteigenden VfL, sondern auch, im Stadtteil Wattenscheid, den dortigen Olympiastützpunkt und den immer noch renommierten TV Wattenscheid. Ein westdeutscher Spitzenverein mit vielen Erfolgen und einer ganz miesen und ganz und gar unangenehmen Dopingvergangenheit, die bis in unsere Gegenwart hineinreicht. Eine Vergangenheit in der olympischen Königssportart Leichtathletik, die einen beim Sichten der alten Unterlagen erneut ganz tief herunterzieht, weil einige der in den 1990er-Jahren im Fadenkreuz der Staatsanwälte befindlichen Personen noch immer zu jenen gehören, die nun auch in der gesamtdeutschen Leichtathletik die Fäden ziehen – oder es zumindest versuchen. Nicht geduldet oder heimlich gedeckt, sondern offen gefördert.

Aber fangen wir dort an, wo alles begann: Die Staatsanwaltschaft Bochum hatte 1986 gegen den zeitweiligen Leichtathletik-Bundestrainer Heinz Hüsselmann ein Ermittlungsverfahren wegen Körperverletzung und Verstoßes gegen das Arzneimittelgesetz eingeleitet. Der Auslöser war eine Anzeige der damaligen Hürdensprinterin Brigitte Gerstenmaier und ihres Verlobten, des Arztes Thomas Grönich. Im Kern besagte diese Anzeige, Hüsselmann habe der Athletin Gerstenmaier, gegen deren Willen, anabole Steroide verabreicht. Deklariert habe Hüsselmann, seinerzeit nicht nur der Trainer, sondern damals auch Manager des TV Wattenscheid, diese anabolen Steroide als »wichtige Ergänzung zur normalen Ernährung«. Von Doping sei nie die Rede gewesen. Hüsselmann habe die weißen Tabletten zur Tarnung aus ihrer Originalpackung herausgenommen und sie säuberlich sortiert in ein Tablettenkästchen, mit einer Einteilung nach Wochentagen und Tageszeiten, säuberlich eingeordnet. Grönich, Arzt und aktiver Leichtathlet, wurde ob dieser Maßgabe misstrauisch. Doch Brigitte Gerstenmaier beruhigte ihn, es seien ganz und gar »harmlose Vitamin-Präparate«. Sie vertraue Hüsselmann blind. Er wolle nur ihr Bestes.

Als sie aber im Frühjahr 1986 Veränderungen an ihrem Körper verspürte, eine ausgeprägtere Muskulatur feststellte und sogar eine Steigerung der Libido zu bemerken glaubte, schalteten sie und Grönich die Bochumer Kriminalpolizei ein. Der Verdacht der beiden Sportler bestätigte sich schnell: Statt der Vitamine, wie von Hüsselmann versichert, bekam Brigitte Gerstenmaier nämlich seit vielen Monaten das hochdosierte Anabolikum Dianabol. Ein Präparat, das wegen seiner gefährlichen Nebenwirkungen – es kann durchaus auch Krebserkrankungen fördern – bereits 1982 in Deutschland offiziell vom Markt genommen worden ist. Dennoch ist es auch im Jahr 2012 noch zu erhalten – über das Internet. Oder auch, unter der Hand, versteht sich, in verschiedenen Fitnessstudios. Dort wurde es auch mir schon angeboten. Es handelte sich dabei um ein Fläschchen mit blauem Etikett und der silbrigen Aufschrift *Dianabol*. Der Prospekt dazu verspricht: »Brutale Massenzunahme; enorme Kraftsteigerung.« Unglaublich, aber wahr.

Doch was geschah mit jenem schlimmen Finger, der den Namen Heinz Hüsselmann trägt? Die Staatsanwaltschaft Bochum stellte am 29. Januar 1988 das Verfahren gegen den damaligen Startrainer ein. Allerdings wurde die sogenannte Einstellungsnachricht an den seinerzeit freigesprochenen Beklagten mit dem Hinweis versehen: »Die Einstellung des Verfahrens erfolgt, da nicht mit letzter Sicherheit nachzuweisen war, dass die anabolikahaltigen Präparate von Ihnen stammten.« Es war gewissermaßen ein Freispruch dritter Klasse! Und irgendwann danach nahm die Causa Hüsselmann-Gerstenmaier dann einen ganz anderen, völlig unverhofften Verlauf. Brigitte Gerstenmaier stieg nicht nur zur Honorartrainerin, sondern sogar zu Hüsselmanns persönlicher Referentin auf – was obendrein auch noch zu einer jener engen persönlichen Beziehungen gedieh, die weit über das Berufliche hinausgehen. Das trägt eben nicht gerade dazu bei, die Omertà – das Schweigegelübde des deutschen (Doping-)Sports – auch nur im Ansatz aufzubrechen. Ob in der Leichtathletik oder im Schwimmen, im Fußball oder im Biathlon. Und Hüsselmann? Der war auf einmal wieder in deutschen Landen ein gern gesehener Sportfachmann. Bis 2011 trat er als gefragter Veranstalter international und national hervorragend besetzter Leichtathletiksportfeste in Kassel, Cuxhaven und Biberach auf. Meetings, die einen guten Ruf erlangten. Doch 2012 fand auf einmal alles ein jähes Ende. Den Veranstaltern aus Kassel teilte der Deutsche Leichtathletik-Verband (DLV) mit, es gebe fortan in Deutschland seitens des Verbandes keinerlei Genehmigungen mehr für Veranstaltungen von Heinz Hüsselmann. Eine plausible Erklärung dafür wurde allerdings nicht genannt. Aber vielleicht erinnerte sich in der DLV-Geschäftsstelle in Darmstadt, wenn auch erst nach Jahren, doch noch der eine oder andere daran, was Hüsselmann in seiner Eigenschaft als »Dopingexperte« und zeitweiliger Bundestrainer einst alles auf unselige Wege geleitet hatte. In Cuxhaven jedenfalls wurde die gemütliche Veranstaltung »Leichtathletik hinterm Deich« 2012 wegen angeblicher Kommunikationsschwierigkeiten zwischen Hüsselmann und dem Ausrichter gestrichen, und in Biberach will man Hüsselmann erst dann wieder in die Stadt lassen, wenn er die dort 2011 verursachten Schulden beglichen hat, darunter eine Rechnung des dortigen Parkhotels *Jordanbad* über 20.000 Euro.

Hüsselmann, der in Wattenscheid Ute Thimm, die olympische Bronzemedaillengewinnerin von 1984 mit der westdeutschen 4-mal-400-Meter-Staffel, im Herbst 1986 mit unerlaubten Mitteln auf die nächste Saison vorbereiten wollte, brachte sich auch noch anderweitig in Schwierigkeiten. Er hat auch der Sprinttrainerin der ehemaligen Siebenkampf-Europameisterin Sabine Braun im Herbst des Jahres 1986 unverhohlen Dopingmittel angeboten. Als diese entrüstet ablehnte, sei die Zusammenarbeit abrupt zu Ende gewesen. In der *Süddeutschen Zeitung* vom 21. Mai 1991 verwahrte sich Hüsselmann, »er sei es leid, sich immer gegen diese Vorwürfe wehren zu müssen.« Das ist verständlich, wenn jemand den Dopingbetrug nur für einen Teil des Spiels hält …

Der Westen und seine Dopingskandale: Der Super-GAU des westdeutschen Dopings ereignete sich am 30. Juni 2006. Die Deutsche Telekom hatte anlässlich der Tour de France zur feierlichen Vorstellung ihres Radteams eingeladen. Das sollte nicht irgendwo geschehen, sondern in der Oase des elsässischen Golfclubs *Le Kempferhof*, einem ganz feinen Verein bei Plobsheim. Dort wollte man vor dem Prolog zur dreiwöchigen Frankreichrundfahrt Jan Ullrich und dessen Wasserträger stilvoll den internationalen Medien präsentieren. Doch Punkt 9.31 Uhr verkündete Mannschaftssprecher Christian Frommert stattdessen mit ernster Miene die Suspendierung des Tourfavoriten Ullrich, die seines spanischen Helfers Oscar Sevilla und sogar die des belgischen Sportchefs Rudy Pevenage. Womit die Deutsche Telekom AG – als Nachfolgerin der Deutschen Bundespost ein Konzern von internationaler Bedeutung – zugleich rigoros den bis dato geltenden Schutz für ihr außergewöhnliches Aushängeschild Jan Ullrich aufgehoben hatte. Zerknirscht hieß es, man habe die von der Tourdirektion übermittelten Unterlagen erst Minuten zuvor, auf der Busfahrt zu der nun urplötzlich abgesagten Teampräsentation, gelesen und den Inhalt den Rennfahrern mitgeteilt. Und damit sei diese Dienstfahrt vorbei gewesen.

Und wie verhielt sich Jan Ullrich? Der schwieg beharrlich. Hatte er sich zuvor doch dem umtriebigen belgischen Ex-Profi Rudy Pevenage völlig ausgeliefert. Diesen quecksilbrigen, mit allen Wassern gewaschenen Mann, vermochte in der Telekom-Zentrale niemand an die Konzernkette legen. Außerdem bildete der Belgier zu jenem Zeitpunkt bereits über zehn Jahre lang eine von keinerlei Zellteilung heimgesuchte unzertrennliche Einheit mit Ullrich, sozusagen eine Mannschaft also innerhalb der Mannschaft T-Mobile. Was aber hatte wirklich den Ausschlag gegeben, Ullrich zu suspendieren? Der deutsche Sportheld hatte bei dem Madrider Dopingarzt Eufemiano Fuentes eine ganze Sammlung an Beuteln mit Eigenblut hinterlegt. Also lag der Verdacht nahe, er wolle sich damit womöglich während eines Etappenrennens versorgen; sein verbrauchtes Blut also verbotenerweise mit Eigenblutkonserven aus Madrid auffrischen und sich auf diese Weise gegenüber seinen Kontrahenten einen Vorteil verschaffen. Die Sache schwelte sechs Jahre lang und wurde im Frühjahr 2012 endlich vom Internationalen Sportgerichtshof in Lausanne zu den Akten gelegt – und zwar nach Verhängung einer zweijährigen nachträglichen Sperre des seit sechs Jahren bereits nicht mehr aktiven Radsportlers Jan Ullrich.

Der Fall war damit beendet, doch die Deutsche Telekom erklärt bis heute nichts zur Sache. Dabei gäbe es einiges, worüber sie reden müssten: über ihre forcierte Zusammenarbeit mit ostdeutschen Dopingtrainern, belgischen Drogenspezialisten und den am Rande der ärztlichen Legalität handelnden Medizinern der Freiburger Universitätsklinik. Sie alle förderten Ullrichs Aufstieg und den des gesamten Teams. Doch sie schweigen. Dabei wissen sie ganz genau, was sie mit ihrem künstlichen Helden Jan Ullrich und dem Hype um seine Person angerichtet haben: Erst haben sie jahrelang dafür gesorgt, dass antiker Heldenmythos, Heiligenlegende und Zeitgeist in deutschen Gehirnen zu einer Art Quasireligion verschmolzen, nun rudern sie noch nicht einmal zurück, sondern tun so, als habe es dieses Radteam und dessen Super-GAU nie gegeben. Dabei könnten sie erklären, welche Chemiker beteiligt und, vor allem, wie diese die wundersame Leistungssteigerung jener Equipe bewirkt haben. Und wer das alles bezahlt hat! Das geht freilich schlecht, denn sie haben in der Konzernzentrale am Rhein skrupellos die Mär vom sauberen und integren Telekom-Team mit dem Superstar Jan Ullrich aufgebaut. Wobei das interne Beziehungsgeflecht zwischen Unternehmen und Sportorganisationen im Jahr 2006 deutlich offenbart hat, wer in das Spiel um Posten und Penunzen eingebunden wurde.

Da gab es beispielsweise die Bemühungen des ehemaligen Weitspringers Armin Baumert, in seiner Eigenschaft als Vorsitzender der Nationalen Anti-Doping-Agentur (NADA) Deutschlands einen gut dotierten Beratervertrag bei der Equipe der Telekom zu ergattern – pikant, weil Baumert parallel weiterhin als sogenannter unabhängiger Vorsitzender aller deutschen Dopingjäger fungieren wollte. Auf einer Sitzung in Berlin sollte die NADA diese abstruse Konstruktion einhellig absegnen. Die Sache war sorgsam eingefädelt worden, eigentlich konnte nichts schiefgehen. Zumal ein Vertreter der Telekom-Equipe in einer ständigen NADA-Kommission saß und somit manche internen Informationen über geplante Dopingkontrollen erfahren haben muss. Zum Vorteil der Truppe um Jan Ullrich? Dass ich von alldem wusste und den dafür von der NADA schriftlich formulierten Vorschlag über Deutschlandradio Kultur verbreiten würde, wussten 30 Minuten vor der Sendung auf einmal NADA und die Telekom – und versuchten, uns unter Druck zu setzen. Woher wussten sie, was wir wussten? Hatten sie zuvor unsere Telefongespräche mitgehört oder unsere E-Mails mitgelesen? Wir sendeten den Beitrag trotzdem. Doch auf der Berliner NADA-Sitzung am selben Abend fehlte auf einmal unser im Radio zuvor verlesener Vorschlag zur Personalie Baumert – und wir hätten von der Telekom vor aller Welt als Lügner angeprangert werden können, was aber nicht geschah.

Die Melange aus ostdeutscher Dopingmentalität, westdeutscher Großmannssucht und belgischer Drogentradition hatte den Super-GAU geboren. Was demnächst noch zu einer ganz und gar verrückten Ergebniskorrektur der Tour de France führen kann. Sollte nämlich der siebenmalige amerikanische Toursieger Lance Armstrong nach jahrelangen Recherchen und Anklagen tatsächlich hieb- und stichfest des Dopings überführt werden, würden zwangsläufig drei seiner Tourtriumphe im Nachhinein Jan Ullrich zugesprochen. Denn Ullrich war als Tour-Zweiter – nachweislich – niemals gedopt. Darauf würde er verzichten, ließ Ullrich verkünden, doch der internationale Verband würde sich darum nicht scheren und ihn damit regelgerecht als Sieger in seinen Annalen führen.

Die deutsch-deutsche Dopingkumpanei! Sie belastet seit 2011 sogar den Landessportbund Thüringen. Dessen Vizepräsident Heinz-Jochen Spilker ist nämlich 1994 als Leichtathletik-Cheftrainer des westfälischen Vereins Eintracht Hamm wegen des Verstoßes gegen das Arzneimittelgesetz zu einer Geldstrafe von 12.000 D-Mark verurteilt worden. Er hatte damals Dopingabgabemittel an westdeutsche Spitzensprinterinnen mit Hilfe von Blankorezepten des Freiburger Mediziners Prof. Armin Klümper an westdeutsche Spitzensprinterinnen gegeben. Daraus zog der Jurist Spilker seine Konsequenz und wechselte aus dem tiefen Westen mitten hinein ins grüne Herz Deutschlands, nach Thüringen. Dort machte er fortan sportpolitische Karriere. Was jedoch einigen Herren in den Führungsetagen des deutschen Sports sauer aufstieß. Schon 2007 hatte deshalb Michael Vesper, Politiker der Grünen und Generalsekretär des Deutschen Olympischen Sportbunds, den thüringischen Landesverband unmissverständlich aufgefordert: »Ich rate dringend, sich von dopingbelasteten Leuten zu trennen. Wer wie im Falle von Herrn Spilker als Trainer Doping zugelassen oder gar gefördert hat, ist für Spitzenpositionen im Sport untragbar und darf auch niemals mehr die Obhut über Kinder und Jugendliche bekommen.«

Doch die Erfurter ließen den zweiten Mann im deutschen

Sport einfach abblitzen und antworteten: »Trainer der ehemaligen DDR erhielten nach 1990 neue Chancen, wenn sie sich zu einem manipulationsfreien Sport deutlich erklärten. Dies muss auch für einen früheren Trainer der alten Bundesrepublik gelten, der seit 1990 nicht mehr leistungssportlich tätig ist und seine Geldstrafe akzeptiert hat.« Die deutsch-deutsche Dopingkumpanei – sie funktioniert also auch noch im Jahr 2012.

13. KAPITEL

DER DFB – EIN DOPINGPARADIES

»Nach Golde drängt, am Golde hängt doch alles!«
Johann Wolfgang von Goethe (1749–1832), *Faust I*

ie Nationale Anti-Doping-Agentur stuft Fußball als eine Sportart mit mittlerem Doping-Risiko ein – anders als etwa Leichtathletik, Gewichtheben oder Schwimmen. Ein Fußballer kann durch Doping ja weder seine Technik noch das Mannschaftsspiel verbessern. Allerdings ist im Fußball auch eine optimale Kondition wichtig, genauso wie gute Kraft- und Schnellkraftwerte. Da kann der eine oder andere Kicker schon auf die Idee kommen, mit bestimmten Mitteln seine Leistung zu verbessern.« Das sagte der Kölner Dopinganalytiker Prof. Wilhelm Schänzer im März 2009 der Hamburger Wochenzeitung *Die Zeit*. Und an dieser landläufig verbreiteten Auffassung hat sich auch seitens der deutschen Nationalen Anti-Doping-Agentur nichts geändert. Das teilte sie mir auf Anfrage sogar schriftlich mit. Dennoch: Auf die Idee, ihre Leistungsfähigkeit mit Hilfe pharmazeutischer Erzeugnisse zu erhöhen, kamen nicht nur die Fußballspieler selbst, sondern vor allem die Trainer, die Mannschaftsärzte und allen voran die Vereins- und Verbandsfunktionäre – hüben wie drüben. Aus den Wendejahren – ganz besonders für die späten 1980er-Jahre – lässt sich beispielsweise belegen, wie auffällig das Amphetamin-Derivat Fenetyllin im westdeutschen Profifußball verbreitet gewesen ist. Fenetyllin erhöht nämlich nicht nur die Aufmerksamkeit der Spieler, es fördert obendrein die Leistungsbereitschaft beträchtlich. Der Stoff wirkt nicht gerade gesundheitsfördernd und wurde deshalb bereits 1986 vom Büro der Vereinten Nationen für Drogen- und Verbrechensbekämpfung (UNODC) in Wien auf die Liste der gefährlichen Drogen gesetzt. Ebenso von der Welt-Anti-Doping-Agentur (WADA), die selbstredend den Gebrauch von Fenetyllin verbietet. Deutsche Fußballprofis hat das jedoch nicht vom Konsum abgehalten, versprachen sie sich doch von dem heute noch unter dem Handelsnamen Captagon in Spanien und gelegentlich auch in Belgien vertriebenen Medikament ein hohes Maß an besonderer Leistungsfähigkeit, gepaart mit einem äußerst starken Willen.

Das haben im Jahr 2007 sogar der frühere Nationaltorhüter Jens Lehmann und der ehemalige Bundesligacoach Peter Neururer bestätigt. Originalton Neururer: »Viele Spieler waren verrückt danach. Das war überall bekannt und wurde praktiziert. Bis zu 50 Prozent haben das konsumiert. Nicht nur in der Zweiten Liga.« Neururers Ausführungen, die am Ende keinerlei Konsequenzen nach sich zogen, wurden ebenso von dessen Trainerkollegen Jürgen Röber und Benno Möhlmann wie auch von den beiden Teamärzten des Traditionsvereins Eintracht Braunschweig, Peter Harms und Jürgen Stumm, bestätigt. Der Orthopäde Harms, in den 1970er- und 1980er-Jahren für die Braunschweiger als Vereinsarzt tätig, erinnerte sich: »Captagon hat damals fast jeder genommen, der ein bisschen müde war.« Schon zuvor war von Doping in der höchsten deutschen Spielklasse die Rede. Im Juli 1979 verließ der Däne Per Røntved nach 194 Einsätzen für den SV Werder Bremen die Bundesliga und schloss sich in seiner Heimat dem Randers FC an. In Dänemark verfasste er auch das Buch *Fodbold på vrangen (Die Kehrseite)*. Die Erstauflage von 10 000 Exemplaren war in Røntveds Heimat im Nu vergriffen, denn der erste ausländische Kapitän des SV Werder Bremen packte darin richtig aus: »Ich weiß, dass einige Spieler von Werder Bremen sich ständig dopen. Ich glaube aber, dass sie diese Mittel nicht von unserem Vereinsarzt bekamen, sondern aus anderen Quellen.« In Deutschland schrak man ein wenig auf, als man das hörte – aber dabei blieb es im Grunde auch. Es war nur ein Sturm im Wasserglas.

Erinnern Sie sich noch an einen der schlimmsten deutschen Dopingskandale? Er ereignete sich, als am 23. Juli 1992 in einer Urinprobe der Neubrandenburger Sprintweltmeisterin Katrin Krabbe das als Dopingmittel eingesetzte Kälbermastpräparat Clenbuterol gefunden wurde. Bekommen hatte sie das Medikament seinerzeit von ihrem damaligen Coach Thomas Springstein (siehe auch 2. Kapitel). Die sportliche Karriere der langbeinigen Mecklenburgerin war damit ein für allemal beendet.

Christoph Daum arbeitete zu dieser Zeit als Trainer jener Fußball-Bundesligamannschaft, die in der Saison 1991/1992 Deutscher Meister geworden war: für die des VfB Stuttgart. Auch Daum setzte, wie Springstein in der Leichtathletik, bei seinen Spielern Clenbuterol ein – ohne dass er sich irgendwelche rechtlichen Folgen eingehandelt hätte. Daum prahlte damit sogar am 14. August 1992 in einem Gespräch mit der *Frankfurter Rundschau*: »Wir setzten Clenbuterol ein, um die Muskulatur bei verletzten Spielern schneller zu stabilisieren. Wir setzten das Mittel natürlich rechtzeitig wieder ab [um von den Dopingkontrolleuren nicht erwischt zu werden; Anm. d. Autors]. Der Springstein dagegen muss ein Vollidiot sein.« Und dann folgte der ungeheuerliche Satz: »Bei uns hat das mit Doping aber nichts zu tun, wie ich überhaupt glaube, dass in der Bundesliga nicht gedopt wird.« Ja, nach Christoph Daums Lesart scheint es eben nicht auf die gültige Rechtslage und erst recht nicht auf die Moral anzukommen, sondern immer nur auf den aktuellen und vor allem höchst persönlichen

Gesichtspunkt, oder? Das zeichnet, folgt man einem »Macher« wie Daum, nun einmal den modernen Sport aus, verkörpert also auch den zukunftsorientierten Fußball. Und wie reagiert der Fan? Der plappert meist nur nach, was (fast) alle Fans wie eine Art Glaubensbekenntnis stets wiederholen: »Was wirklich passiert, wollen wir so genau gar nicht wissen. Dafür ist doch der Doc da. Dafür, dass die Jungs schnell spielen, immer das Tor treffen und wir dann Party machen können.« So einfach ist das eben, das Fanleben. Hört man aus den Fanclubs landauf, landab. Aber ist auch das Sportlerleben so unkompliziert?

Der Österreicher Stefan Matschiner sieht es ganz anders, weitaus komplizierter. Er hat in letzter Zeit eine ganze Reihe renommierter Skisportler, Leichtathleten und Radprofis verlässlich mit Dopingpräparaten jeglicher Art versorgt – und zwar über viele Jahre hinweg. Auf diese Weise avancierte er in diesem Geschäft zu einer Art internationalem Markenzeichen. In einem Radiogespräch mit Bayern 3 gab dieser Mann am 5. Juli 2011 unumwunden, aber auch unwidersprochen zu: »Ich habe ja auch Fußballer betreut, und wir wissen auch, was Fuentes [der Madrilene gilt als Dopingarzt, nicht nur von Jan Ullrich, ging aber straffrei aus; Anm. d. Autors] in Spanien gemacht hat. Ich weiß auch, was ein Teamarzt eines bayerischen Fußballvereins [gemeint sind wohl Dr. Hans-Wilhelm Müller-Wohlfahrt und der renommierte FC Bayern München; Anm. d. Autors] über die Jahre hinweg jetzt auf die Füße oder auf die Beine gestellt hat.« Matschiner erklärte, was er damit meinte: »Warum kann ein Fußballer mit einem Muskelfaserriss, der bei Otto Normalverbraucher erst nach sechs Wochen ausgeheilt ist, wie kann der nach vierzehn Tage oder nach drei Wochen voll im Saft am Fußballfeld stehen.« Um dann aufzuklären, warum das funktioniert, und zwar nicht nur in Einzelfällen: »Ja, du spritzt einfach dort, wo die Muskelfaser gerissen ist, eine ganz geringe Menge Testosteron hin. Ist alles Doping, ist alles verboten.« Aber das sei ja kein Problem …

Der glorreiche und unantastbare FC Bayern München! Kein Geringerer als Jean-Pierre de Mondenard, der führende Dopingexperte Frankreichs – er verfasste unter anderem das vorzügliche Standardwerk *Dictionnaire du dopage* – erwähnte 2010, dass bereits im Jahr 1976 vier Bayern-Profis ihren damaligen Trainer, den legendären Dettmar Cramer, beschuldigt hätten, ihnen Captagon verordnet zu haben. Das hat mich nicht sonderlich erstaunt, weil mir das schon 1977 der Kölner Dopingpapst Prof. Donike bestätigt hat, und was danach, 1979, auch dem Pariser Fachblatt *France Football* eine Recherche und einen sorgfältigen Artikel wert gewesen ist. 1980 erweiterte dann der angesehene konservative *Le Figaro* die Captagon-Affäre der Bayern noch um zwei weitere Fakten: um Inhalationen mit Ephedrin und die Verabreichung von Codein in Form von Sirup.

Und sonst? Als der rheinische Skandalclub 1. FC Köln im April 2012 ein neues Präsidium und damit – überraschenderweise – auch den ehemaligen Nationaltorhüter Toni Schumacher in dieses Dreigestirn wählte, reagierte dieser völlig verdattert: »Über zwanzig Jahre lang hat mich hier keiner mehr gewollt, und jetzt soll ausgerechnet ich hier Hand mit anlegen – unfassbar.« Warum den geborenen Rheinländer Schumacher ausgerechnet unterm Kölner Dom und im Müngersdorfer Fußballstadion (fast) niemand mehr sehen mochte? Weil man ihm vorwarf, das eigene Nest beschmutzt zu haben. Denn am 23. Februar 1987 hatte der einst weltbeste Fußballtorhüter unter dem Titel *Anpfiff* ein Buch veröffentlicht, in dem er ohne Umschweife behauptete, dass in der Bundesliga geradezu hemmungslos gedopt werde. Der Deutsche Fußball-Bund (DFB) reagierte bereits damals so, wie wir alle es hinlänglich und bis heute gewohnt sind: Er bestrafte den Überbringer, nicht aber die Verursacher dieser Nachrichten.

Also schloss der DFB nur elf Tage nach Erscheinen des Buches seinen populärsten Torhüter für immer aus der Nationalmannschaft aus, der 1. FC Köln zog, rheinisch-pharisäerhaft,
sofort nach und kündigte umgehend Schumachers Vertrag.
Vor allem wegen Textpassagen wie dieser: »Als ganz junger
Spieler«, schreibt Schumacher, »war ich früher ›Chauffeur‹
vieler bewährter Fußballstars des 1. FC. Mit meinem kleinen
R5 habe ich oft ein halbes Dutzend unserer großen Spieler zu
einem Kölner Arzt gebracht. Bei dem holten sie sich vor
wichtigen Spielen ihre Pillen und Spritzen […] Einige von
ihnen konnten sich ohne diese Spezial-Hochform-Pillen eine
Fortsetzung ihrer Karriere gar nicht mehr vorstellen. Pillen
und Leistung – das war für sie zu einer Gleichung geworden,
die aus ihrem Leben nicht mehr wegzudenken war.«

Fußball und Doping? Derartige »Theorien« – so werden
diese Fakten seit ewigen Zeiten in der Frankfurter Schaltzen-
trale des DFB genannt – haben in den letzten Jahren gleich
drei ganz wichtige Männer dieses als Sportverband deklarier-
ten Männerordens ins Reich der Fabeln verwiesen; Männer,
denen man das einfach glauben muss: Ex-Präsident Dr. Theo
Zwanziger, Mannschaftsarzt Tim Meyer und der ehemalige
DFB-Sportdirektor Matthias Sammer, der jetzt seine Fußball-
weisheiten dem FC Bayern München vermittelt. Im Gespräch
mit dem *Focus* erklärte Zwanziger noch im Juni 2011: Gegenüber Doping sei »der Fußball als Mannschaftssport nicht so
anfällig, weil er komplexer ist als andere Sportarten, in denen
es allein auf Ausdauer oder Sprintfähigkeit ankommt.« Überdies hätten die seit 1988 »im deutschen Fußball praktizierten
Doping-Kontrollen relativ wenig Verstöße gezeigt«. Noch ba-
naler geht es kaum, denn jedermann im DFB weiß, dass es
sich bei den dortigen Dopinguntersuchungen meist um Ali-
bikontrollen handelt.

Prof. Tim Meyer, der DFB-Medizinmann aus dem Saar-
land, blies wohl schon deshalb vor der Europameisterschaft

2008 kräftig ins selbe Horn: »Ich zähle Fußball unter Dopinggesichtspunkten nicht zu den höchstgefährdeten Sportarten. Die leistungsbestimmenden Faktoren sind zahlreich und die sportliche Leistungsfähigkeit ist hier nicht ganz so leicht zu beeinflussen wie in einfacher strukturierten Sportarten. Selbst, wenn man einen Fußballprofi ausdauernder oder schneller durch Doping machte, wäre das zwar ein Vorteil, der aber nicht so gravierend ins Gewicht fiele wie in reinen Ausdauer- und Schnellkraft-Sportarten. Beim Fußball fiele daher vermutlich eine Kosten-Nutzen-Abwägung für jemanden, der Doping in Erwägung zieht, nicht so toll aus […] Der leistungssteigernde Effekt, den man erzielen kann, ist weitaus weniger gesichert als im Radsport, wenn man EPO nimmt.« Hier werden 20 Prozent Fakten mit 80 Prozent Allgemeinplätzen vermengt – aber was soll's.

Doch in diesem Gespräch, mit der *Frankfurter Allgemeinen Zeitung* am 24. Mai 2005 geführt, räumte Tim Meyer immerhin ein: »Ich sehe aber beim Fußball durchaus Gefahren im Umfeld von Profis – also da, wo der Vereinsarzt etwas gar nicht mitbekommt. Diese Gefahren werden natürlich noch gesteigert durch hohe Verdienstmöglichkeiten, einsatzabhängige Bezahlung und lange Rekonvaleszenzzeiten, in denen der Frust wächst. Da darf man nicht naiv sein.« Man darf aber auch nicht so naiv sein und Meyer auf den Leim gehen, denn das führt geradewegs in die allseits beliebte Einzelfalltheorie und auf diesem Holzweg zur Entlastung aller Trainer, Funktionäre und Ärzte.

Weit weniger einsichtig als Tim Meyer verhielt sich Matthias Sammer am 30. Oktober 2011 im sonntäglichen »Sportgespräch« des Kölner Deutschlandfunks. Der gebürtige Dresdner, einst Nationalspieler für die DDR (23 Einsätze) und ab 1990 dann das Trikot der Mannschaft der Bundesrepublik Deutschland tragend (51 Einsätze), verkörpert gewissermaßen wie kein anderer den gesamtdeutschen Fußball. Von

2000 bis 2005 arbeitete Sammer als Bundesligatrainer in Dortmund und Stuttgart, ab 2006 war er – als DFB-Sportdirektor – so etwas wie der Vordenker aller deutschen Kicker. Der ehemalige »DFB-Chefideologe« (wie er im Verband hinter vorgehaltener Hand genannt wird) entgegnete auf die Frage des Deutschlandfunks, warum man im Fußball so defensiv sei, was das Thema Doping angehe, folgendermaßen: »Weil ich glaube, dass es das nicht gibt, das ist unmöglich.« Um dann zu erklären, warum es Doping im deutschen Fußball nicht geben kann: »Ich habe es ja erlebt, als Trainer, als Spieler, Doping hat nie eine Rolle gespielt. Entweder ich bin den ganzen Tag blind durch die Gegend gelaufen oder ich war der Einzige, der es vielleicht nicht mitbekommen hat, das ist doch lächerlich.« Doping sei schier unmöglich, »weil die Kontrollmechanismen viel zu eng sind und deshalb macht es kein vernünftiger Mensch, kein vernünftiger Verein und vernünftiger Verband. Das ist so.« Und einmal in Fahrt, ließ sich der frühere Ausnahmespieler des ehemaligen DDR-Vorzeigevereins SG Dynamo Dresden auch noch zu der Behauptung hinreißen: »Ich war auch in der DDR Spieler, auch da hat es bei uns überhaupt kein Rolle gespielt; weil wir angefangen haben, als ich in den Männerbereich gekommen bin, da haben auch regelmäßige Doping-Kontrollen stattgefunden.«

Wie sind diese Äußerungen zu erklären? Ist es Verdrängung? Naivität? Eine Schutzbehauptung, die Sammer sich irgendwann einmal zurechtgelegt und an die er über Jahre hinweg gelernt hat, zu glauben? Oder ist es doch nur eine dreiste Lüge? Alles möglich. Bereits 1977, vermutlich aber schon viel früher, kam bei den beiden Vorzeigefußballclubs der DDR, dem Berliner FC Dynamo und der SG Dynamo Dresden des Matthias Sammer, das Aggressionen fördernde Antidepressionsmittel Aponeuron zum Einsatz – und zwar ohne dass irgendjemand die Spieler darüber informiert hätte. Die Spieler haben nur an ihrem rücksichtslosen Verhalten untereinander und daheim gegenüber ihren Familien gespürt, dass auf einmal in ihnen etwas vorging, was sie nicht steuern konnten. Als Sammer von 1985 bis 1990 für die SG Dynamo Dresden spielte, gab es im DDR-Fußball eine übrigens lange geheim gehaltene Studie mit dem sperrigen Titel »Zusammenfassende Darstellung der Ergebnisse der Forschungsarbeit zum Staatsplanthema 14.25 im Olympiazyklus 1984–1988.« Aus diesem brisanten Bericht geht hervor, dass sogar noch unmittelbar vor der Wende, im Jahr 1988, im ostdeutschen Fußball staatlich finanzierte Experimente stattgefunden haben, mit denen man Möglichkeiten zur Beeinflussung des Gehirns erforschen wollte. Eine Idee, die – vor allem im Hinblick auf Länderspiele – auch von Manfred Ewald, dem höchsten Sportlenker der DDR, initiiert wurde. Und von alledem will ausgerechnet Matthias Sammer, der Sohn des damaligen Dresdner Cheftrainers Klaus Sammer, zu keiner Zeit etwas mitbekommen haben?

Und so will er bis heute nicht wahrhaben, dass gerade im DDR-Fußball auf Teufel komm raus umfangreich gedopt worden ist. Dabei ist doch zum Beispiel nachweisbar, dass der DDR-Auswahltrainer, alle damaligen Verbandsärzte und die Cheftrainer der Clubs Bescheid gewusst haben. Und so etwas soll in der Familie Sammer nicht diskutiert worden sein? Allein die Ausreisekontrollen vor den Europacupspielen am 17. November 1983 haben doch aktenkundig bewiesen, dass zwölf – in Ziffern 12 – Spieler des Stasi-Clubs FC Dynamo Berlin Amphetamine und Methamphetamine in größeren Mengen genommen hatten. Sie mussten das ganze Zeug erst einmal abbauen, bevor sie auf irgendein internationales Spielfeld losgelassen werden konnten – sonst wäre nämlich ihr oberster Dienstherr, der Genosse Minister Mielke, »aus den Latschen gekippt« (Manfred Ewald). Warum sollte es dann nach der Wende anders gehandhabt worden sein?

Der ehemalige FIFA-Schiedsrichter Bernd Heynemann erinnerte sich in diesem Zusammenhang an ein Oberligaspiel von Rot-Weiß Erfurt bei Chemie Halle Anfang der 1990er-Jahre: »In Halle sind die Örtlichkeiten nicht so reich gesegnet. Das heißt, die Dusche von Erfurt und die der Schiedsrichter war eine. Und ein Spieler hat gesagt: ›Ich muss zum Doping und kriege nichts raus.‹ Da hat der Schiedsrichter gesagt: ›Gib mal her! Dann mach' ich ein paar Tropfen rein.‹ Damit war das Ding erledigt.« War es aber nicht, weil ausgerechnet diese falsche »Dopingprobe« dann positiv gewesen ist! Wer weiß, was dieser Schiedsrichter zuvor alles geschluckt hatte! Schließlich musste auch er in Form sein und ordentlich laufen. Auch dieser Betrug blieb folgenlos, weil es der DFB einige Jahre zuvor, 1988, »versäumt« hatte, sich ein Anti-Doping-Reglement zuzulegen …

Es gibt keine andere Sportart, in der die pharmakologische Manipulation derart vehement bestritten wird wie im Fußball. Warum? Offenbar ist das so, damit in der Öffentlichkeit gar nicht erst über die gängigen Dopingpraktiken im großen Business rund um den Fußball diskutiert wird. Denn allein das wäre womöglich schon geschäftsschädigend. Weil demnach alles so furchtbar geheim und dennoch in der Branche allseits bekannt ist, listen wir einmal auf, was den modernen Fußballspieler unserer Tage – abgesehen vom Training – so alles voranbringt:

EPO: Erythropoetin wird in erster Linie bei Dialysepatienten eingesetzt, bei der Behandlung von Blutarmut. Als verbotenes Dopingmittel im Hochleistungssport verbessert es vor allem die Ausdauer. Im Fußball verschafft es den Spielern nachweislich in der zweiten Halbzeit Vorteile, es steigert die Ausdauer um bis zu 15 (!) Prozent. Der renommierte Mainzer Dopingexperte Perikles Simon hat dazu in einem Radio-Feature der ARD ausgeführt, die Verabreichung von EPO würde bedeuten, »da spielen jetzt auf einmal zwölf gegen elf«. So lässt sich denn in den letzten Jahren quer durch alle europäischen Spitzenligen beobachten, dass viele wichtige Spiele erst in der letzten Viertelstunde oder sogar erst in der Nachspielzeit entschieden werden. EPO macht es wohl möglich, dem treuen Fan aber wird so etwas mit dem gern beschworenen unbeugsamen Mannschaftsgeist erklärt.

Anabolika: Mit diesem beliebten uralten Dopingmittel werden in erster Linie Muskeln aufgebaut. Im Fußball aber wird mit Hilfe von Anabolika, mittlerweile aber auch mit Wachstumshormonen, ganz besonders die Regeneration in den sogenannten englischen Wochen künstlich gefördert; also in jenen Wochen, in denen bis zu zwei Pflichtspiele innerhalb von sieben Tagen absolviert werden müssen. Verletzten Spielern helfen anabole Steroide überdies, körperlich schneller wieder Anschluss an den Fitnessstand der gesunden Spieler zu finden.

Kokain: Es ist eine weitaus beliebtere Stimulanz für jene Fußballspieler, für die Geld keine allzu große Rolle spielt, als außerhalb dieser Zunft allgemein angenommen wird. Kokain hilft vor allem, das Erreichen der Ermüdungsgrenze hinauszuzögern. Als der am 1. Juni 2001 beginnende DFB-Vertrag mit Christoph Daum als Bundestrainer wegen Kokainmissbrauchs noch vor dessen Amtsantritt gelöst wurde, reagierte die Branche empört: Fußball und Kokain – also nein! Und wieder sangen alle das Lied vom Fehltritt eines Einzeltäters. Von wegen …

Cannabis: Eigentlich zählt Haschisch, also »Gras«, zu den sanfteren Drogen, doch den Fußballern reicht es allemal, Angst abzubauen und gleichzeitig die Zweikampfbereitschaft zu steigern. Außerdem ist es viel preiswerter als das teure Kokain – und die Wege zu den Produzenten und Händlern von Haschisch nach Holland sind, vor allem für Profis aus dem Rhein-Ruhr-Gebiet, kurz und eigentlich jederzeit ertragreich.

Analgetika: Schmerzmittel werden besonders im Fußball in geradezu unverantwortlichen Mengen konsumiert. Nicht nur dann, wenn der Schmerz einen Spieler übermannt hat, sondern auch, um zu erwartende Schmerzen während eines Spiels schon vorab betäuben zu können.

Warum das alles ohne Folgen konsumiert werden kann, und warum es im deutschen Fußball keine Dopingskandale gibt? Die Dopingtests sind hierzulande schlichtweg unzureichend, quantitativ wie qualitativ. Der Journalist und Blogger Daniel Drepper, ein Experte in Sachen Fußballdoping, stellte am 24. Januar 2012 auf *Zeit Online* fest: »In der Saison 2010/2011 hatte es in 13 deutschen Spielklassen, in denen insgesamt etwa 5000 Spieler aktiv gewesen sind, lediglich 1659 Urinkontrollen gegeben. Und keine einzige, der wirksameren Blutkontrollen, wie es sie im Rad- und im Wintersport, in der Leichtathletik und im Schwimmen gibt. Doch auch die bei den Fußballern durchgeführten 1659 Urinkontrollen, nach jeweiligem Spielende, erfüllen allenfalls eine Alibi-Funktion, weil demnach ein deutscher Fußballspieler nur alle drei Jahre (!) nach einem Spiel getestet wird.«

Eine Lachnummer! Bei den Trainingskontrollen, die viel wichtiger als Wettkampfkontrollen sind, weil Dopingmittel nun einmal nachweislich am ehesten in der Trainingsphase wirken, ergibt sich ein ähnliches Bild: Denn im Training wurde jeder Profi der ersten und zweiten Bundesliga durchschnittlich ebenfalls nur alle drei Jahre kontrolliert. Und die Spieler der Spielklassen darunter überhaupt nicht …

Aber noch einmal zu den hierzulande unbeliebten Blutkontrollen im Fußball: Ohne sie können einige Dopingmittel überhaupt nicht nachgewiesen werden. Dazu gehören eine ganze Reihe der inzwischen über 150 modernen EPO-Formen, aber auch Wachstumshormone, dazu gehört ebenfalls das Doping mit Eigen- und Fremdblut – über das Radprofis wie Ivan Basso und Jan Ullrich gestolpert sind –, aber auch der Einsatz künstlicher Sauerstoffträger. Und selbstverständlich zählen auch alle Medikamente dazu, die sich noch in der klinischen Erprobungsphase befinden. Auch dem in Mode gekommene Gendoping ist mit Urinproben nicht beizukommen. Der DFB erscheint somit als ein deutsches Dopingparadies! Radprofis müssen sich hingegen fühlen, als führen sie tagein, tagaus durch die (Doping-)Hölle.

Der Internationale Fußball-Verband hat jedoch auf seiner Tagung am 24. Mai 2012 in Budapest erörtert, möglicherweise einen »biologischen Spielerpass« einzuführen. Aufgrund des jeweiligen individuellen Blutprofils könnte dann bei einer Veränderung – analog zu anderen Sportarten wie Eisschnelllauf oder Radsport – auf Doping geschlossen werden. Wenn das nicht nur Zukunftsmusik bleibt, könnte es »eine bedeutende Waffe zur Doping-Bekämpfung und als ein wichtiges Instrument zur Überwachung des Gesundheitszustandes der Spieler« werden, so WADA-Generalsekretär David Howman.

Aber warum greifen die Fußballer zu Dopingmitteln? Wegen des vielen Geldes? Nicht nur, denn gedopt haben sich die Spieler schon, als es um nichts anderes, als um die Ehre und ein Dankeschön ging. Der verehrte französische Kollege und Arzt Jean-Pierre de Mondenard sagte dazu in einem vielbeachteten Interview mit Frankreichs Presse-Flaggschiff *Le Monde* am 2. Februar 2011: »Fußball ist – weit vor allen anderen Sportarten – der Weltmeister der Doping-Omertà. Dennoch kam schon 1958 ans Licht, dass 27 Prozent der italienischen Fußballer Amphetamine und Aufputschmittel nehmen; 62 Prozent wegen Herz- oder Atembeschwerden andere Medikamente benötigen und 68 Prozent Hormone und Anabolika verwenden. Im Jahr 2011, wenn Profi-Fußballer drei Spiele pro Woche und mindestens ein Training am Tag absolvieren, soll also Quellwasser reichen?«

Ganz bestimmt reicht Quellwasser nicht aus. Zumal Doping im Fußball Tradition hat. Auch die »Helden von Bern«, also jene ungarischen und deutschen Fußballspieler, die 1954 das Endspiel um die damalige Weltmeisterschaft bestritten, haben ganz offensichtlich gedopt. Jean-Pierre de Mondenard listete deshalb 2010 auf: »1995 lebten von den elf ungarischen Spielern des WM-Finales 1954 nur noch fünf. Sechs Spieler waren im Durchschnittsalter von 55 und einem halben Jahr gestorben: drei an einem Herzinfarkt, einer an Krebs, einer an einem Hirnschlag.« Möglicherweise waren die ungarischen Spieler – so Mondenards Vermutungen – damals noch weitaus massiver gedopt worden, als ihre deutschen Gegner. Die Langzeitwirkung mit früher Todesfolge könnte ein Beleg dafür sein.

Dass deutsche Fußballspieler der Extraklasse schon im Jahr 1954 gedopt gewesen sein könnten, führten Redakteure französischer Fachblätter, darunter der *Miroir Sprint* oder die *Sport Sélection*, auf die sich häufenden Gelbsuchtfälle in der deutschen Nationalmannschaft zurück. Immerhin hatte es gleich acht der »Helden von Bern« erwischt, darunter sogar die besonders populären Fritz Walter, Helmut Rahn und Max Morlock. Die meisten der damals erkrankten deutschen Weltmeister traten gemeinsam eine vom DFB bezahlte Kur in Bad Mergentheim an – und wurden wieder gesund. Offiziell hieß es, die Jungs müssten sich nach dem anstrengenden Turnier in der Schweiz erst einmal richtig erholen.

Noch zu Beginn der 1960er-Jahre, als ich in Frankfurt am Main meine ersten journalistischen Gehversuche unternahm, geisterte immer wieder ein Name durch alle Redaktionen: Richard Herrmann. Die älteren Kollegen schwärmten gern von dessen Heldentaten am Bornheimer Hang als Stürmer des FSV Frankfurt. Der gebürtige Oberschlesier Herrmann, den es nach dem Zweiten Weltkrieg an den Main verschlagen hatte, fiel auch dem damaligen Bundestrainer Sepp Herberger auf – und so berief er Herrmann in seinen Kader für die Weltmeisterschaft 1954. Doch Herrmanns fußballerischer Ruhm wirkte nur kurze Zeit. Denn schon am 27. Juli 1962 starb er an den Folgen einer Leberzirrhose – mit nur 39 Jahren! Sepp Herberger reagierte entsetzt und betroffen und kam mit der gesamten Nationalmannschaft von 1954 zur Trauerfeier auf den Bornheimer Friedhof. Dort schien – so blieb es in meiner Erinnerung haften – auch ganz Frankfurt Abschied von Richard Herrmann zu nehmen.

Doch dann entwickelte sich der Trauerfall Herrmann zu einem handfesten Skandal. Als sich Sepp Herberger nämlich persönlich um Herrmanns Familie, um dessen Witwe Lilo und die zwei Söhne, kümmerte, pfiff der DFB seinen bei der Bevölkerung äußerst beliebten Nationaltrainer zurück. Man wolle keinen Präzedenzfall schaffen und die Sache in der Öffentlichkeit lieber herunterspielen. Mitte der 1960er-Jahre, so erfuhren wir dann, habe der DFB der Familie Herrmann in aller Stille 3.000 D-Mark Unterstützung zugesteckt. 2010 wurde der Platz vor der Südtribüne des umgebauten FSV-Stadions am Bornheimer Hang dann offiziell nach Richard Herrmann benannt. Spät, aber nicht zu spät.

14. KAPITEL

SPORTPFLICHT FÜRS VATERLAND

»Versuchen Sie mal, gegen den Staat anzuschreiben –
Sie werden schon sehen, wie weit Sie kommen.«
Hans-Michael Holczer, Chef des russischen Radteams Katjuscha

Im Jahr 2000 widerfuhr dem Chemnitzer Hürdensprinter Falk Balzer als Europacupsieger beim 110-Meter-Hürdenlauf eine ganz besondere Ehre. Aus den Händen des damaligen Verteidigungsministers Rudolf Scharping erhielt er das Ehrenkreuz der Bundeswehr in Silber. Doch schon im Jahr darauf wurde Balzer vom Deutschen Leichtathletik-Verband (DLV) wegen Dopings gesperrt. In seinem Körper hatte sich die beliebte Droge Nandrolon befunden, ein schon zwölf Jahren zuvor leicht aufspürbares Anabolikum, das bei Konsumenten und Fahndern schon deshalb sehr bekannt war, weil es bereits in den 1960er-Jahren fleißig im Sport eingesetzt worden ist. Schon vor rund 20 Jahren verriet der Kölner Dopingjäger Prof. Wilhelm Schänzer dem Berliner *Tagesspiegel*: »Diese Infektionspräparate werden auch sehr gern im Untergrund gehandelt.« Weil sich an diesem Tatbestand bis heute nichts geändert hat, fordert eine solche Auskunft einige Fragen heraus.

Also: Kann es so etwas wirklich geben? Dass sich ein wegen seiner sportlichen Erfolge vom Verteidigungsminister ausgezeichneter Bundeswehrsoldat verbotene muskelbildende

Mittel auf dem Schwarzmarkt besorgt? Solche Fälle, das vermuten die von mir angesprochenen Dopingfahnder, deren Namen aus Gründen der Ermittlung nicht genannt werden dürfen, haben sich in der Bundeswehr womöglich häufiger ereignet, als wir glauben möchten. Dennoch ragt der Fall Balzer heraus; und zwar deshalb ganz besonders, weil Angehörige der Bundeswehr so gut wie nie – zumindest nicht öffentlich – des Dopings überführt worden sind. Das erstaunt schon deshalb, weil die Bundeswehr, wenngleich in Deutschland mittlerweile die allgemeine Wehrpflicht vorerst ausgesetzt wurde, noch immer der mit Abstand größte Sponsor des Sports in diesem Lande ist. Im Oktober 2011 gab es 744 deutsche Sportsoldaten.

Dass an ihnen – allen voran an den Biathleten, Skilangläufern, Nordischen Kombinierern, Bobfahrern, Rodlern und Skispringern – obendrein so gut wie überhaupt keine Dopingkritik geübt wird, vor allem nicht in der Presse, begründet der schwäbische Schulmeister Hans-Michael Holczer so: »Versuchen Sie doch mal, gegen den Staat anzuschreiben! Sie werden schon sehen, was Sie davon haben …« Holczer, ehedem Chef des erfolgreichen, aber auch von neun spektakulären Dopingfällen heimgesuchten deutschen Profi-Radteams Gerolsteiner, leitet seit dem 1. Januar 2012 das russische Staatsteam Katjuscha, eine der stärksten Radmannschaften der Welt. Doch dopingumwittert wie kaum eine andere Crew. Auch auf der Tour de France 2012. Holczer weiß demnach ganz genau, was er mit seinem, für Außenstehende etwas kryptisch klingenden Satz sagen will. Der von schlimmen Dopingrückschlägen Gebeutelte meint nämlich: Gegen das Radteam eines mittelständischen deutschen Unternehmens aus der Vulkaneifel lässt sich weit gefahrloser und auch deshalb erfolgreicher recherchieren sowie danach veröffentlichen als gegen den Staat, sprich: in diesem Falle gegen das Bundesverteidigungs- und das Bundesinnenministerium. Denn neben der Bundeswehr zählen die Bundespolizei sowie der Deutsche Zoll zu den weiteren Hauptsponsoren des deutschen Sports – und ganz besonders des hiesigen Wintersports. Um in den 15 deutschen Sportfördergruppen der Bundeswehr jedoch in Sachen Doping unauffällig und ergebnisorientiert zu recherchieren, ist – das lehren mich nicht nur die eigenen jahrzehntelangen Erfahrungen – so gut wie aussichtslos. Ist die Bundeswehr also ein Hort des dopingfreien Sports? Sind Bundeswehrsportler die großen Vorbilder? Oder ist es genau umgekehrt? Ich werde versuchen, das aufzuklären.

Doch vorweg sei gesagt, dass vor allem im Breitensport der unter Dopingdealern seit Jahren längst geflügelte Spruch die Runde macht: »Im Spitzensport verdienst du Millionen, im Breitensport aber Milliarden.« Das basiert auf einer simplen Rechnung: Spitzensport betreiben lediglich einige Tausend, Freizeit- und Breitensport aber Millionen von Menschen! Eine Klientel ohne Wachstumsgrenzen, wie es obendrein scheint. Deshalb geht die Europäische Union seit Mai 2012 in einer konzertierten Aktion endlich gegen das grassierende Doping bei jedermann vor. Und zwar massiv. Was in praxi heißt: Man hat nicht nur die Fitnessstudios im Blick, in denen bekanntermaßen schon seit mehr als 15 Jahren emsig gedealt wird, sondern auch den beliebten, weil ja so gesunden Volkslauf; doch auch die herkömmlichen Sportvereine bleiben nicht außer Acht, die mitunter bis zu 50 Abteilungen mit verschiedenen Freizeit- und Gesundheitssportarten anbieten und damit über eine Klientel in allen Altersgruppen verfügen. Auch in diesen Vereinen gehört Doping längst zum Sportalltag.

Die 27 europäischen Regierungen innerhalb der EU verständigten sich wegen dieser Vorgaben im Frühjahr 2012 auf einem Brüsseler Ministertreffen, an dem auch Vertreter der Sportverbände teilnahmen, auf weitaus energischere Maßnahmen zur Erhaltung eines, wie es heißt, »chemiefreien Breitensports«. Dort fange die Sache ja schließlich an, zur Gewohnheit zu werden, um dann »bei den Profis zum größten Feind des Sports« zu werden, so erklärte die zuständige EU-Kommissarin Androulla Vassiliou diesen Beschluss. Seit rund zwei Jahrzehnten, erläuterte Frau Vassiliou die EU-Stoßrichtung, nehme der Konsum von Dopingmitteln offenbar auch bei den fleißig übenden Jedermann-Sportlern im Volkssport zu, und zwar quer durch Europa. Nicht nur bei denen, die sich ihres Jobs wegen über mangelnde Fitness beklagen, sondern zunehmend auch bei den Senioren, die sich im Fitnessstudio, im Volksmarathon und in Seniorenradrennen einen ewig sprudelnden Jungbrunnen erhoffen. Schön, aber auch schwierig. Deshalb mahnte das Berliner Robert-Koch-Institut schon 2006 in einer Studie: »Übersteigertes Körperbewusstsein ist die maßgebliche Triebfeder.« Dahinter stand die ernste Warnung, man möge bei den Anti-Doping-Kontrollinstituten doch bitte auch bei Freizeitsportlern den Konsum von Nahrungsergänzungsmitteln und ähnlichem ins Visier nehmen. Die Ergebnisse per se: Der Gebrauch erfolgt weitgehend massiv, sorglos und unkontrolliert, was auch gilt, wenn Dopingmittel geschluckt werden. Entsprechende Warnungen erreichen das Bundesgesundheitsministerium bereits seit vielen Jahren. Dennoch will man gerade dort von den Dopingauswüchsen im Breiten- und Gesundheitssport so gut wie nichts wissen.

Offenbar gehören auch Soldaten der Bundeswehr zu solchen »Patienten« – sowohl Breiten- als auch Leistungssportler. Die Presseabteilungen der einzelnen Sportkompanien zeichnen zwar für die Öffentlichkeit ein ganz anderes Bild, doch wer sich via Twitter oder auf anderen Kanälen des Internets am Erfahrungsaustausch unserer Bundeswehrsoldaten in Sachen Doping beteiligen möchte – anonym, versteht sich, wie das Soldaten eben so handhaben –, der wird mit reichlich brauchbaren Hinweisen belohnt. Da gibt es zum Beispiel Rechtstipps für fast jeden Mannschaftsgrad. Hier ein besonders hübsches Beispiel: »Ein Soldat erlebt eine Hausdurchsuchung, weil ihm nachgewiesen wird, bei einer Person Doping gekauft zu haben. Wie verhält sich der Soldat? Der Soldat gibt bei der Aussage zu, für den Eigenkonsum diese Dinge bestellt zu haben. Daraufhin wird das Verfahren eingestellt, weil die gefundene Menge ganz gering ist und kein Hinweis auf Weitergabe besteht.« Man muss nur wissen, wie man sich dumm stellt. Wichtig für Soldaten ist auch der im Internet verbreitete Hinweis: »Immer daran denken: Die Nachweisbarkeit mancher oralen Anabolika ist sehr kurz. Andererseits existieren intramuskuläre Anabolika, die in deinem Blut noch ein Jahr nach der Anwendung vorhanden sein können.«

Brauchbar ist für alle Dopingkonsumenten in der Bundeswehr auch die unter Kameraden immer wieder zu gern abgerufene und stets aktualisierte Tabelle über die Dauer der Nachweisbarkeit einer Vielzahl verbotener Wirkstoffe. Darin wird vor allem vor dem – unter den leichtathletischen Sprintern – äußerst beliebten Stanozolol eindringlich gewarnt: »Bis zu 65 Tage nachweisbar!« Oder: »Hände weg von Nandrolone Decanoate – finden die Bundeswehr-Ärzte sogar noch eineinhalb Jahre nach dem Konsum in deinem Blut.« Es gibt aber auch Hilferufe wie diesen aus dem Februar 2012: »Hallo, ich bin 19 Jahre alt und möchte jetzt gern meine erste anabole Kur beginnen. Können die das bei der Bundeswehr feststellen und mich eventuell rausschmeißen?« Die beste Antwort darauf lautete: »Mach dir nichts durch Anabolika kaputt.« Womit nicht nur der Herzmuskel gemeint ist …

Wie doch alles zusammenhängt! Eine amtliche Studie, die den verharmlosenden Titel *Kolibri* trägt und für gerade mal 160.000 Euro von Ulrike Flach, der freidemokratischen parlamentarischen Staatssekretärin im Ministerium für Gesundheit in Auftrag gegeben wurde, kam nämlich zu dem Schluss, Doping im deutschen Breitensport sei ein absolut zu vernachlässigendes Thema. Allenfalls ein Prozent aller Deutschen würden, wenn überhaupt, zu Dopingmitteln greifen. Genau so ist es dort zu lesen. Damit postiert sich Berlin zwar konträr zu den Erkenntnissen aller 26 anderen EU-Staaten und stellt sich zugleich gegen sämtliche seriöse Forschungsergebnisse jener Forscher in Deutschland, die sich schon seit Jahren mit dieser Thematik beschäftigen, darunter Wissenschaftler in Tübingen, Mainz und Nürnberg sowie an der Deutschen Sporthochschule in Köln. Doch was macht das schon? Ulrike Flach verkündete 2011 ebenso unbeirrt wie selbstbewusst im ZDF: »Wir halten es [also Doping im Breitensport; Anm. d. Autors] natürlich für ein Thema, wo wir aufpassen müssen, aber wir halten es auch medial für deutlich überbewertet.«

Das hat unter jenen, die sich seit Jahr und Tag mit dieser schier nicht mehr einzudämmenden Problematik beschäftigen, einen geradezu anhaltenden Sturm der Entrüstung ausgelöst. Zum Beispiel bei Prof. Perikles Simon aus Mainz, dessen Forschungen über Doping im Spitzensport schon seit fast sieben Jahren auf eigenen sorgfältigen Untersuchungen im Breitensport fußen. Der Wissenschaftler und Mediziner meint sogar, dass jenes vom Bundesgesundheitsministerium nun mehr erzielte niedrige Ergebnis klare Absicht gewesen sei. Das hätten schon im Vorfeld die Musterbogen für die Befragung gezeigt. Als Perikles Simon diese Befragungsbogen studiert hatte, äußerte er sich bereits drastisch: »Das Ergebnis dieser Studien«, sagte er jenen Forschern, »können Sie komplett vergessen.« Was er wohl auch in Erinnerung an jene Umfragen sagte, die er zuvor mit Wissenschaftlern aus Tübingen und Mainz über viele arbeitsintensive Jahre hinweg durchgeführt hatte. Aber die Berliner Studie ist ja nun einmal in den Brunnen gefallen, und dem Vorwurf, Dopinghändlern und Dopern damit gleichermaßen in die Karten gespielt zu haben, wollen sich weder das Ministerium noch das an dieser umstrittenen Arbeit beteiligte Robert-Koch-Institut aussetzen. Vor allem nicht Staatssekretärin Flach. Wobei deren Verteidigungsstrategie auf den ersten Blick als solche nicht zu erkennen ist. Denn man weist zwar jegliche Vorwürfe zurück, die aus irgendwelchen Universitäten oder der Deutschen Sporthochschule in Köln ihr Berliner Ministerium erreicht haben, doch gleichzeitig gibt man in Berlin zu, wenn inzwischen auch recht kleinlaut, die Zahl der Freizeitdoper sei womöglich in dieser ersten regierungsamtlichen Studie ein wenig unterschätzt worden. Und die Aussage Ulrike Flachs, allenfalls ein Prozent aller Deutschen würden heimlich zu Dopingmitteln greifen? Das sei – ja, was auch sonst? – nur ein großes Missverständnis gewesen. Da ist etwas sehr dumm gelaufen, zumal die Empörung der wissenschaftlichen Experten auch nach diesen Erklärungen noch lange nicht verflogen ist, denn Doping im Breitensport ist gerade in deutschen Landen mittlerweile zu einem – fast – flächendeckenden Problem geworden, das in den folgenden Jahren gesetzliche wie private Krankenkassen sogar zusehends in finanzielle Engpässe treiben kann. Das dürfte Sport- und Gesundheitsexperten nicht verborgen geblieben sein. Schon 2009 warnte deshalb der SPD-Bundestagsabgeordnete Peter Danckert, damals Vorsitzender des Sportausschusses im Deutschen Bundestag, davor, die gesundheitlichen Folgen des Doping- und Drogenmissbrauchs im Breiten- und Freizeitsport nicht zu unterschätzen. Denn die Kosten für die gesundheitliche Rehabilitation könnten alle Vorausberechnungen übertreffen und über die Milliardengrenze springen. Die Folgen seien nun einmal als ganz enorm zu prognostizieren: Herz-Kreislauf-Erkrankungen, massive Leber- und Nierenschäden, Depressionen, zunehmende Aggressivität, Haarausfall, vielleicht sogar Krebs. Die damalige Gesundheitsministerin Ulla Schmidt reagierte erschrocken: »Das können wir nicht hinnehmen.« Da müsse etwas geschehen …

Doch es geschah natürlich nichts. Durch die ständige Fixierung auf den Spitzensport geht der Blick für den Freizeit-

und Breitensport verloren – und damit auch jede gute Absicht, Dopingvorsorge zu betreiben. Außerdem gilt der Anti-Doping-Kampf im Spitzensport als weitaus spektakulärer – vor allem in der Öffentlichkeit. Es mache ja schließlich nichts her, wenn ein renommiertes Anti-Doping-Institut wie das Kölner nur den Marathon laufenden Schreinermeister Gustav-Werner H. erwischt und nicht einen Fußballsuperstar aus der Bundesliga. Das sagte immerhin ein so erfahrener Mann wie Armin Baumert, der Vorsitzende der hiesigen Nationalen Anti-Doping-Agentur in Bonn.

Dabei war schon im Jahr 2008 bekannt, dass hierzulande jedes vierte bis fünfte Mitglied eines privaten Fitnessclubs regelmäßig verschreibungspflichtige Dopingpräparate benutzt. Die Tendenz ist dabei unaufhörlich steigend und zeigt besonders in letzter Zeit ziemlich steil nach oben! Schlimmer noch: Mindestens 10 Prozent unserer Schüler, von der Grundschule bis zum Gymnasium, verfügen über ausgeprägte Dopingerfahrungen. Nicht nur erst seit gestern. Teure Partydrogen, oft nach traditioneller Art auf der Basis von Kokain und Alkohol produziert, sind wiederum vor allen an Eliteschulen en vogue – dafür hat man dort ja auch das Geld. Bei den beliebten großen Volksmarathonläufen in der gesamten Republik wiederum stehen mittlerweile mindestens 50 Prozent der mitlaufenden Männern unter der Einwirkung von Schmerzmitteln. Die Dunkelziffer bei den Frauen, so universitäre Studien, soll noch weit höher sein. Und zwar auch in der Bundeswehr, bei der Polizei und beim Zoll. Die amerikanische Schriftstellerin Mary Flannery O'Connor (1925–1964) hat einmal geschrieben: »Die Wahrheit richtet sich nicht danach, ob wir sie aushalten können.« Die Dame aus Georgia legte Wert darauf, dass diese Erkenntnis für alle Lebensbereiche zu gelten habe – also ebenso für den Sport.

Auch bei den Medenspielen im Tennis, den ebenso traditionellen wie beliebten Mannschaftswettkämpfen für Alt und

Jung, ist die Einnahme von Schmerzmitteln an der Tagesordnung – sogar schon seit vielen Jahren. Vom Trainer wird oft sogar empfohlen, die Einnahme bereits Tage vor einem entscheidenden Match durchzuführen. Vor allem bei den älteren Spielerinnen und Spielern. Von wegen Gesundheitssport! Vielleicht kann der Plan des Bundesgesundheitsministeriums diesen Missbrauch, nämlich die geradezu massenhafte Verschreibung von Schmerzmitteln, wenigstens ein wenig eindämmen.

Doch leider ist eben auch hier der Spitzensport das Vorbild, denn nachgeeifert wird, was die großen angehimmelten Stars vormachen. Zum Beispiel die besten deutschen Handballspieler, die immer wieder und obendrein in aller Öffentlichkeit fröhlich verkünden, sie würden in jeder Halbzeit »ohne Ende Schmerzmittel einwerfen«. Das will der Freizeitsportler natürlich nachäffen. Und weil die Spitzensportler als Vorbilder fungieren, gibt es selbstredend auch umfangreiche und fehlerlos funktionierende User-Netzwerke. Seit vielen Jahren. Denn die Einzeltäter-, also die Ausnahmetätertheorie in Sachen Doping, auf die sich das Bundesgesundheitsministerium im Breitensport ebenso gern bezieht, wie das Bundesinnenministerium im Spitzensport, existiert nur in den Gehirnen deutscher Ministerialbeamter und deutscher Sportfunktionäre. Um zu dopen, braucht es nun einmal eine ganze Kette verschwiegener »Fachleute«: den Einzeltäter, der im stillen Kämmerlein einen Coup ausheckt, und zuvor ebenso gewiefte Drogenhändler wie auch ältere Sportler, die den Neuling anlernen, Ärzte, die Gefälligkeitsrezepte ausfertigen, Trainer, die unerlaubt medizinische Hilfe dabei leisten, und Familienmitglieder, die den Mund halten. Denn was für den Spitzen-, gilt natürlich auch für den Breitensport. Dr. Mischa Kläber aus Darmstadt, der sich als wissenschaftlicher Mitarbeiter am dortigen Institut für Sportwissenschaft der Technischen Universität seit Jahren intensiv mit Doping und Medikamentenmissbrauch im deutschen Breitensport beschäftigt, erläuterte 2010 in der *tageszeitung*: »Sich zu dopen, muss gelernt sein. Ein vorbereitendes und assistierendes Umfeld ist dafür unerlässlich. Eine handvoll Ärzte reicht aus, um eine Vielzahl an User-Netzwerken zu versorgen.«

In den Netzwerken laufen die Vertriebswege von der Besorgung der Dopingmittel in Fitnessstudios, über Apotheken und das Internet bis hin zum traditionellen Dealerkontakt in schmutzigen Hinterhöfen. Auch das gibt es noch häufiger, als man denkt. Als Einstiegsdroge gelten übrigens nach wie vor Nahrungsergänzungsmittel, die leider oft Anabolika und Schlimmeres enthalten. Weil diese Mittel oft auch noch auf andere Weise verunreinigt sind, wie die Deutsche Sporthochschule immer wieder nachweist, können sie zu Leber- und Nierenschäden führen.

Eine von der Sepp-Herberger-Stiftung des Deutschen Fußball-Bundes geförderte Studie des Instituts für Biochemie der Deutschen Sporthochschule in Köln aus dem Jahr 2003 zeigt grundlegend auf, welches hohe gesundheitliche Risiko mit dem Konsum von Nahrungsergänzungsmitteln verbunden sein kann. Im Rahmen dieser Studie wurden 129 in Deutschland erhältliche Produkte untersucht. Von diesen enthielten immerhin 15 gesundheitsschädliche und verbotene anabol-androgene Steroide. Das alles kann man sich im Internet ansehen. Für Breitensportler gibt es ohnehin im Internet jede Menge Tipps – aber nicht immer die besten. Joggern wird gern Ephedrin und Koffein empfohlen, Radfahrern lieber Testosteron, EPO und auch, wenn sie nicht Diabetiker sind, sogar Insulin. Man kann sich mit all diesen Medikamenten bei falscher Anwendung freilich ins Jenseits befördern. Aber die Liste ist noch lange nicht zu Ende: Für Extremläufer und Bergwanderer finden sich recht preiswerte Lieferanten für Kortison, empfohlen gegen Schmerzen, für die Möchtegern-Bodybuilder gibt es neben Anabolika auch Testosteron zu bekommen – mit Lieferung frei Haus. Aufklärung über die Stoffe gibt es dabei wenig, erst recht nicht der Hinweis, dass der Gebrauch von Drogen und Doping schnell in Sucht umschlagen kann. Was aber nottut und in Sportstudios und Sportvereinen angeboten werden sollte, weil einer anonymen Umfrage der Universitäten Tübingen und Saarbrücken aus dem Jahr 2009 zufolge bereits jeder fünfte Freizeitsportler dopt – und zwar regelmäßig. Eine Studie der Landesapothekenkammer Brandenburg vom 15. Mai 2009 zeigt, dass in der Bundesrepublik mindestens 200 000 Breitensportler täglich zu leistungssteigernden Mitteln greifen. Auch an den Tagen, an denen sie keinen Sport betreiben, die meisten von ihnen per Rezept. Wer kommt eigentlich auf die Idee, Breiten- und Spitzensportler, die sich vor und nach ihrer Bundeswehrzeit bei Dopinghändlern bedienen, würden als Soldaten die verbotenen Mittel nicht weiterhin nutzen? Das wird im Verteidigungsministerium zwar nicht öffentlich gesagt, gilt aber schon seit Jahrzehnten als stiller Konsens. Und viele Sportjournalisten schaffen bereitwillig den entsprechenden Rahmen für dieses falsche Bild. Einerseits die Verzahnung der Bundeswehr mit den einzelnen Sportfachverbänden, analog zu den Verbindungen von Bundespolizei und Zoll, andererseits das fast naive Wohlverhalten vieler deutscher Sportredaktionen, die nur selten die Öffentlichkeit über derartige Verbindungen unterrichten – das alles fördert nicht gerade die ohnehin kaum vorhandene Transparenz. Sport hinter Kasernenmauern – viel Vertrauen hat das noch nie erweckt, weder in Ost- noch in Westdeutschland. Mitunter wird es fast unheimlich, wenn dann ausgerechnet auch noch ein Grüner Politiker wie Michael Vesper mit Inbrunst immer und immer wieder die angeblichen Vorzüge solcher Verbindungen gnadenlos herunterbetet. Hier einer dieser gestanzten Sätze als besondere Kostprobe: »Es gibt ein nationales Interesse daran, dass wir Vorbilder erzeugen, und dass wir international präsent sind.

Dazu trägt die Bundeswehr und dazu tragen erfreulicherweise auch die Bundespolizei, Länderpolizeien und der Zoll bei.« Das sagt ausgerechnet ein Politiker, der sich in den 1970er-Jahren durch drei Instanzen gekämpft hat, um endlich als überzeugter Kriegsdienstverweigerer anerkannt zu werden. Aber aus dem ehemaligen mutigen Pazifisten ist über die Jahre ein geschmeidiger Generalsekretär des Deutschen Olympischen Sportbundes (DOSB) geworden – und als solcher streckt sich eben auch ein Grüner zur Decke und gibt nicht zu, dass es nur um Moneten und Medaillen geht, und dass dafür alles andere zurückstehen muss. Notfalls auch die Moral. Das wäre mal ehrlich. Ehrlich!

Denn Vesper weiß natürlich besser als jeder andere im deutschen Sportgefüge, dass viele Sportler und Sportlerinnen irgendwann in ihrer Laufbahn zwangsläufig vor der Wahl stehen, entweder ihre ehrgeizigen Ziele ganz und gar aufzugeben oder zur Bundeswehr gehen zu müssen. Denn nur dort können sie wirklich professionell und somit auch erfolgreich Sport treiben. Vor allem in Sportarten, die weder die Frau noch ihren Mann ernähren. Eine These, für die allein folgende Zahlen sprechen: Beinahe die Hälfte der 153 Sportlerinnen und Sportler im deutschen Olympiateam für die Winterspiele 2010 im kanadischen Vancouver dienten als Soldaten – und zugleich als erfolgreiche Sportler. Das deutsche Team holte 17 von 30 Medaillen! Wie sieht DOSB-Präsident Dr. Thomas Bach eine solche Zusammenarbeit? Er nennt die Bundeswehr, brav und dankbar, einen »unverzichtbaren Bestandteil aller Planungen im Leistungssport«. Sonst müsste er seinen Laden ja gleich dichtmachen. Doch die Bundeswehr steht dabei in immer stärker werdender Konkurrenz zur Bundespolizei und zunehmend auch im Widerstreit mit den Länderpolizeien. Denn die Polizei unterbreitet deutschen Spitzensportlern, wenn sie nicht gerade in der Formel 1 oder in der Fußball-Bundesliga auf dem Weg zum Jungmillionär sind, überaus verlockende Angebote. Allerdings verbunden mit der klaren Perspektive, man könnte es auch Knebelverträge nennen, nach der sportlichen Karriere Polizist zu bleiben. So wie die Berliner Weltrekordlerin im Hammerwurf, Betty Heidler, die als Jurastudentin in Frankfurt am Main später, nach ihrer Sportkarriere, im höheren Polizeidienst tätig sein will; also dann, wenn sie nicht mehr zum Ruhm und zur Ehre Deutschlands den Hammer schwingt. Den Traum von einer Rechtsanwältin mit eigener Kanzlei kann sie sich abschminken.

Begonnen hat alles schon in den 1960er-Jahren. Damals hieß es, Spitzensportler, die ihren Wehrdienst abzuleisten hatten, sollten dadurch nicht auch noch bei der Ausübung ihres Sports benachteiligt werden. Vor den Olympischen Sommerspielen 1972 in München beschloss dann sogar der Bundestag, noch politischer geht es nicht, wehrpflichtige Sportler an Standorte einzuberufen, die in der Nähe von Olympiastützpunkten liegen. Von wegen, dem Spitzensport in Westdeutschland habe es gegenüber dem ostdeutschen Spitzensport an staatlicher Unterstützung gemangelt. Nichts da. Aus dem, was im Vorfeld von Olympia 1972 entstanden ist, entwickelten sich über die Jahre die heutigen Sportfördergruppen, deren Finanzierung durch öffentliche Mittel inzwischen kein Mensch mehr durchschauen kann – und wahrscheinlich auch gar nicht soll. Denn in einer Stellungnahme für den Bundesrechnungshof spricht das Verteidigungsministerium nur von sogenannten »Extramitteln«, ohne diese im Einzelnen näher zu beziffern oder gar auszuweisen. Gleichzeitig heißt es dort aber, der Verteidigungshaushalt werde zur Förderung der Spitzensportler nicht mit zusätzlichen Mitteln ausgestattet, ergo würde er durch den Sport auch nicht belastet. Wer auch immer den jeweils aktuellen Verteidigungshaushalt der Bundesrepublik Deutschland abklopft – er wird dort keine Gelder für die Sportförderung entdecken. Nicht heute und erst recht nicht in der Vergangenheit. Norbert Barthle, der haushaltspolitische Sprecher der Unionsfraktion im Deutschen Bundestag, sagte der *Frankfurter Allgemeinen Zeitung* 2012 ebenso klar wie enttäuscht: »Nirgendwo ist nachzulesen, wie hoch die Mittel eigentlich sind.« Demnach handelt es sich um versteckte Posten, in denen – natürlich nur rein hypothetisch gesehen – auch die Jahr für Jahr auszugebenden Mittel für Dopingpräparate gut versteckt sein könnten. Aber das ist natürlich nur eine theoretische Annahme, denn praktisch wird ja im deutschen Sport nicht gedopt.

In der Stiftung Deutsche Sporthilfe verhält sich alles ganz anders. Sie unterstützt all jene deutschen Hochleistungssportler mit einem monatlichen Durchschnittsbetrag von 1.919 Euro, die einem Bundeskader angehören, aber weder von der Bundeswehr, noch von der Polizei oder gar dem Zoll ausgehalten werden. Doch jedes Sporthilfe-Mitglied, das des Dopings überführt wird, muss alle Zuwendungen der letzten zwei Jahre zurückzahlen. Allerdings hat man schon 1989 gemerkt, dass bei dem Anti-Doping-Kurs dieser Stiftung etwas arg Pharisäerhaftes mitschwingt. Ich erinnere mich in diesem Zusammenhang an einen Festakt, der 1989 in Frankfurt am Main stattfand, eine glanzvolle Veranstaltung mit Willi Daume als Vorsitzenden und dem amerikanischen Hürdenstar Edwin Moses als Festredner. Damals stufte ein 13-köpfiger Gutachterausschuss 191 Läufer, Werfer und Springer in sieben Qualitätsstufen ein. Angesichts dessen wetterte der Wiener Anti-Doping-Kämpfer Prof. Ludwig Prokop, diese Gliederung sei nichts anderes als eine erneute Bestätigung für »den totalen Krieg im Hochleistungssport«. Denn in vielen Disziplinen seien die festgesetzten Normen der Sporthilfe nur noch mit chemischer Unterstützung erreichbar. Sabine Everts aus Düsseldorf, bei den Olympischen Spielen 1984 in Los Angeles Gewinnerin der Bronzemedaille im leichtathletischen Siebenkampf, sagte mir damals, sie empfinde die deutschen Normen geradezu »als Aufforderung zum Doping«. In der

Tageszeitung *Die Welt* durfte ich dieses Zitat nicht niederschreiben; man wollte wohl die innige Verbindung zwischen der Zeitung und der Sporthilfe nicht beschädigen.

Und heute? Gegenwärtig unterstützt die Stiftung Deutsche Sporthilfe rund 3800 Leistungssportler, gestaffelt nach drei Förderstufen. In der höchsten Stufe, »Elite plus« genannt, gibt es 18 Monate lang 1.500 Euro zusätzlich für jeden Sportler. Allerdings gehören dieser Förderstufe nur absolute Topstars an, wie zum Beispiel die Olympiasiegerinnen Britta Heidemann (Fechten) und Lena Schöneborn (Moderner Fünfkampf) oder Nicole Reinhardt, eine Athletin, die bereits achtmal Weltmeisterin im Kanurennsport gewesen ist. Für die zweite Förderstufe, in der es pro Athlet bis zu 10.000 Euro jährlich an Fördergeldern gibt, muss der jeweilige Sportler schon eine klare »Medaillenperspektive« entwickelt haben – auch wenn er diese nur mit Hilfe von Dopingmitteln erreichen kann. Letzteres ist natürlich nicht in den Sporthilfe-Rahmenrichtlinien vermerkt. In denen steht nur, dass es seit dem 1. Januar 2007 lediglich zehn Verstöße gegen den Sporthilfe-Eid, »niemals zu dopen«, gegeben hat. Das ist verständlich, denn die meisten Sportler, auch im Nachwuchsbereich, dopen immer nur bis zu jener Grenze, unter der alles (noch) unauffällig bleibt. Sie erreichen damit allerdings den gleichen Effekt wie mit der Überschreitung jener willkürlich festgelegten Grenzen, die Nichtgedopte und Gedopte in zwei Lager teilen. In ehrliche Sportler und Betrüger …

Natürlich ist es am besten, wenn schon im Training überhaupt nicht kontrolliert wird. Oder wenn nur so getan wird, als würde man kontrollieren. Dafür steht das folgende Beispiel: 2012 gehörte ein semmelblonder Mann aus Russland zu den besten Hammerwerfern der Welt: Sergej Litwinow. Der geborene Weißrusse hätte auch für Deutschland bei den Olympischen Spielen in London antreten können, denn er besitzt zusätzlich die deutsche Staatsangehörigkeit. Doch der

Sohn des russischen Hammerwurf-Olympiasiegers gleichen Namens aus dem Jahre 1988 geriet wegen allzu lascher Dopingkontrollen in Deutschland mit dem hiesigen Verband über Kreuz.

Litwinow, der zuvor auch noch zu den talentiertesten deutschen Judokämpfern gezählt hatte, gehörte 2009 als Bundeswehrsoldat der Sportfördergruppe der Bundeswehr in Mainz an, und dort jenem »Sonderkader«, der ganz besonders streng und häufig im Training kontrolliert werden sollte. Doch Ende jenes Jahres stellte Litwinow erstaunt fest, dass sich die Kontrolleure nicht ein einziges Mal bei ihm hatten blicken lassen. Als er dann im Jahr 2010 bei der Mannschafts-Europameisterschaft im norwegischen Bergen die deutschen Farben repräsentieren sollte, weigerte er sich beharrlich, dort anzutreten. Womöglich hatte sich Litwinow, motiviert durch die nur auf dem Papier stattfindenden Trainingskontrollen bei den Bundeswehrsportlern, sich daheim dermaßen extensiv verbotene Kraftpillen einverleibt, dass er bei einer Wettkampfkontrolle in Norwegen die gesamte deutsche Mannschaft und somit auch die Bundeswehr überaus kräftig blamiert hätte. Eine solche Kontrolle fand aber nicht statt, weil Litwinov eben nicht ins deutsche Nationaltrikot schlüpfen mochte. Der Deutsche Leichtathletik-Verband trennte sich aufgrund dieser Verweigerung von seinem Vorzeigeathleten – auf dass dieser das gelobte westliche Dopingparadies auf schnellstem Wege in Richtung Osteuropa verließ.

GLOSSAR

WARUM DOPINGMITTEL NICHT FREIGEBEN?

Gegen eine Freigabe von Dopingmitteln sprechen ein praktischer, aber auch ein idealistischer Grund. Zunächst der praktische: Bei etwa 78 Prozent aller sogenannten Dopingpräparate handelt es sich um rezeptpflichtige Arzneimittel für kranke Menschen. Sogar für Schwerkranke. Etwa 12 bis 15 Prozent der für Dopingzwecke verwandten Mittel unterliegen schon seit 1981 dem europäischen Betäubungsmittelgesetz – vom klassischen Heroin bis hin zu aktuellen Modedrogen. Der Rest, aus herkömmlichen Medikamenten, Rauschmitteln und Alkohol gemischt, wird selten Sportlern angeboten, sondern in erster Linie Partygängern, denen das Geld zu locker sitzt. Dennoch findet sich bei Umfragen auf Straßen und Plätzen schon seit Jahren schnell eine Mehrheit für die Freigabe von Dopingmitteln.

Der Berliner Arzt und ehemalige langjährige *Spiegel*-Redakteur Hans Halter sagt dazu: »Der Gesetzgeber hat doch mit Absicht die Rezeptpflicht eingeführt. Damit, zum Beispiel, nicht einfach mal die vielfache Dosis eines Medikaments oder sonst was eingenommen und das Leben leichtfertig riskiert wird. Das kann man also gar nicht freigeben. Sich Arzneimittel für Doping-Zwecke zu besorgen, muss demnach schwierig, illegal und teuer bleiben.«

Halters Lübecker Kollege Prof. Horst Pagel forscht seit vielen Jahren am Institut für Physiologie der dortigen Universität. Der international anerkannte EPO-Experte ist seit Jahren mit allen Facetten des Medikamentenmissbrauchs, also des Dopings, vertraut. Er sagt: »Wenn wir Doping freigeben, hat das mit Sport nichts mehr zu tun. Dann ist das nur noch eine reine Show, wie heute schon beim Wrestling.« Die jeweilige Goldmedaille müsse dann nicht dem entsprechenden Athleten, sondern dem jeweils erfolgreich gewesenen Genlabor überreicht werden. Pagels Forderungen daraus: »Dann müssten aber auch alle öffentlichen Gelder aus dem Sportbetrieb komplett gestrichen werden. Unsere Steuergelder hätten da nichts mehr zu suchen.«

Also keine Freigabe? Obwohl wir Doping nicht besiegen können? Aber es muss alles getan werden, damit es sich nicht noch weiter ausbreitet; vor allem nicht unter Jugendlichen und Kindern. Und auch nicht bei den ehrgeizigen Senioren. Deshalb muss man vor allem die Zuhälter des Dopens, die darauf spezialisierten Ärzte und Apotheker, schmerzhaft bestrafen. Und am meisten schmerzt einen Doktor der Entzug seiner ärztlichen Bestallung. Dabei sollte die alte Regel gelten: Bestrafe einen, dann erziehst du hundert. Es sind vor allem die Ärzte! Nach einer Befragung der Wissenschaftszeitschrift *Nature* ist jeder fünfte Professor – legt man den Maßstab aus dem Sport an – gedopt. Und zwar zwecks Leistungssteigerung. Wobei die Professoren am liebsten zu Methylphenidat greifen, besser bekannt als Ritalin. Ein bei Radprofis inzwischen aus der Mode gekommenes Präparat, mit dessen Einnahme nicht nur die körperliche Ausdauer, sondern auch die Konzentration gesteigert werden kann. Und ein Mittel, das an hiesigen Internaten und Eliteschulen in erschreckend hohen Dosen an Schüler ausgegeben wird.

Doch wie man es auch dreht, Doping ist nun einmal integraler Bestandteil des heutigen Hochleistungssports. Deshalb ist es auch illusionär, zu glauben, es auf irgendeine Weise eliminieren zu können. Das wird nicht funktionieren. So lange es Hochleistungssport gibt, wird es auch Doping geben. Dabei steckt die Leichtathletik in einem ganz besonderen Dilemma. Helmut Digel aus Tübingen, emeritierter Professor für Sportwissenschaft und Council-Mitglied des Internationalen Leichtathletik-Verbandes, erklärt es wie folgt: »In der Leichtathletik kann man gute und schlechte Leistungen voneinander unterscheiden, weil sie gemessen werden. Damit ist sie dem Steigerungsimperativ unterworfen. Wenn man 6,80 Meter weit gesprungen ist, ist die nächste Herausforderung, 6,90 Meter zu springen. Das hat zur Folge, dass unerlaubte Grenzüberschreitungen mit anwachsen.« Das Dopingproblem liegt also gewissermaßen in der Natur der olympischen Leichtathletik.

Ähnlich wie die Befürwortung einer generellen Freigabe aller Dopingmittel ist auch die Abschaffung jeglicher Dopingkontrollen ein beliebtes Thema in der breiten Öffentlichkeit. Sind die Kontrollen wirklich nur eine Augenwischerei? »Also Augenwischerei ist es nicht, denn die Kontrollen sind wichtig. Für mich waren Olympische Spiele auch immer eine Gelegenheit, ein Augenmerk auf die Doping-Analytik zu richten und diesen Werbe-Wert für Anti-Doping-Arbeit möchte ich auch nicht missen und diese Anstrengung zurückfahren.« Das sagt der Essener Prof. Peter Hemmersbach, der seit Jahren das ganz besonders angesehene norwegische Anti-Doping-Labor in Oslo leitet. Hemmersbach war bei elf Olympischen Spielen und einer Vielzahl Nordischer Ski-Weltmeisterschaften als Dopingfahnder im Einsatz.

Doch warum wurde die Öffentlichkeit stets nur unzureichend über dieses Thema informiert? Wer über Doping Bescheid wissen wollte, wusste Bescheid. Doch viele interessierte Leser wollen es wohl gar nicht so genau wissen. Ein anderer großer Teil, hauptamtliche Funktionäre, Sportmediziner und Sportjournalisten, haben es natürlich auch immer gewusst – und geschwiegen oder geheuchelt. Aber warum sollten ausgerechnet Journalisten nicht so reagieren wie andere Menschen? Es gibt doch in jeder Berufsgruppe gewisse berufsbedingte Vertraulichkeiten, die ganz einfach nicht ausgeplaudert werden. Das ist Konsens in der jeweiligen Gruppe. Aber amoralisch ist so etwas nicht.

Und Doping als großes Thema? Warum sollte man in unterhaltsamen Fernsehprogrammen dem breiten Publikum denn mit solchen Themen am Wochenende schlechte Laune bereiten? Und noch etwas: Wenn früher bei der Berichterstattung ein Teil der Wahrheit weggelassen wurde, was auch heute noch geschieht, war das – zum Beispiel im katholischen Sinne – ja längst noch keine Lüge. Die großen TV-Sender konnten es schließlich gar nicht anders halten. Bei *Spiegel* und FAZ wiederum war es genau umgekehrt; von denen hat es das Publikum so und nicht anders erwartet. Sport ohne Doping? Eine unsinnige Hoffnung, weil sich das System geradezu selbst am Leben hält. Überdies sind die Dopingvertriebswege heute jedermann zugänglich. Nach den Olympischen Sommerspielen in Peking 2008 ist eine ganz neue Dopingwelle über den Breitensport geschwappt. Im Bereich der Wachstumshormone zum Beispiel kann man inzwischen unzählige Präparate – ohne klinische Zulassung – ganz bequem über das Internet erwerben. Diese Präparate gibt es mittlerweile sogar als Nasensprays und als Tabletten.

ARD und ZDF meinen, der Radsport sei die Brutstätte allen Dopingübels. Also lautet die Antwort der Sender: keine Medienpräsenz, keine Werbung, kein Geld, keine Plattform für eine Drogensportart. Dazu noch einmal der ehemalige *Spiegel*-Mann Hans Halter: »Diese Idee ist genauso kindisch wie die, Doping wirklich besiegen zu wollen.«

WAS KOSTEN DOPINGMITTEL?

Ich kann und darf hier keine Preisempfehlungen für Dopingmittel geben. Denn das illegale Erstehen rezeptpflichtiger Medikamente ist ebenso strafbar wie der Kauf jener Mittel, deren Besitz entsprechend dem europäischen Betäubungsmittelgesetz nicht erlaubt ist. Wer dennoch wissen möchte, wie teuer eine Dopingkur ist, dem sei gesagt, im Internet sowie auf dem Schwarzmarkt – ob im Sportstudio oder auf irgendeinem Hinterhof – lagen im Juli 2012 die verschiedenen EPO-Blutdopingmittel sowie Wachstumshormone ganz klar an der Spitze der (illegalen) Preisliste. Anhand dieser Angaben habe ich durchgerechnet, dass eine vierwöchige EPO-Kur etwa 500 Euro kostet. Blutdoping, also der Austausch von Eigenblut, das mit einem Medikament angereichert wird, ist viel teurer. Wobei der Preis, weil er mit dem durchführenden Arzt besprochen werden muss, stets Verhandlungssache bleiben wird. Ein Richtwert ist mir nicht bekannt.

Dennoch gilt als Maßstab: Am Spitzensport verdienen Hersteller und Händler Millionen, am Breitensport Milliarden. Was sich, wie bereits angedeutet, allein daraus ergibt, dass es nur verhältnismäßig wenig Spitzensportler, aber unendlich viele Menschen gibt, die in ihrer Freizeit Sport betreiben. In Deutschland unterliegen beispielsweise etwa 5000 Kaderathleten den Kontrollen der Nationalen Anti-Doping-Agentur, doch rund zwei Drittel aller 80 Millionen Bundesbürger betreiben mehr oder weniger regelmäßig Sport. Damit ist diese Klientel für das Geschäft mit Dopingmitteln am lukrativsten. Die Spitzenathleten dienen dabei als Vorbilder. Oft heißt es: »Geben Sie mir was, das mich genauso stark macht wie der Klitschko.« Oder: »Geben Sie mir bitte was, das mich so ausdauernd macht wie diese Marathonläufer aus Afrika …«

Wenn eine »Geschäftsverbindung« so beginnt, hat der Dealer ein leichtes Spiel. Wobei die Geschäftsanbahnung jedoch meistens umgekehrt erfolgt. Der Dealer »fixt« seinen künftigen Kunden in aller Regel in einem privaten Sportstudio an. Er sagt zum Beispiel: »Ich sehe dich jetzt schon drei Monate lang an den Gewichten schuften, und nichts tut sich. Ich kann dir da ein bisschen helfen.« Zumeist mit Testosteron und mit Wachstumshormonen. Beliebt sind dabei preisgünstige Testosteronangebote aus Serbien, ganz besonders die Produkte des dortigen Pharmakonzerns Galenika. Warum? Weil in Serbien Testosteron, im Gegensatz zu Deutschland, als handelsübliche Apothekerware gilt.

Aber die meisten Breiten- und Hobbysportler versorgen sich, um schön anonym zu bleiben, am liebsten per Internet mit diesen gefährlichen Mitteln. Denn im Internet gibt es mittlerweile fast alles, ob Kokain oder gefälschte Medikamente – auch solche für schwer Krebs- oder Herzkranke! Alles ohne Rezept. Natürlich kann man über das Internet auch synthetische Suchtmittel jeglicher Art bestellen. Die kommen sogar mit der Paketpost ins Haus, funktioniert (fast) immer.

Wenn Sie schon keine moralischen Skrupel haben, so etwas per Internet zu ordern, bedenken Sie wenigstens, dass die Einrichter dieser Internetseiten ständig wechseln, weil sie in aller Regel als Strohmänner agieren. Es handelt sich fast nie um die tatsächlichen Lieferanten. Viele von ihnen sitzen nämlich fernab in Westafrika, sehr oft in Nigeria, nicht wenige auch in den Drogenländern Mexiko und Kolumbien. Wenn Sie dort bestellen, bekommen Sie selten erstklassige Ware, denn die erhält man nicht für einen drittklassigen Preis. Auch wenn er deshalb niedrig ist, weil im Internet die Kosten für Kuriere, Zwischenhändler und Endverteiler, die Dealer, wegfallen, Sie sollten ins Kalkül ziehen, dass über das Internet oft Mischungen mit zuvor schon verunreinigten und gesundheitsgefährdenden Substanzen nach Mitteleuropa, Skandinavien und Nordamerika geliefert werden. Und niemand sollte glauben, von Berlin oder Köln aus könne er dann die wirklichen Lieferanten in Nigeria oder Kolumbien haftbar machen … Das gilt übrigens auch für viele Nahrungsergänzungsmittel.

Doch selbst wenn Sie Ihre Dopingmittel nicht aus Lateinamerika oder Westafrika beziehen, Sie kriegen auch woanders keine erstklassige Ware. Weder per Internet noch auf dem Hinterhof. Denn die Substanzen für diese Mischungen kommen meist aus China, Indien und Pakistan. Und diese Grundsubstanzen sind oft minderwertig. Die Produktion der Endpräparate erfolgt dann meist in Osteuropa – allein in Russland soll es 8 000 arbeitslose Pharmakologen geben. Die Polizei kann diese »Küchenlabore« nur selten ausheben, weil sie blitzschnell von einem ins andere Land verlegt werden, mal von Estland in die Pyrenäen, dann wieder vom Balkan nach Belgien. Logistisch ist das nicht weiter aufwendig, und Geld spielt dabei ohnehin keine Rolle. Mit Dopingmitteln gefüllte Ampullen, die in Untergrundlaboren in der Herstellung maximal einen Euro kosten, werden auf dem Schwarzmarkt für 30 bis 35 Euro pro Stück verkauft. Machen wir also zum Schluss eine Gewinnrechnung auf: Im illegalen Heroinhandel, wobei die Strafen dort ganz anders sind als im Dopinghandel, bringen 1.000 Dollar Einsatz erfahrungsgemäß rund 20.000 Dollar Gewinn – steuerfrei! Eine Marge, über die Dopinghändler nur milde lächeln können. Setzen sie zur Produktion gefälschter Arzneimittel 1.000 Dollar ein, erwirtschaften sie damit rund 450.000 Dollar. Mindestens.

WER VERDIENT AM DOPINGHANDEL?

Die Strukturen des modernen Sports haben sich seit 30 Jahren nicht grundlegend verändert. Dasselbe gilt auch für die Strukturen des aktuellen Dopinggeschäfts. Der Handel mit Dopingmitteln und mit Drogen geht oft Hand in Hand, zumal das eine das andere nicht selten ergänzt. Ein Beispiel dafür ist das bei Ausdauersportlern beliebte Blutdopingmittel EPO. Zur Erinnerung: Die klassische EPO-Therapie zielt darauf ab, die Bildung roter Blutkörperchen bei Krebspatienten nach Chemotherapien in Gang zu setzen oder zu unterstützen. Gesunde junge Sportler benutzen es, um mit Hilfe vermehrter roter Blutkörperchen ihre Ausdauer zu erhöhen. Für die Therapie kranker Menschen würden – den Fachärzten zufolge – weltweit rund 60 Prozent der gesamten EPO-Jahresproduktion ausreichen. Doch annähernd 100 Prozent werden jährlich an die Frau und an den Mann verkauft. Vermutlich für Dopingzwecke im Spitzen-, aber vor allem im Breitensport. Bei Drucklegung diese Buches gibt es auf dem Markt etwa 150 verschiedene EPO-Präparate, sogenannte Generika eben, Präparate, die überall auf der Welt produziert werden, in Vietnam, Indien, China, Brasilien, Mexiko oder Kuba! Gehandelt wird damit auch fast überall, wobei die Internetanbieter immer mal wieder ihre Standorte wechseln. Dennoch, traditionell gelten Litauen, die Balkanländer, das Grenzgebiet zwischen Belgien und Frankreich sowie jenes zwischen Frankreich und Spanien noch immer als verlässliche Umschlagplätze in Europa. Es scheint erfahrungsgemäß unstrittig, der Pharmaindustrie ein essentielles Interesse am Dopingmarkt zu unterstellen. Auch wenn zum Beispiel das amerikanische Unternehmen AMGEN seit Jahren die Kalifornienrundfahrt, ein nicht nur in Nordamerika populäres Profi-Etappenrennen, sponsert. Warum die Pharmaindustrie kein Interesse am Dopingmarkt zu haben scheint? Dieser Millionenmarkt ist für einen Wirtschaftszweig, der Milliarden umsetzt, schlichtweg zu unbedeutend.

Woher stammen aber die Dopinglieferungen dann? Sandro Donati, Italiens renommiertester Dopingbekämpfer, erklärte schon im Jahr 2008: »Das Geschäft mit Anabolika, Wachstumshormonen und EPO läuft verstärkt über kriminelle Organisationen. Das ist weniger riskant als das Geschäft mit Heroin.« Der Professor aus Rom sieht nicht nur die neapolitanische und kalabrische, sondern auch die russische Mafia am lukrativen weltweiten Dopinggeschäft beteiligt. Organisationen, sagt er, die sich nicht um Gesetze scheren würden. Woher bekommen diese »Zwischenhändler« ihre heiße Ware? An dieser kniffligen Frage arbeiten seit Jahren vor allem österreichische, amerikanische, französische, belgische und italienische Fahnder. Deren Ergebnisse gelangen aus ermittlungstaktischen Gründen selbstverständlich nicht an die Öffentlichkeit. Aber zurück zu Donati, der weiß, wovon er spricht: Donati war es, der den berüchtigten Dopingarzt Francesco Conconi als solchen enttarnt hat; er belegte, wie spätestens ab Mitte der 1990er-Jahre EPO bereits flächendeckend als Beschleuniger für Radsportler eingesetzt wurde, und auch er war er es, der auf große Unregelmäßigkeiten im staatlichen Dopingkontrolllabor Acqua Certosa in Rom aufmerksam gemacht hat.

Die internationalen Dopingnetzwerke arbeiteten und arbeiten noch immer, zumindest temporär, zusammen, ob es sich um die »Operación Puerto« in Spanien (in die auch der frühere Tour-Star Jan Ullrich verwickelt war) oder die »Oil for Drugs« in Italien handelte oder ob es um aktuelle Organisationen in Österreich, den Niederlanden, in Deutschland, Finnland, Mexiko, Japan, China oder den USA geht. Schließlich werden pro Jahr 700 Tonnen anaboler Steroide, nach einer Untersuchung der Welt-Anti-Doping-Agentur (WADA), weiterhin zu Dopingzwecken missbraucht. Und das schon seit längerer Zeit. Bereits 1999 wurde nämlich der englische 100-Meter-Olympiasieger von 1992 in Barcelona, Linford Christie, mit dem anabolen Steroid Nandrolon erwischt, das danach prompt auch einige seiner schnellen Schüler benutzt haben sollen. Wo der Stoff damals herkam? Aus Japan! Aber dort wurde er nicht hergestellt. Wahrscheinlich fand die Produktion schon damals in China statt. Und heute? Unter Dopinghändlern gilt China mittlerweile als Weltmarktführer auf dem Sektor Wachstumshormone. Wobei einige von ihnen steif und fest behaupten, schon im Frühjahr 2012 hätten die Inder mit geradezu lächerlichen Preisangeboten von etwa 2 Euro (!) pro Einheit die Chinesen unterboten. Wobei man wegen des niedrigen Preises angeblich dazu übergegangen sein soll, die benötigten Substanzen dafür aus den Zwischenhirnen von Leichen zu gewinnen. In der Branche spricht man davon, dass diese Methode vor allem in Russland und in den baltischen Ländern Anwendung finden soll.

Schon 2007 warnte Wilhelm Schänzer, der Leiter des Instituts für Biochemie an der Deutschen Sporthochschule Köln, in der *Frankfurter Rundschau*: »Im Sport wird gegenwärtig ohne Ende manipuliert. Davon müssen wir ausgehen.« Schänzer vermutete schon damals, es würden weit mehr Dopingnetzwerke existieren, als man kenne: »Damit muss man rechnen.« Ähnlich sehen es die Beamten des Referats für Wirtschaftskriminalität und Korruption beim Bundeskriminalamt (BKA) in Wiesbaden. Nach deren Erfahrungen stelle bei Arzneimittelfälschungen in Deutschland der illegale Handel mit Anabolika und anderen Dopingsubstanzen noch immer eines der größeren Probleme dar. Denn dabei seien besonders hohe Gewinnspannen zu erzielen. So könnten mit Rohstoffen im Wert von etwa 100 Euro anabole Dopingmittel zum Schwarzmarktpreis von rund 12.000 bis 15.000 Euro produziert werden.

Doch was gilt derzeit als neuester Renner? Über internationale Netzwerke, so der britische Auslandsgeheimdienst MI6, konnte man noch 2008 Wachstumshormone aus China für 12,80 Euro pro Ampulle erwerben. Chemiker des MI6 haben diesen Hormonen eine gute Qualität bescheinigt.

Im Sommer 2012 galten GW1516 und AICAR als besonders zuverlässige Dopingmittel, die für eine verbesserte Ausdauerleistung der Muskeln sorgen. GW1516 wurde vom britischen Pharmakonzern GlaxoSmithKline entwickelt und soll zur Therapie von krankhaftem Übergewicht und von Altersdiabetes eingesetzt werden. Obwohl es sich im Juli 2012 noch in der klinischen Erprobungsphase befand, wurden bereits auf der Tour de France 2011 einige Verpackungen dieses Präparats im Müll verschiedener Teams gefunden. Die Welt-Anti-Doping-Agentur hat GW1516 bereits vorsorglich in die Liste verbotener Wirkstoffe aufgenommen. Wie GW1516 sorgt auch AICAR für eine verbesserte Ausdauerleistung der Muskeln. Die Tierexperimente mit AICAR haben Sportler in aller Welt aufhorchen lassen. Auf Laufbändern rannten gedopte Mäuse 44 Prozent länger als eine Gruppe unbehandelter Tiere. Sowohl in der Pharmaindustrie als auch bei der WADA wisse man, dass es internationale Dopinghändler gibt, die längst über alle Versuchsdaten von AICAR informiert sind – obwohl es letzten Sommer noch gar nicht auf dem Markt war …

Die Dopingszene ist und bleibt ein Sumpf. Schon 2007 beschlagnahmte die amerikanische Anti-Drogen-Behörde (FDA) Steroide im Wert von 50 Millionen Dollar; weltweit wurden dabei 124 Dealer verhaftet und 56 US-Labore geschlossen. Die Ermittlungen ergaben, dass 99 Prozent der dafür verwandten Rohmaterialien aus der Volksrepublik China kamen. Bekannt wurde obendrein, dass nach Schätzungen der WADA die Chinesen bis zu 80 Prozent des weltweiten Schwarzmarktes für Wachstumshormone (Wert: etwa 480 Millionen Dollar – unversteuert!) bestreiten. Auch 2012 hat das noch Gültigkeit. Und das, obwohl die einzige klinische Indikation für eine Therapie mit Wachstumshormonen der kindliche Minderwuchs darstellt – eine äußerst seltene Krankheit. In Deutschland gibt es beispielsweise nur 100 solcher Erkrankungen jährlich.

Einst war der Tübinger Tobias Unger der weltbeste weiße Sprinter über 200 Meter. Doch längst weiß der Halleneuropameister von 2005: »International kann man eigentlich ungedopt nicht gewinnen.« Im Herbst 2007 beendete der damalige Radprofi Thomas Ziegler mit 27 Jahren seine sportliche Laufbahn. Ohne Doping sah das »Riesentalent Ziegler« (Olympiasieger Olaf Ludwig) kein Fortkommen mehr: »Die

Ergebnislisten sähen ganz anders aus, wären alle Fahrer sauber.«

WARUM ERFOLGT DIE EINIGUNG IM DEUTSCHEN SPORT SO ZÖGERND?

Die beste Antwort darauf gab am 7. April 2009 bereits Manfred von Richthofen, Präsident des Deutschen Sportbundes (DSB) von 1994 bis 2006, dem ZDF-Magazin »Frontal 21«. Der Berliner erinnerte sich damals: »Man wollte sicher auch von den Erfolgen der DDR relativ schnell profitieren. Und insofern war man an einer Beschädigung sowohl der Aktiven, der Trainer wie auch der Ärzte nicht interessiert bei dem Zusammenschluss der beiden Sportorganisationen.« Er erklärte diese These folgendermaßen: »Man wusste ganz genau, dass mit Dopingmitteln und damals schon verbotenen Substanzen gearbeitet wurde und war an einer Aufklärung nicht interessiert. Man wollte da den Mantel der christlichen Nächstenliebe ausbreiten.«

Das Wissen der Athleten, Trainer, Sportärzte, vor allem aber die Kenntnisse der Sportwissenschaftler aus der DDR, waren zur Wendezeit, insbesondere im Jahr 1990, heißbegehrt. Denn dieses gebündelte Wissen versprach Rekorde, Meisterschaftsplaketten und olympische Medaillen. Kurzum: Anerkennung aller Orten. Warum sollte man dabei ein schlechtes Gewissen bekommen? Die Moral im Sport war in Westdeutschland schließlich schon vor dem Mauerfall unter die Räder gekommen. Gründlich! So gab es denn überaus starke Bestrebungen, das Sportsystem der DDR mit der Wiedervereinigung am besten gleich eins zu eins zu übernehmen. Ohne jegliche Differenzierung. So wurden 1990 zum Beispiel für Vorträge bei Trainerlehrgängen im Trainingslager des Deutschen Leichtathletik-Verbandes (DLV) gleich mehrere ausgewiesene Dopingexperten aus der DDR angekündigt. Deren Fachwissen war schließlich gefragt, man wollte ja etwas lernen.

Dass dann sogar drei wesentliche Institutionen des ehemaligen DDR-Sports bis heute erhalten geblieben sind, von denen zwei überaus umstritten waren, ist übrigens auf den maßgeblichen Druck des Bundesausschusses für Leistungssport (BAL) zurückzuführen – und dabei auch noch tatkräftig unterstützt durch das Referat SM 1 des Bundesinnenministeriums. Diesem Referat ging es in erster Linie um die Forschungs- und Entwicklungsstelle für Sportgeräte (FES) in Ostberlin, um das berühmt-berüchtigte Forschungsinstitut für Körperkultur und Sport (FKS) in Leipzig – das heute Institut für Angewandte Trainingswissenschaft (IAT) heißt – und um das DDR-Dopinglabor im sächsischen Kreischa. Dieses Labor nahm hauptsächlich jene Dopingkontrollen vor, die DDR-Athleten vor einem Auslandsstart schützen sollten, wenn sie – nach einer Dopingkur – noch nicht ganz »sauber« waren. Nach Dopingsündern haben die Kontrolleure aus Kreischa hingegen nicht gefahndet. Manfred Löcken, 1990 BAL-Direktor, wurde damals mit dem von ihm niemals dementierten Satz zitiert: »Die Verbände wollen diese Leute haben, wir brauchen sie, darum gibt es nur eins: Kopf runter und durch!«

Entscheidend war bei dieser Kommandosache, wie die Angelegenheit im Bundesinnenministerium intern bezeichnet wurde, dass westdeutsche Sportführer schon seit Jahrzehnten über die Dopingpraktiken in der DDR durch den Bundesnachrichtendienst en détail informiert worden waren. Trainer und Sportwissenschaftler wiederum besorgten sich auf bilateralen Wegen zusätzliche Informationen. Hinzu kamen die Unterrichtungen durch jene DDR-Flüchtlinge, die Interviews über den Sport in Ostdeutschland gaben oder sogar Fachreferate hielten. Der Hallenser Sportmediziner Alois Mader trat zum Beispiel nach seiner Flucht vielerorts mit beliebten Vorträgen über das flächendeckende Anabolika-Programm der DDR auf.

Der Westen wollte mit Hilfe des Ostens sein sportliches Prestige aufpolieren und drückte – eingedenk der eigenen vor der Öffentlichkeit sorgsam verborgenen Dopingfälle – dabei gegenüber den ostdeutschen Vergehen möglichst alle Augen zu. 1991 erklärte Prof. Wildor Hollmann, immerhin Gründer des Instituts für Sportmedizin an der Deutschen Sporthochschule und einst auch Präsident des Weltverbandes der Sportärzte, nun sei endlich Zeit für eine Amnestie gekommen. Hollmann sagte damals: »Dass bei vielen Spitzensportlern Doping im Spiel war, ahnten wir oder glaubten es gar, zu wissen, doch die Beweise fehlten. Erstmals scheint jetzt handfestes Beweismaterial vorzuliegen. Zur Vergangenheitsbewältigung aber ist es meiner Auffassung nach richtig, eine Generalamnestie auszusprechen, um das Waschen schmutziger Wäsche zu vermeiden, welches im Nachhinein niemandem nützt, vielen schadet, Wunden schlägt, Gräben zwischen ganzen Institutionen aufreißt und stattdessen nach vorn in die Zukunft zu blicken.«

Im Juli 1991 griff der Bundesausschuss für Leistungssport den Amnestievorschlag auf. Doch so richtig wurde nie etwas daraus. Im April 1992 übergab Jochen Kühl, der damalige Justiziar des Deutschen Sportbundes, noch eine Liste dopingbelasteter Funktionäre, Trainer und Mediziner, die 100 Namen umfasste, dem damaligen DSB-Präsidenten Hans Hansen. Es handelte sich jedoch um eine höchst unbrauchbare Aufstellung, denn hinter den meisten der 100 Namen stand das Kürzel DDR; nur wenige der Personen kamen also aus dem Westen. Ein falscher Tatbestand, wie wir heute wissen! Was mit jener ominösen Liste geschehen ist? Sie verschwand spurlos, ist übrigens bis auf den heutigen Tag spurlos verschwunden geblieben.

WARUM DAUERN DOPINGPROZESSE SO LANGE?

Gibt es in Sportprozessen eine Verteidigungsstrategie, die wirklich funktioniert? Können Juristen frühere Verfahren als Musterstrategien heranziehen? Warum eigentlich nicht? Weil sich das Sport- und das Zivilrecht fundamental voneinander unterscheiden. Allein schon aufgrund der Tatsache, dass ein ordentliches Gericht den Urteilsspruch eines Sportgerichts jederzeit widerrufen kann. In dem Fall gilt nämlich dann dessen Schiedsspruch. In manchen europäischen Ländern – in Italien, Frankreich und Österreich – wiederum können Staatsanwälte mit Hilfe der Polizei anstelle der Sportgerichte gegen Dopingsünder und Dealer vorgehen. Dafür gibt es in diesen Ländern bereits das entsprechende gesetzliche Instrumentarium. Nicht aber in Deutschland! Bei uns existieren nur Vorstufen: eine Schwerpunkt-Staatsanwaltschaft im Freistaat Bayern und – analog dazu – auch in Baden-Württemberg. Verzwickt wird es erst recht, wenn europäisches mit amerikanischem Recht verglichen wird, was hin und wieder geschieht, weil Sport nun einmal international ist. Doch es gibt noch ganz andere Hindernisse.

Wer heute noch glaubt, eine vermutlich nicht nachweisbare Substanz benutzt zu haben, kann morgen schon darauf positiv getestet sein. Denn mittlerweile sind die Dopinganalytiker den Dopern oft einen ganzen Schritt voraus. Wer sich also mit seinen – garantiert! – angeblich nicht nachweisbaren Substanzen überlegen fühlt, wird dennoch erwischt. Mittels einer neuen Nachweismethode fanden die Analytiker zum Beispiel im Blut des Fuldaer Radprofis Patrik Sinkewitz 2011 das Wachstumshormon HGH (Human Growth Hormone). Eigentlich hätte Sinkewitz vorgewarnt sein müssen, weil schon 2010 der britische Rugbyprofi Terry Newton damit aufgeflogen war. Neue Nachweismethoden greifen um sich. Mit ihnen ist inzwischen sogar Gendoping zu entdecken. Diese Methode hat der Mainzer Perikles Simon entwickelt; sie wirkt in den USA bereits abschreckend – besonders bei Leichtathleten, Schwimmern und Footballspielern. Der Kopenhagener Wissenschaftler Rasmus Damsgaard wiederum kann sogar Blutdoping und obendrein im Eigenblut minimalste Plastikspuren von Blutbeuteln nachweisen, was den spanischen Radprofi Alberto Contador zu Fall gebracht hat. Doch nicht jede Methode wird öffentlich bekanntgemacht – sonst könnte sie gar nicht greifen. Zur gezielten Fahndung werden auch verdeckt tätige Athleten eingesetzt – grenzüberschreitend.

Es gibt bei einem Dopingvergehen viele Verteidigungsstrategien, doch sie sind nicht standardisiert. Wie im Straf-, so obliegt auch im Sportrecht die Beweislast der jeweils klagenden Partei, also den Anti-Doping-Behörden. Will sich der Sportler jedoch vom Vorwurf des wissentlichen Dopings befreien, wird die Beweislast umgekehrt – das ist im Kodex der Welt-Anti-Doping-Agentur (WADA) festgeschrieben. Ein deutlicher Gegensatz zum Strafrecht, in dem vom Angeklagten niemals verlangt wird, seine Unschuld lückenlos zu beweisen. Nur zu behaupten, man habe die als Dopingmittel deklarierte Arznei keineswegs absichtlich zu sich genommen, reicht als Unschuldsbeweis im Sportrecht nicht aus. Der Sportler muss außerdem noch jenen Beweis erbringen, der die entscheidende Instanz »zufriedenstellt« (Regelwerk des Radsportverbands UCI). Das gelingt selten. Deshalb ist auch die Eisschnellläuferin Claudia Pechstein vor dem Internationalen Sportgerichtshof (CAS) gescheitert. Sie war zwar nicht zu 100, aber nach einem vom Gericht konsultierten Experten zu 99 Prozent des Dopings überführt worden. Im Gegensatz zu Strafrechtsverfahren wegen Tötung, Mord oder Diebstahl ist die 100-prozentige Sicherheit in Dopingverfahren für eine Verurteilung nämlich nicht zwingend. Die Schuld ist laut

WADA bereits erwiesen, wenn sie – nach Überzeugung der Richter – deutlich mehr als »wahrscheinlich«, aber weniger als »über alle Zweifel erhaben« ist.

Das klingt nicht nur kompliziert, sondern ist es auch. Und es wird noch komplexer, weil die Dopingfahnder – oft schon gemeinsam mit der Pharmaindustrie – äußerst raffinierte Nachweismethoden entwickeln, auf die sich weder Ärzte noch Sportler einstellen können.

WARUM KOMMT FREIBURG NICHT ZUR RUHE?

Ganz einfach, weil nach wie vor vieles im Dunkeln liegt und noch aufgeklärt werden muss. Darum bemüht sich nun die gebürtige Italienerin Letizia Paoli, Professorin für Kriminologie an der Universität im belgischen Leuven. Zuvor war diese Expertin für organisiertes Verbrechen, insbesondere für jene der verschiedensten Mafiagruppierungen, auch schon als Beraterin italienischer Innen- und Justizminister tätig. An der Universitätsklinik Freiburg traf sie nun auf ein System, das nach ihren Worten »alles andere als transparent ist«. Man müsse überhaupt erst einmal sehen, wie die noch vorhandenen strafrechtlichen Vorwürfe herausgefiltert werden können. Letizia Paoli, die bei der Prüfung sportmedizinischer Freiburger Arbeiten auf deren Dopingrelevanz feststellen musste, dass einige Papiere dazu unauffindbar bleiben, gibt denn auch zu: »Der Ausgang der Ermittlungen ist noch offen.« Wobei einige Freiburger Projekttitel geradezu nach Beihilfe zum Doping riechen. Den Projektleiter Andreas Schmid sponserte beispielsweise die Deutsche Telekom bei dessen Erkundung zur »prospektiven« Analyse von Parametern für den indirekten EPO-Nachweis. Dafür gibt es gleich zwei Erklärungen: Erstens ermitteln mit derartigen Studien Dopingpraktiker die EPO-Abklingraten vor einem Wettkampf.

Zweitens: Schmid arbeitete just an dieser Studie, als er beim Team Telekom obendrein als Mannschaftsarzt beschäftigt war. Ein Schelm, wer Böses dabei denkt!

Wichtig aber sind in Freiburg die jahrzehntelangen Verflechtungen zwischen Sport, Politik und Universität. Bei dieser Aufklärung tut sich Paoli schon deshalb schwer, weil es in Freiburg immer wieder Bestrebungen gibt, ihre Arbeit zu behindern oder, wenn möglich, sogar in Richtungen zu lenken, die am Ende womöglich in irreführenden Ergebnissen münden könnten. Denn die Vergangenheit der Freiburger Sportmedizin könnte noch viel unbekanntes Unangenehmes zutage fördern, das wohl lieber unter der Decke gehalten werden sollte. Schließlich forschten schon in den 1930er-Jahren in Freiburg Hitlers Olympiaärzte; nach dem Zweiten Weltkrieg entwickelten sich die dortigen Institutionen dann zur sportwissenschaftlichen Antwort auf die in der damaligen DDR entstehende »Leipziger Schule«. So konnte die Sportmedizin am Universitätsklinikum Freiburg, vor allem unter dem im Jahr 2000 verstorbenen Prof. Joseph Keul, jahrzehntelang ein Eigenleben innerhalb der Freiburger Albert-Ludwigs-Universität führen. Jeder, der zu Keuls Zeiten im Freiburger Führungsgremium tätig gewesen ist, stellte irgendwann resigniert fest, dass der Bereich Sportmedizin nicht wirklich kontrollierbar war.

Bevor es 2006 – durch die Dopingfälle um das Radteam der Deutschen Telekom und um dessen Star Jan Ullrich – überhaupt zu einer Causa Freiburg kommen konnte, wusste (fast) jeder im westdeutschen Hochleistungssport, was dort wirklich lief. Vor allem, was sie von den Professoren Keul und Klümper tatsächlich erwarten durften. Einige Bundestrainer nahmen dennoch mit Erstaunen zur Kenntnis, dass Josy Barthel, Luxemburgs einziger Leichtathletik-Olympiasieger (1952), seinerzeit gedopt zur Goldmedaille gelaufen war – dank der Forschungen in der »Freiburger Schule«. Zumal die wissenschaftlichen Erkenntnisse um den Fall Barthel obendrein auch noch in einer Doktorarbeit aus jenen Tagen festgehalten worden sind. Ein grelles Licht auf die Freiburger Schule warf ganz besonders das kollegiale Verhältnis zwischen Joseph Keul, den Freiburger Anabolika-Befürworter, und Dr. Manfred Höppner, den stellvertretenden Chef des Sportmedizinischen Dienstes der DDR. Höppner galt in Ostdeutschland als Chefdoper; nach dem Fall der DDR diente er sich in Sachen ostdeutsches Staatsdoping der Zentralen Erfassungsstelle für Regierungs- und Vereinigungskriminalität (ZERV) in Berlin als deren wichtigster Informant an. Denn die langjährigen Duzfreunde Keul und Höppner, die offiziell als Klassenfeinde auftraten, hatten – lange vor der Wiedervereinigung – stets Hand in Hand gearbeitet. Ob Keul dabei jedoch bewusst war, dass er mit seinen Auskünften gegenüber Höppner zugleich auch dem Ostberliner Ministerium für Staatssicherheit in die Hände gearbeitet hat? Das wird wohl für immer fraglich bleiben. Doch, dass er »abgeschöpft« wurde, dafür gibt es Belege: »Gegenüber dem IM [gemeint ist Höppner; Anm. d. Autors] bestätigt Prof. Dr. Keul, dass in der BRD generell die Anwendung von Anabolen erfolgt, und dass er im Prinzip nichts dagegen einzuwenden habe.« So steht es in den Stasi-Unterlagen. Dass es eine enge Verbindung zwischen Keul und Höppner gegeben hat, belegte im Jahr 1994 auch *Der Spiegel*: »Obwohl sich die beiden Sportsysteme in der Öffentlichkeit befeindeten, waren sich die höchsten Vertreter intern in Doping-Fragen auffällig einig. […] Höppner pflegte mit dem karrierebewussten Sportmediziner Joseph Keul aus Freiburg eine Duzfreundschaft. In internationalen Beratungen vertrat der Westdeutsche bisweilen sogar die Argumente der DDR.«

Übrigens: Letizia Paoli bezeichnet Doping als »äußerst komplexes kriminelles Phänomen«. Allerdings spreche einiges dafür, »dass die hochkriminellen Machenschaften der Freiburger Ärzte im internationalen Vergleich weder besonders originell noch singulär gewesen sind«. Wenn sich die Freiburger dennoch nur so verhalten haben wie alle im Dopinggeschäft, dann dürfen wir gespannt sein, was die Mafia-Expertin aus Leuven sonst noch alles herausfinden wird.

WARUM FINDEN DOPINGFAHNDER NIE ETWAS?

Wer das glaubt, läuft häufig ins offene Messer. Denn wer heute annimmt, eine angeblich nicht nachweisbare Substanz benutzt zu haben, kann morgen schon eines Besseren belehrt sein. Mit dem Märchen vom Hasen und Igel, also dem fortwährend im Vorteil befindlichen Dopingsünder, verhält es sich wie mit allen Märchen: In der Wirklichkeit wiederholen sie sich nicht! Und so läuft es zwischen Dopingsünder und Dopingfahnder oft genau umgekehrt ab. Wenn bei den Olympischen Spielen im Sommer 2012 in London der eine oder andere Betrüger nicht erwischt wurde, dann auch, weil manche Nachweismethode noch nicht zugelassen war.

»Die Situation ist frustrierend. Wir haben keine vernünftige Methode, um IGF-1 im Blut oder Urin nachzuweisen.« So klagte Wilhelm Schänzer, der Leiter des Kölner Instituts für Biochemie, bereits vor den Olympischen Sommerspielen 1996 in Atlanta. Doch 15 Jahre später lobte er auf der Kölner Fachkonferenz Play the Game seinen Kollegen Prof. Mario Thevis für die Erarbeitung eines Nachweises der insulinähnlichen Wachstumsdroge IGF-1. Nicht auf einer rauschenden Präsentation vor TV-Kameras und Radiomikrophonen, sondern eher als versteckten Hinweis für die Kollegen vom Fach gedacht. Vielleicht aus taktischen Gründen, um die Benutzer dieses Präparats nicht vorzuwarnen und in scheinbarer Sicherheit zu wiegen. Thevis, Leiter des Zentrums für präventive Dopingforschung in Köln, hüllt sich ob solcher Vermutungen in Schweigen. Das ist auch notwendig, denn selbst dann, wenn die Quote der Dopingsünder bei Olympischen Spielen niedrig bleibt, sagt das nur wenig über die Zahl der wirklichen Dopingfälle aus. Denn auch Olympische Spiele sind ein großes Geschäft – und zwar das größte im internationalen Sport. Ein Markenartikel, der möglichst unbeschädigt zu bleiben hat. So sehen es jedenfalls die Marktstrategen des Internationalen Olympischen Komitees. Außerdem werden ehemalige Athleten oft zu Trainern oder zu Funktionären – was also soll sich ändern?

Zurück zu den Dopingnachweismethoden. Bei den Wachstumshormonen gibt es mittlerweile, sogar über das Internet zu beziehen, unzählige Präparate – und alle ohne klinische Zulassung, also Vorsicht! Die Ausweitung dieses geradezu unheimlichen Marktes begann schon vor den Olympischen Sommerspielen 2008 in Peking. Allen diesen im Körper angeblich nicht auffindbaren Dopingpräparaten scheinen Fahnder und Wissenschaftler mittlerweile auf die Spur kommen zu können. Denn die von der WADA zugelassenen Testverfahren könnten bald um einen indirekten Nachweis über Blutplasma ergänzt werden. Und zwar durch einen Test, an dem der englische Professor Peter Sönksen bereits seit mehr als zehn Jahren arbeitet; er will zusätzlich Doping mit körpereigenem IGF-1 sowie HGH (Human Growth Hormone) nachweisen.

Was ist IGF-1 eigentlich – und was bewirkt es? Als es Ende der 1980er-Jahre auftauchte, jubelten vor allem die Bodybuilder. Zehn Jahre später fassten sie ihre Erfahrungen auf ihren Webseiten ungeniert in zwei Wörtern zusammen: »USS Enterprise« und »Millenium Falcon«. Andere schrieben, die Verabreichung von IGF-1 könne Geld, Ruhm, ja sogar eine Art Unsterblichkeit bringen. Derart schwärmerisch lässt sich also über ein gefriergetrocknetes weißes Puder schwadronieren, das Kühlung erfordert und Licht scheut. Es handelt sich um ein an Ratten erprobtes Mittel, das den Muskelaufbau enorm beschleunigt, mithin Kraftathleten vielleicht kräftiger und Sprinter schneller machen kann.

Prof. H. Lee Sweeney von der Universität Pennsylvania in Philadelphia und dessen Forscher hatten sich schon im Jahr 2000 intensiv in Rattenversuchen mit synthetischem IGF-1 beschäftigt. Der WADA gab Sweeney danach den Hinweis, Dopingnachweismethoden für IGF-1 müssten nicht vorange-trieben werden; es fände – nach seiner Ansicht – wohl keiner-lei Verwendung im Hochleistungssport. Gleichzeitig wurde er von einem Coach eines Highschool-Footballteams gebeten, dessen Mannschaft mit genau jenem Stoff zu behandeln. Da-mals, im Jahr 2004, hatte Sweeney die Anfrage verwundert. Nun haben sich die Zeiten geändert. Nun weiß man, dass IGF-1 als Dopingmittel verwendet wird.

WARUM GIBT ES KEIN DEUTSCHES ANTI-DOPING-GESETZ?

In Frankreich, Italien, Österreich und längst auch in den USA können Dopingsünder strafrechtlich verfolgt werden. Was auch geschieht. Warum aber nicht in Deutschland? Gegen ein deutsches Anti-Doping-Gesetz läuft vor allem Dr. Tho-mas Bach, Präsident des Deutschen Olympischen Sportbun-des, seit Jahren immer wieder Sturm. Sein Argument: Man könne den Sportler schließlich nicht kriminalisieren, außer-dem solle dem Sport niemand in dessen eigene Gerichtsbar-keiten hineinreden. Deren Unabhängigkeit müsse unantast-bar bleiben.

Der Münchner Sportmediziner Helmut Pabst widerspricht dieser Auffassung vehement – und das ebenfalls seit vielen Jahren. In den *Stuttgarter Nachrichten* sagte er zu diesem Thema erst Anfang Mai 2012: »An die Doping-Szene kommt man nur über die Ermittlungen von Staatsanwälten heran, und denen fehlen in Deutschland leider oft die Mittel. Wir brauchen unbedingt ein Anti-Doping-Gesetz. Doper müssen als Sportbetrüger verfolgt werden können. Anders geht's nicht.« Papst weiß, wovon er spricht. Er führt seit 20 Jahren Dopingkontrollen durch und nimmt mit den 100 Mitarbeitern seiner Firma PWC alle Tests für die Nationale Anti-Doping-Agentur (NADA) in Bonn vor.

Am 18. Juli 2012 meldete sich zu der Causa Anti-Doping-Gesatz deshalb erneut die in dieser Sache besonders engagierte bayerische Justizministerin Beate Merk (CSU) zu Wort und forderte – weil es für ein deutsches Anti-Doping-Gesetz derzeit keine Unterstützung gäbe – zumindest schon einmal eine Verschärfung des bestehenden Arzneimittelgesetzes. Merk begründet ihre Forderung so: »Doping ist Betrug mit Wettbewerbsverzerrung, ein massiver Anschlag auf die Gesundheit der Athleten und häufig genug organisierte Kriminalität.« Darüber hinaus will Merk auch endlich den Straftatbestand des Sportbetrugs einführen: »Das bleibt das Ziel. Die Staatsanwälte brauchen ein scharfes Schwert und müssen auch den Sportler ins Visier nehmen können.« Für ein bundesweites Anti-Doping-Gesetz aber, bemerkt sie bedauernd, »haben wir zurzeit nicht die notwendigen Mehrheiten«.

Eine durch und durch unbefriedigende Situation. Denn in Deutschland gibt es in Sachen Doping bisher nur einzelne Verbotsnormen in verschiedenen Gesetzen, etwa im Arzneimittelgesetz, im Betäubungsmittelgesetz und sogar im Strafgesetzbuch – aber eben nichts, was wirklich greift. Immerhin wurde 2007 wenigstens schon einmal das »Gesetz zur Verbesserung der Bekämpfung des Dopings im Sport« verabschiedet. Dabei handelt es sich jedoch nicht um ein Anti-Doping-Gesetz, sondern lediglich um verschiedene Änderungen anderer Gesetze, wie zum Beispiel des Bundeskriminalamtsgesetzes oder des Arzneimittelgesetzes.

Frau Merck schlägt nun sogar erweiterte Maßnahmen bei

der Telefonüberwachung von Dopinghändlern vor und spricht einer generellen Kronzeugenregelung das Wort, um »die Mauer des Schweigens einzureißen«. Bei einigen auf Sportrecht spezialisierten Anwälten trifft sie dabei allerdings auf taube Ohren. »Ich werde«, vertraute mir der Heidelberger Sportjurist Michael Lehner an, »niemanden mehr zu einer Kronzeugenregelung überreden. Wirklich niemanden mehr.« Lehner hatte unter anderem auch die Radprofis Jörg Jaksche und Patrik Sinkewitz vertreten – und beiden geraten, als Kronzeugen aufzutreten. Was auch mit Vehemenz und viel Sachkenntnis geschah, doch Jaksche war danach am Ende seiner sportlichen Karriere angelangt; einen sogenannten Nestbeschmutzer mochte niemand mehr in seinem Team haben. Sinkewitz kam zwar nach niederschmetternden Vorstellungsgesprächen wenigstens in einem drittklassigen Team in Italien unter – doch dann strauchelte er als umstrittener rückfälliger Doper. Jetzt verdient er sein Geld beim drittklassigen kroatischen Team Meridiana Kamen.

Was ist also in Deutschland möglich? Es gibt in München seit 2009 eine Schwerpunkt-Staatsanwaltschaft, die sich ausschließlich mit dem komplizierten Gebiet der Dopingvergehen und der komplexen Sachverhalte im Dopinghandel beschäftigt. Im Juli 2012 saßen in Bayern bereits 19 Personen wegen Dopingvergehen in Untersuchungshaft. Man kommt offenbar voran. In Baden-Württemberg wiederum hat man sich, nicht ohne das Engagement des Grünen-Politikers Winfried Hermann, zu einem ähnlichen Schritt wie in Bayern entschlossen und ebenfalls eine Dopingstaatsanwaltschaft eingerichtet. Und was gibt es darüber hinaus zu verzeichnen? Dagmar Freitag, die Vorsitzende des Sportausschusses im Deutschen Bundestag, hat für die SPD ebenfalls die Frage nach einem deutschen Anti-Doping-Gesetz aufgeworfen. Sie argumentiert: »Ich habe es mit Interesse zur Kenntnis genommen, dass auch das reformierte Arzneimittelgesetz nicht zum Tragen gekommen ist. Anscheinend reicht das, was im Gesetz steht, nicht aus.«

Aus den Parteien, ob CSU, Grüne oder SPD, kommen also durchaus vernünftige Vorschläge – nur selten jedoch aus den Sportverbänden, wo sie auf die unabhängige Sportgerichtsbarkeit verweisen. Ermahnungen und Sperren würden als Bestrafung ausreichen. Ministerin Merk: »Deshalb lege ich aber nicht die Hände in den Schoß. Mir sind Fortschritte in der Sache wichtig. Und auch kleine Fortschritte sind Schritte in die richtige Richtung.«

WARUM WERDEN 33 JAHRE ALTE REKORDE NICHT GEBROCHEN?

Prof. Helmut Digel aus Tübingen, emeritierter Sportwissenschaftler und Ehrenpräsident des Deutschen Leichtathletik-Verbandes, hat wie kaum ein anderer deutscher Sportpolitiker nach der Wiedervereinigung vergeblich darum gekämpft, einen Schlussstrich unter die massive Doperei im Kalten Krieg zu ziehen und das mittels neuer Rekordlisten zu dokumentieren. Digels Idee sollte spätestens zur Jahrtausendwende in die Tat umgesetzt werden. Doch er hatte die Rechnung ohne den erbitterten Widerstand im deutschen, vor allem aber im internationalen Verband (IAAF) gemacht, und das, obwohl er noch immer deren Council-Mitglied ist. Es geht dabei in erster Linie um drei Welt- und vier Europarekorde aus längst vergangener, aus schlimmer Dopingzeit. Außerdem auch um eine große Anzahl deutscher Bestmarken, die – ohne Doping – künftig wohl niemand mehr überbieten kann. Selbst in deren Nähe kann eine Athletin oder ein Athlet der heutigen Zeit wohl nicht einmal mehr gelangen.

Die schlimmsten Kostproben aus jenen Jahren: Marita Koch aus Rostock lief 1985 die 400-Meter-Strecke in der Fabelzeit von 47,60 Sekunden. Zum Vergleich: Antonina Krivoshapka aus Russland schaffte als Weltbeste des Jahres 2012 (vor Olympia) diese Distanz in 49,16 Sekunden – nach heutigem Ermessen ein Paukenschlag. Die ewige Liste der Diskuswerferinnen führt seit 1988 die Cottbuserin Gabriele Reinsch an – mit noch immer unglaublichen 76,80 Metern. Die mit Abstand beste Deutsche, die Ausnahmewerferin Nadine Müller aus Halle, brachte es vor den Olympischen Spielen in London auf hervorragende 68,89 Meter. Bis zum Uralt-Weltrekord von Reinsch fehlen ihr fast acht Meter – eine unüberwindliche Distanz. Der Schweriner Jürgen Schult, seit vielen Jahren erfolgreicher Bundestrainer, mag sich auch nicht von seinem höchst umstrittenen Weltrekord im Diskuswerfen trennen, den er 1986 in Neubrandenburg aufgestellt hat. Seitdem stehen diese irrwitzigen 74,08 Meter im Raum – bis in alle Ewigkeit. Der Berliner Weltmeister und Olympiasieger Robert Harting, einer, der fast schon als unschlagbar gilt, kann sich daran vergebens die Zähne ausbeißen. Kommt er mal knapp über 70 Meter, reicht das zwar meist zu irgendeiner Goldmedaille – doch es macht ihm jedes Mal klar, der Weltrekord seines Cheftrainers bleibt eine Bestmarke wie von einem anderen Stern.

Alles das bleibt eine deutsch-deutsche Farce. Diese alten Rekorde, die nachweisbar den Stempel der Dopingeinwirkung tragen, nicht zu streichen, hält Digel weiterhin für einen schwerwiegenden Fehler. Der FAZ sagte er am 17. Juli 2012, mithin zum 100. Geburtstag des Weltverbandes: »Es gibt nur selten so elegante Möglichkeiten, wie zur Jahrtausendwende, die alten Marken zu Jahrhundertrekorden zu erklären und ruhen zu lassen. Viele bereuen es, dass wir diese Chance nicht genutzt haben. Wir hätten ein großes Problem zumindest verkleinern können. Nun müssen wir uns fragen: Wie gehen wir in Zukunft mit Rekorden um? Mir ist es wichtig, sie nicht ins Zentrum unserer Kommunikation zu stellen. Ich halte das

Signal für falsch, hohe Rekordprämien auszuloben. Aber die große Mehrheit in der Leichtathletik hängt dieser Rekordideologie an und ist der Überzeugung, dass man Rekorde belohnen muss.«

Nur die erfolgreiche Schriftstellerin Ines Geipel hat sich 2006 freiwillig aus den deutschen Rekordlisten streichen lassen. 1984 war ihr im Trikot des SC Motor Jena gemeinsam mit Bärbel Wöckel, Ingrid Auerswald und Marlies Göhr über 4-mal-100-Meter mit immer noch bestehenden 42,40 Sekunden die schnellste Zeit gelungen, die jemals eine Klubstaffel erzielt hatte. Weltweit! Der *Super Illustrierten* erklärte sie 2006, warum sie auf ihren Namen in den Rekordtafeln verzichtet hat: »Ich war Nebenklägerin im Berliner Doping-Prozess gegen den DDR-Sportchef Manfred Ewald und den obersten Sportmediziner Manfred Höppner. Der Prozess endete mit einem klaren Urteil: Doping ist vorsätzliche Körperverletzung. Es wäre deshalb aberwitzig, würde ich an einem Rekord festhalten, der kriminell zustande gekommen ist. Außerdem sollen junge Athleten wieder einen fairen Maßstab haben.« Das Verrückte an der geipelschen Aktion: Man hat zwar ihren Namen wie beantragt aus den Annalen gestrichen, doch am Rekord des SC Motor Jena hält der Deutsche Leichtathletik-Verband bis heute fest. So viel zur Fairness gegenüber den nachfolgenden Athletengenerationen.

Aber es geht im deutschen Sport gar nicht um Fairness, sondern – gemessen an den Fabelrekorden früherer DDR-Athleten – von Jahr zu Jahr wieder ein wenig mehr um pharmazeutische Aufrüstung und damit um bewussten, also vorsätzlichen Betrug. Man kann so etwas auch eine »offene Zielprojektion« nennen – muss es aber nicht. Aber auch unter Zuhilfenahme anderer Begriffe macht die heutige Gesellschaft einen großen Bogen um eine entsprechend klare Definition des hiesigen Dopingsports. Was wohl nur einem einzigen Zweck dient: Einer wirklich grundsätzlichen Diskussion über den modernen Leistungssport aus dem Weg zu gehen und somit jedem Versuch vorzubeugen, über Prozesse, die Dopingphänomene nun einmal hervorbringen, gründlich nachdenken zu müssen. Von wegen *panem et circenses* – Brot und Spiele.

WIE ABHÄNGIG SIND SPORTLER VON IHREN SPONSOREN?

Seit 2006 leidet die deutsche Nation nun schon am Jan-Ullrich-Syndrom. Und seit 2009 kämpfen Tausende per Unterschrift, darunter sogar Eberhard Diepgen, von 1991 bis 2001 Regierender Bürgermeister von Berlin, für Claudia Pechstein. Weil beim früheren Radprofi Ullrich, ähnlich wie bei der Eisschnelllauf-Olympiasiegerin Pechstein, Doping aufgrund von Indizien vermutet wurde, doch konkret nicht nachgewiesen werden konnte, empfindet der Fan ähnlich einem enttäuschten Liebhaber. Nehmen wir den Fall Ullrich: Der Bund Deutscher Radfahrer (BDR), der noch bei den Weltmeisterschaften 1998 im niederländischen Valkenburg an »verdiente Fachjournalisten« die extra für diese Auszeichnung geschaffene Jan-Ullrich-Medaille vergab, sieht in seinem ehemaligen Aushängeschild heute nur noch eine Persona non grata. Eine Ära Ullrich? Da tun sie in Ullrichs ehemaligem Verband so, als habe es diese zu keiner Zeit gegeben. Auch für Ullrichs ehemaligen Partner, die Deutsche Telekom, ist der Name zum Unwort geworden. Fragen nach ihm werden stets mit dem schon standardisierten Hinweis beantwortet, man beschäftige sich »schon seit Jahren nicht mehr mit dem Radsport«.

Was stimmt. Doch gerade die Telekom hatte Ullrich einst zum Volkshelden stilisiert, hatte Bilder erschaffen, von denen viele Menschen immer noch träumen. Jürgen Kindervater, der ehemalige Telekom-Kommunikationsdirektor, meint sich denn auch als einer der wenigen aus jener Zeit zu erinnern, man habe in Bonn einst sogar immer an Ullrich geglaubt, und im Konzern hätte man das Radteam geradezu geliebt. Klar, denn die öffentliche Aufmerksamkeit, die Ullrich und seine Mannschaft dem Kommunikationskonzern von 1996 bis 2006 verschafft haben, bezifferte die Telekom damals auf einen Werbewert von rund 200 Millionen Euro. Eine Summe, für die man eine Menge Zeitungsannoncen und Fernsehspots hätte schalten müssen, um diese Bekanntheit zu erlangen.

Doch der Telekom-Konzern setzte lieber auf Ullrich & Co., denn er wollte den absoluten Erfolg. An der Börse, was nicht eingetreten ist, und als begleitende Verkaufsförderung für alle Telekom-Projekte, auch im Hochleistungssport. Weltspitze sollte sich zu Weltspitze gesellen. Also wollte man sich im Sport dort präsentieren, wo auch alle Welt hinschaut: auf der Tour de France. Auf der Champs-Élysées in Paris. Wo das Volk jubelt, aber auch Präsidenten, Minister und einflussreiche Industrielle gratulieren.

Für den normalen Sportfan war das alles nie so ganz durchschaubar. Gerade deshalb ist das Thema Doping so brisant. Denn dahinter verbirgt sich die Enttäuschung, dass der jeweilige Held seine Kraft nicht etwa der göttlichen Natur, sondern profanen Pillen verdankt. Wobei der moderne Hochleistungssportler geradezu den Pillendrehern und Spritzengebern von seinen Sponsoren, seinen Vertragspartnern in die Hände getrieben wird. Denn das Einzige, was von den Gladiatoren unserer Zeit verlangt wird, ist schließlich der ständige Beweis ihrer – und das ist im Sinne dieses Wortes gemeint – unglaublichen Fähigkeiten. Also müssen unsere modernen Helden fortwährend neue Wunder schaffen, sonst werden die Götter sie verlassen – und damit auch deren Hofschreiber, also die versammelte Boulevardpresse und die bunten Hochglanzblätter.

Und am Ende jagen dann die Verbände und deren Ausrüster unsere angehimmelten Götter vom Hof. Entrüstet, enttäuscht! Im Internationalen Ski-Verband (FIS) wurde zum Beispiel deshalb sogar jahrelang, unter der Hand, versteht sich, mit Dopingsündern kooperiert. Was sicher auch im Sinne der jeweiligen Skihersteller geschehen ist. Zumindest haben diese nicht interveniert. So wischte der einstige schwedische FIS-Langlauf-Direktor Bengt-Erik Bengtsson am 16. Dezember 2000 in Brusson (Italien) den Dopingfall der Finnin Virpi Kuitunen, kraft seines Amtes einfach unter den Tisch. Unter der Bedingung, sie müsse ihr Rennen nur vorzeitig und unauffällig beenden, dann beende er auch ihren Dopingfall. Ohne Aufsehens.

Was auch so geschah. Acht Jahre später trug dieser Deal Früchte für Kuitunen: Sie, die stets Ungedopte, wurde Gesamtweltcupsiegerin 2007/2008. Was mehr wiegt als ein Weltmeistertitel und sogar als ein Olympiasieg. Vor allem bei Werbekampagnen für Skibretter, Bindungen, Skibrillen, Skischuhe und Handschuhe. Bengtssons Nachfolger, der Schweizer Jürg Capol, hat zwar dafür gesorgt, dass nunmehr zwei Drittel aller Dopingkontrollen endlich im Training durchgeführt werden, dennoch wird fleißig weitergedopt. Nicht nur im Dopingparadies Russland.

In diesem Winter rüsten sich nicht nur die Skisportler für die Olympischen Winterspiele 2014 im russischen Sotschi. Im sogenannten vorolympischen Winter. Denn in einer solchen Saison werden die Weichen für Olympia gestellt. Wer sich in den Wintermonaten 2012/2013 nicht in Szene setzen kann, wer in seinen Leistungen gar zurückfällt, fällt auch in den Kaderlisten der Sportfachverbände zurück. Vor allem jedoch in den »Lohnlisten« der Ausrüster, sprich: der Skifirmen. Wer dann, weil er partout nicht durch den Rost fallen will, auch noch wegen Dopings erwischt wird, ist in des Wortes ureigenster Bedeutung arm dran. Dessen Verträge werden im

Dopingfall Knall auf Fall gekündigt: vom Ausrüster und zusätzlich von der unterstützenden Stiftung Deutsche Sporthilfe. Im Verein und Verband beginnt das Spießrutenlaufen. Damit kommt der Abstieg, nicht nur der sportliche und der finanzielle. Denn was will jemand tun, der bis dahin sein ganzes Leben lang immer nur trainiert hat, sieben Stunden lang am Tag? Der stets von Trainingslager zu Trainingslager, von Wettkampf zu Wettkampf gereist ist? Der keinen anderen Beruf aufzuweisen hat? Der gar nicht weiß, wie das richtige Leben, das Leben nicht privilegierter Sportler, verläuft? Dabei wollten die meisten dieser Sportler gar keine Weltstars werden, denn dafür fehlte ihnen das Talent. Mit Doping haben sie dieses Manko nur sehr bedingt ausgleichen wollen. Haben versucht, mit Mühe und Not den Anschluss an die zu halten, die von Haus aus einen Tick begabter waren. Versucht, ihr Gesicht zu wahren. Vor ihrer Familie, ihren Freunden, den Nachbarn. Mehr nicht.

REGISTER